標點注釋

【智證傳】

林伯謙
陳弘學
編著

覺範禪師像

標點注釋《智證傳》序

在中國文學史上，有兩位虔誠信仰佛教，身分迥異於尋常人，卻都被冠以「浪子」名號的人物。一位是成長於宗教氣氛濃厚的皇室，受過菩薩戒的三寶弟子——「浪子皇帝」梁簡文帝蕭綱；一位是十四歲出家，才如江海，筆無停思的詩僧兼禪史學者——「浪子和尚」釋惠洪。

「浪子」，即是「浪蕩子」，〈古詩十九首．青青河畔草〉云：「昔為倡家女，今為蕩子婦；蕩子行不歸，空床難獨守。」詩中述說一位拋下妻室，長期浪遊四方，不歸鄉土之人，其後如曹植〈七哀詩〉、梁元帝〈蕩婦秋思賦〉、庾信〈蕩子賦〉等等，這些詩賦都可見到由古詩演繹而來的痕跡，浪子與倡婦連繫在一起，總讓人有狹邪淫豔之想；而浪子因居無定所，難有恆產，所以後人也習慣用來形容遊蕩無業之民，《宋史．連萬夫傳》即記載高宗建炎年間盜寇四起，有一匪酋名為「浪子」；再如《水滸傳》中的浪子燕青，則是「遍體花繡」，宋代莊季裕《雞肋編》卷下稱：「京師舊日浮浪輩，以此為誇。」而早在唐代段成式《酉陽雜俎》卷八〈黥〉篇，則已見黥刺之風隱隱在市井間流竄；紋身也益發顯現了浪子特有的一股流氣。

簡文帝蕭綱所以被稱為「浪子皇帝」，癥結即在於他的詩篇。蕭綱首創艷情藻麗的「宮體詩」，遂被諷刺是信佛為來生積德，聲色為今生享受，兩者兼顧，不愧為聰明人。但我詳加考究，卻發現他和詞臣徐摛在東宮開創出「宮體詩」，他們的寫作理念，還兼攝了佛教思想；特別是受《維摩詰經》中維摩詰居士「在欲而行禪」的影響極深，於是寫了一篇論文〈梁簡文帝立身、文論與《維摩詰經》關係考〉，為這位「浪子皇帝」辯護。

至於北宋末黃龍派禪僧釋惠洪，他也是博學多才而又極具爭議的人物，由於他個性活躍，勇於議論批判，思想新穎不同流俗，這使得他在佛教界受到褒貶兩極的懸殊評價；尤其他不幸捲入激烈黨爭，遭致數度下獄、脊杖、黥面、流放、褫奪僧籍等等慘酷待遇，更讓他生前身後，無法全然以正面形象昂立於世人眼底、光耀於青史之中。

惠洪命途多舛，迭遭物議，這與他所寫的〈上元宿百丈〉詩也頗有關係。吳曾《能改齋漫錄》卷十一「浪子和尚詩」有云：

> 洪覺範有上元宿嶽麓寺詩。蔡元度夫人王氏，荊公女也。讀至「十分春瘦緣何事，一掬鄉（歸）心未到家」，曰：「浪子和尚耳！」

蔡元度即是「笑面夜叉」蔡卞，他的夫人，也就是王安石次女，她指斥政敵的幫手惠洪不遵佛戒，身染俗塵，是虛掛「和尚」之名的「浪子」，於是「浪子和尚」便成了惠洪不能忘情絕愛的口實。惠洪既為天人師，卻奇才縱橫，喜為綺美不忘情之語是事實，但並不能因此而抹煞他的禪學素養，和他對宗門的貢獻。南宋祖琇《僧寶正續傳》說惠洪「發揮經論，光輔叢林」；又說他「出九死而僅生，垂二十年，重削髮，無一辭叛佛而改圖。」這是相當公允的評語。

當惠洪四十二歲遭到斥逐海南島，曾寫下「大火聚中，青蓮花開」的偈語，顯示他能在熱惱的火宅，超然轉境，化作一枝青蓮，從混濁泥塘中破水而出，亭亭獨立，香遠益清；又過十年，他自題堂壁，回首平生，一方面自知與世不偶，不免慨言：「滅跡尚嫌身是累，此生永與世相違。」另方面仍能自我寬解：「得失是非都放卻，死生窮達信緣休。」在艱難崎嶇的紅塵，惠洪憑藉禪修定境，以法界海慧，照了諸相猶如虛空，則橫逆之來，皆可坦然承受，隨遇而安。

真正深入惠洪的心靈，閱讀他淵深的慧海，已經過了而立之年。回憶大學時代在學校圖書館，書架上最明顯常看到的，不是他的《冷齋夜話》，而是厚厚一部顯得老舊，又乏人問津的精裝藏青色四部叢刊，封面印著幾個令我興味盎然的——「石門文字禪」，為何稱石門？文字與禪有關係嗎？當時我完全不清楚「石門」是惠洪卓錫於江西筠溪的寺名；也懵然不解文字與禪，如春之在花這層奧妙的道理。我隨手取下翻覽，密密麻麻全無標點的古版字，斷不開，當然讀不懂，多高深的「有字天書」啊！不禁嚇慌了一個中文系「大」學生，趕忙畢恭畢敬歸回原位。此後一走過，便以仰之彌高的目光，多瞧這本不凡之書一眼。

等到正式以研究佛教文史為職志，並閱讀陳援庵《中國佛教史籍概論》，我才驚訝於寫下不凡之書的惠洪，被批評得如此不堪！僅以號稱蒐錄圖書規模之大、涵蓋範圍之廣、編輯時間之久的清修《四庫全書》，雖然也收編惠洪部分著作，但《四庫總目提要》給他的總評，除了說他身本緇徒而好為綺語，致有「浪子和尚」之稱，又說他求名過急，甚至假託黃庭堅詩以高自標榜；還說他因張商英之故竄謫海南，於是為了避嫌，而將他與張商英遊往之作全數略去等等，所言幾乎到無的放矢地步。

基於對惠洪好奇，我慢慢澄清許多不當誤解，最後寫出〈惠洪非「浪子和尚」辨〉一文。至於本書的標點、注釋，則是個人研究惠洪的後續工作之一，希望對於像我當時那樣有閱讀恐懼的人，能給予些微幫助。《智證傳》（一名《寂音尊者智證傳》）旁徵博引三藏及外典，由其龐富繁雜，足以想知惠洪學識雄厚，禪法精透，它是惠洪融合五宗，力行叢林教育的知識寶藏；是研究惠洪「文字禪」思想的重要著作；也是禪宗入門進修的階梯。胡仔《苕溪漁隱叢話．後集》卷三十七曾斥責他：

才性嶷爽見于言語文字間，若于禪門本分事，則無之也。

如此說法，實待商榷，讀者若稍加閱覽《智證傳》，其說立可不攻自破。

《智證傳》原文，最初由研究生卓伯翰打字存檔；餘後校對、標點、注釋工作，則是獲得國科會研究計畫獎助，由本人偕同研究助理陳弘學合力完成。

一件事的完成，往往需要許多因緣共同成就。在撰寫期間，幸得力於中華電子佛典協會、佛光大辭典、陳郁夫教授寒泉網等，提供便捷檢索；李鴻儒、林宏達、蔡寶珠、林淑怡、張佳莉、洪佩君、楊惠婷、李佩芳諸同學，亦多所襄贊。當時原擬標點、注釋之後，鏈結於東吳中文系網站，提供閱覽檢索，但是網管人力缺乏，常有斷訊情形！承蒙秀威資訊科技公司允諾代為出版，使本書終能順利問世，種種協助，特此申謝。惟因限於學養，疏漏之處，諒所難免，敬祈方家　惠予指正。

民國九十三年十二月　林伯謙謹誌於東吳大學愛徒樓

目次

標點注釋《智證傳》序……四
惠洪《智證傳》研究……一九
一、前言……二〇
二、「不立文字」亦「不離文字」的體現……二三
三、《智證傳》書名、作時考定……三二
四、《智證傳》創作體例及特色……三五
五、《智證傳》的疏失與影響……六一
六、結論……七二
《智證傳》標點、注釋凡例……七五
重刻《智證傳》引……七七
《智證傳》……八三

【寂音尊者智證傳卷之一】

【寂音尊者智證傳卷之一】……八五
1. 摩醯首羅面上三目……八六
2. 愛心歇則顛倒想滅……九一
3. 酪出乳中無別法……九一
4. 諸佛不曾說法……九四
5. 日夜精勤恐緣差……九八
6. 毫釐有差天地隔……九九
7. 一剎那間還容擬議否……一〇〇
8. 觀諸法起滅無從即解脫……一〇二
9. 於無量百千萬億佛所植善根……一〇三
10. 一切唯心造……一〇五
11. 不動本位遍十方，未離一念經塵劫……一〇六
12. 菩薩依如來功德度眾生……一〇八
13. 與汝安心竟……一〇九

【寂音尊者智證傳卷之二】……一一三
14. 空摧外道心，落卻天魔膽……一一四
15. 直心道場無虛假……一一五
16. 實無有法得阿耨多羅三藐三菩提……一一七
17. 纔入思維，便成剩法……一一九
18. 隨順無明起諸有；若不隨順諸有斷……一二二
19. 慎勿言自我處得法來……一二三
20. 心不生虛妄，現世即菩薩……一二五
21. 生滅諸法悉是空……一二八
22. 出廣長舌，上至梵世……一三〇
23. 不察最初一念之假，寧免後念相續之過……一三一
24. 半日之間歷五十小劫……一三二
25. 見所見不俱……一三四

【寂音尊者智證傳卷之三】……一三七
26. 曹山正命食……一三八
27. 不如曹山一「墮」字……一四〇
28. 真空不壞靈智性，妙用恆常無作功……一四三
29. 以分別故，墮三惡道……一四四
30. 雪峰三句……一四五
31. 作善則善現，作惡則惡現……一四八
32. 一念緣起無生，超彼三乘權學等見……一五〇
33. 但起無明，空成倒想……一五三
34. 自疑當斷……一五五
35. 一切聖賢皆以無為法而有差別……一五六
36. 稟明於心，不假外也……一五九
37. 從緣薦得相應疾，就體消停得力遲……一六一

【寂音尊者智證傳卷之四】……一六五
38. 龍女轉身成佛……一六六
39. 匿跡韜光，潛行密用……一六九
40. 金剛般若三性……一七〇
41. 如來明見三界之相……一七三
42. 入剎那際諸佛三昧與入無量義處三昧……一七四
43. 真實空與真實不空……一七六
44. 應無所住而生其心……一七八
45. 離取捨之心……一八〇
46. 前境若無心亦無，罪福如幻起亦滅……一八一
47. 業引心而受形，心隨業而作境……一八二
48. 三界若空華，塵消覺圓淨……一八三
【寂音尊者智證傳卷之五】……一八七
49. 心智路絕，不思議故……一八八

50. 無性之妙，佛祖所祕……一九〇
51. 入如來室，著如來衣，坐如來座……一九一
52. 維摩臥疾心不起……一九二
53. 靜極妙而靈知……一九三
54. 超諸方便成十力……一九五
55. 了茲名不實，長馭白牛車……一九六
56. 取一切眾生如己身故，而亦不取眾生相……一九七
57. 一切聖人不同凡夫情執知見……一九九
58. 智入三世而無來往……二〇〇
【寂音尊者智證傳卷之六】……二〇三
59. 日用不隔絲毫……二〇四
60. 隨順覺性……二〇五
61. 正中妙挾，挾路通宗，通塗挾帶……二〇七
62. 和合不可見，是故無塵法……二〇八

63. 了達無生……二一〇
64. 若無所得，澹然清淨，攀緣永絕……二一二
65. 不得成佛道與皆已成佛道……二一三
66. 應觀是色作無相想……二一四
67. 五蘊皆空……二一五
68. 若離於念，名為得入……二一七
69. 直中還有曲，種麻還得粟……二一九

【寂音尊者智證傳卷之七】……二二三

70. 起唯諸緣起，滅唯諸緣滅……二二四
71. 觀方知彼去，去者不至方……二二四
72. 《法華經》象以盡意……二二六
73. 凡見自心，皆無分別……二二七
74. 提無生法之綱領……二二八
75. 用處不換機……二三〇

76. 如是自性，如幻如夢，如影如像，悉不成就……二三二
77. 法光明能治三種黑暗……二三四
78. 惺惺寂寂是……二三五
79. 見存則凡，情忘則佛……二三九
80. 覺心本性清淨……二四〇
【寂音尊者智證傳卷之八】……二四五
81. 不能以智慧力破無明，至老死則不暇……二四六
82. 纔生一念欲，便失五神通……二四八
83. 第六識，動有分別，不動即等周法界……二四九
84. 若見唯一心，是則無諍訟……二五〇
85. 親聞、親到、親見……二五一
86. 四賓主……二五四
87. 雲門三句……二五六
88. 顧鑒咦……二五八

89. 王種臣種、內紹外紹……二五九
90. 明取綱宗，本無實法……二六一
91. 孰謂詩僧亦識字義乎……二六三
92. 三玄三要……二六四
【寂音尊者智證傳卷之九】……二六七
93. 明招謙偈……二六八
94. 棄命必死難……二七〇
95. 在獄證菩薩游戲三昧……二七一
96. 殷勤抱得旃檀樹……二七三
97. 愚夫觀指，不得實義……二七四
98. 四大性自復，如子得其母……二七五
99. 衛世師執著神我……二七五
100. 是聞聲事，從多因緣和合，故得聞聲……二七八
101. 新婦騎驢阿家牽……二七九

102. 若欲將心求佛道，問取虛空始出塵……二八二
【寂音尊者智證傳卷之十】……二八五
103. 尊貴旨訣須自悟……二八六
104. 一念不生，則前後際斷……二八八
105. 般若無知……二九〇
106. 臨濟四喝……二九二
107. 洞山五位……二九四
108. 菩薩行處，住忍辱地……二九六
109. 忍波羅蜜中，具十波羅蜜……二九八
《智證傳》後序……二九九
標點、注釋《智證傳》參考文獻……三〇三

惠洪《智證傳》研究

■林伯謙

提要

惠洪是北宋有名的詩僧及禪史學家，畢生著作豐碩，其最主要的思想理念，乃是揭舉「文字禪」大纛，主張說禪不離文字，透過文字以解悟禪理。惠洪才華出眾，情性爽朗、崇重義烈，反映在學術觀點上，也是縱橫馳騁，勇於立論，絲毫無畏時人及當道的撻伐污辱，於是「高者忌其異己，下者恥其不逮」（許顗〈智證傳後序〉），終致謗讟百出，幾瀕於死亡。《智證傳》此書，乍看書名，很可能誤解惠洪為一位名叫「智證」的高僧立傳，其實不然，本文將有詳加考定。

《智證傳》十卷，今可見《嘉興藏》第二十冊，及《卍續藏經》第一一一冊。二者板本文字無太大差異，前者書名原作《寂音尊者智證傳》，字句前後未加任何標記，不易通覽卒讀，且書末已有些微漫漶，藍吉富先生主編《大藏經補編》第二十冊所收者，即此板本。後者未分卷次，於卷首書名下，有小注云：「原本分十卷，今合為一卷。」而文字左側則添加小圈以助文句疏通，雖大體可以誦讀，但仍有文句當斷未斷，或錯斷（如第一條：「夫分賓主，如並存照用；如別立君臣；如從慈明曰」竟斷為：「夫分賓主如並。存照用如別。立君臣如從。慈明曰」）、或形近訛誤（如將「己」、「已」作「巳」）的情形，故筆者除撰本文以為導論，並標點、注釋，附之於後，以供閱覽。

關鍵詞：惠洪、覺範、寂音尊者、智證傳、文字禪

一、前言

北宋末期知名於時的禪僧釋惠洪（一〇七一——一一二八），為南嶽第十三代子孫，本名德洪，字覺範，號寂音尊者，江西筠州新昌人。少依三峰靘禪師，後得法於雲庵真淨，真淨嗣祧黃龍慧南，黃龍之師石霜楚圓則是汾陽善昭法嗣，善昭以文字說禪，一向被公認為禪門頌古權輿，因此惠洪不僅是臨濟宗黃龍派下法孫，同時也繼承了善昭說禪不離文字，透過文字以解悟禪理的傳統。惠洪年十四，父母俱歿，即投依禪門，博覽群書，日記數千言，未屆而立，已在禪林享有聲名，又因窮通子史，奇才縱橫，在詩壇、政界也結識黃庭堅、韓駒、許顗、張商英、陳瓘、朱彥等名流，深得賞譽。惟因宋代黨爭熾烈，熱心世務的惠洪也不幸捲入，以致九死一生，坎坷顛沛。

惠洪在文學創作上，詩詞文章無不兼擅，下筆千言，倚馬可待；尤其對於蘇軾、黃庭堅推崇備至，他詩學的不凡成就，也堪稱是蘇黃詩派的後繼者[一]。宋代詩評家許顗與惠洪頗有交情，許顗撰有《彥周詩話》，

一 祖琇《僧寶正續傳》卷二〈明白洪禪師〉曰：「其造端用意，大抵規模東坡而借潤山谷。」（高雄：佛光出版社，《佛光大藏經．禪藏．史傳部．禪林僧寶傳外三部》，一九九四年十二月，頁五五九）黃宗羲《南雷文定．後集》卷一〈山翁禪師文集序〉則云：「皎然學於韋蘇州、覺範學於蘇子瞻……。其以文名於一代者，無不受學於當世之大儒，故學術雖異，其於文章無不同也。」（上海：商務印書館，一九三七年三月，頁六。）今查《智證傳》即有四條言及東坡，如第

書中提到：

近時詩僧洪覺範頗能詩，其〈題李愬畫像〉云：「淮陰北面師廣武，其氣豈止吞項羽。公得李祐不肯誅，便知元濟在掌股。」此詩當與黔安（案：即黃山谷）並驅也。頃年，僕在長沙，相從彌年，其他詩亦甚佳，如云：「含風廣殿聞棋響，度日長廊轉柳陰。」頗似文章巨公所作，殊不類衲子；又善作小詞，情思婉約，似少游。至如仲殊、參寥雖名世，皆不能及。[二]

一般詩僧作詩，常有細碎枯窘，氣格卑弱的弊病，批評家便予以「蔬筍氣」的稱呼[三]；但惠洪寫來，卻能跳脫常人一貫認定的格局，惠洪在詩學的成就，真可為佛門吐氣！但這也不是許顗和惠洪交好才如此謬賞，像吳之振等編《宋詩鈔》論惠洪詩即云：「詩雄健振踔，為宋僧之冠。」而厲鶚《宋詩紀事》、陳衍《宋詩

十三條引東坡之語曰：「如人病眼，以求醫與之光明。醫師曰：『我但有除翳藥，且無與明藥。』明如可與，還應是翳。」原見《東坡志林》卷一〈修養帖寄子由〉，而惠洪《石門文字禪》卷二十五〈題五宗錄〉（台北：新文豐公司，一九七三年十二月，頁二十一）亦同樣引及東坡此語。

二　見何文煥編《歷代詩話》，台北：藝文印書館，一九八三年六月，頁二二三。

三　「蔬筍氣」又稱「酸餡氣」、「菜氣」、「缽盂氣」，或「衲氣」，因出家人菜食衲衣，故藉此名概括僧詩藝術本色；同時也涵括部分在家居士具有僧態的詩風。此名稱最早當起於歐陽脩，惠洪《冷齋夜話》卷六〈大覺禪師乞還山〉云：「大覺璉禪師學外工詩，舒王少與遊，嘗以其詩示歐公，歐公曰：『此道人作肝臟饅頭也。』舒王不悟其戲，問其意。歐公曰：『是中無一點菜氣。』」（上海古籍出版社，一九九二年七月，頁二六二。）繼歐公之後，蘇軾也提起所謂「酸餡氣」、「蔬筍氣」。葉夢得《石林詩話》卷中云：「近世僧學詩者極多，皆無超然自得之氣，往往反拾掇摹倣士大夫所殘棄，又自做一種僧體，格律尤凡俗，世謂之『酸餡氣』。子瞻有贈惠通詩云：『語帶煙霞從古少，氣含蔬筍到公無。』嘗語人曰：『頗解蔬筍語否？為無酸餡氣也。』聞者無不皆笑。」（見《歷代詩話》，頁二五四。）

精華錄》也多所讚揚[四]；就是作為私塾教育，讓髫稚童齡誦習的啟蒙書《龍文鞭影》，也出現「伊川傳易，覺範論詩」的對句，故惠洪自堪稱是家喻戶曉的名僧。

除了在詩壇貢獻外，惠洪也注重僧史撰著，特別是禪們祖師嘉言懿行的蒐訪輯佚不遺餘力，所以才有「佛門史遷」的美稱[五]。惠洪一生著作豐富，至今傳世仍然不少，這也可以映顯出他極力反對當時叢林「以撥去文字為禪，以口耳受授為妙」，一生只當個啞羊僧的弊風陋習，所以要竭慮殫精，振筆疾呼，教化禪林。大體而言，《石門文字禪》正是以詩文作佛事，要使「學禪者不務精義，學文字者不務了心」[六]的怪現象得到根本解決；而如《冷齋夜話》、《林間錄》[七]更是禪林軼聞掌故先驅，其間不僅有詩論，還有諸多士大夫餘論、方外緇流詩話，逸事與遺訓得此而傳；再如《禪林僧寶傳》記載八十一位高僧，以北宋禪師為主，保存了禪門耆宿史料；《智證傳》則是老婆心切，為裨益後學而無畏反對者詬罵，代為佛典經論、古德祖師充滿智證的機鋒語句詳作疏解，明代紫柏真可禪師於神宗萬曆十三年（1585）撰寫〈重刻智證傳引〉[八]，對「智

四 吳之振、厲鶚、陳衍諸家之說，筆者論文〈惠洪非「浪子和尚」辨〉皆已引述，見《東吳中文學報》第六期，頁五六。

五 戴良於明洪武六年所寫〈重刊禪林僧寶傳序〉云：「古者左史記言，右史記事，而言為尚書，事為春秋。（司馬）遷蓋因之以作《史記》，而言與事具焉。覺範是書既編五宗之訓言，復著諸老之行事，而於世系入道之由，臨終明驗之際，無不謹書而備錄。蓋聽言以事觀，既書其所言，固當兼錄其行事，覺範可謂得遷之矩度矣。」（《卍續藏》一三七冊，台北：新文豐公司，一九八三年一月，頁四三九。）

六 紫柏真可〈石門文字禪序〉，見《石門文字禪》，頁一。

七 《冷齋夜話》，見注四；《林間錄》，高雄：佛光出版社，一九九四年十二月。

八 見《智證傳》前所引；《紫柏尊者全集》卷十四亦收此文，題作：〈重刻智證傳序〉，見《卍續藏》一二六冊，頁八七三。

證」一詞有獨到精闢的詮釋云：「非智不足以辨邪正；非證不足以行賞罰。蓋照用全，方能荷大法也。」[九]至於名之曰「傳」，則是仿同儒家經典有經有傳的體例；易言之，惠洪正是以佛菩薩垂示、歷代祖師珠璣問答，為千古永恆的經典。今為彰顯《智證傳》特出之處，本文將先探究惠洪對文字的態度，然後依次考定《智證傳》書名及作時、創作體例與特色、疏失與影響。

二、「不立文字」亦「不離文字」的體現

「文字」是抒情表意的工具；「禪」則是佛教專有的術語。將「文字」與「禪」結合為「文字禪」，根據以往的研究，都把這一名詞的發明，歸功於惠洪，因惠洪詩文專著便叫「石門文字禪」，但周裕鍇《文字禪與宋代詩學》，則是推倒舊說，以為「文字禪」一詞始於黃庭堅〈題伯時畫松下淵明〉[十]，因山谷詩中正有云：「遠公香火社，遺民文字禪。」意指劉遺民為慧遠所創西方蓮社撰寫淨土誓文；惟若拿詩句中「文字禪」的意思，與惠洪倡籲的「文字禪」定義相較，顯然山谷的範疇畢竟小了一些。

禪宗對於文字的感情非常微妙，陳振孫《直齋書錄解題》卷十二《嘉泰普燈錄》條，對於禪宗標榜「不立文字」，最後卻「不離文字」提出批評說：「本初自謂直指人心，不立文字；今四《燈》總一百二十卷，

九　見藍吉富主編《大藏經補編》第二十冊，台北：華宇出版社，一九八四—一九八五年，頁七七八。

十　周裕鍇《文字禪與宋代詩學》，北京：高等教育出版社，一九九八年十一月，頁二七。

數千萬言，乃正不離文字耳！」十一「不立」「不離」的矛盾對立，在中國早期禪學已現端倪，長期以來更是禪林爭鋒的話題焦點。楊曾文於〈永明延壽的心性論〉，從禪宗的傳法內容和方式來分析，認為禪宗大體經歷三階段，而對經書文字的否定，儼然成為不可動搖的趨勢：

一、禪宗初創期（六二四—六七四），包括道信、弘忍的「東山法門」和北宗，針對傳統佛教重視讀經、講經和積累功德的佛事活動，強調坐禪觀心和覺悟自性。二、南北宗並立期（六七六—七九六），以慧能及其弟子為代表的南宗針對北宗重視坐禪觀心看淨、漸修漸悟的做法，提出「定慧不二」、「無念為本」和「直了見性」的「頓教」禪法，主張禪定沒有特定的形式和程序，寄坐禪於日常生活之中，並且更加提倡不執著於經書文字。然而這個時期不少禪僧仍經常正面向弟子說法，論述心性和解脫問題。三、南宗獨盛期（七九六年以後），特別在馬祖、石頭二系的三、四代以後，很多禪僧一反從正面說法的做法，盛行以答非所問、反詰語、動作，乃至棒喝交馳的做法，來啟示門下學人自己識心見性，而對有利於教團正常存在發展和與信徒保持密切聯繫的讀經、禪觀、持戒、念佛、懺悔、禮佛等修行佛事活動，往往採取貶低和排斥的態度。由此在禪宗叢林產生不少弊病。十二

如此洞見，在楊維中〈由「不立文字」到文字禪——論文字禪的起因〉同樣說到：「『不立文字』的原則，自慧能後已經成為禪宗內在精神的重要組成部分了。『三無』之旨、頓悟之義，確實構成了『不立文字』的

十一　陳振孫《直齋書錄解題》，台北：新文豐公司《叢書集成新編》第二冊，一九八六年一月，頁四五七。

十二　楊曾文〈永明延壽的心性論〉，《中華佛學學報》第十三期，頁四六〇。

重要根由。」[十三]但若要將「不立文字」貫徹施行到底卻是非常艱難的，因此楊文同時也說：

> 教、宗之分大略有二：一是對佛經佛典的態度不同，禪宗講自悟，不假外求，故反對經教；二是對語言文字的態度不同，禪宗接引學人，不重語言文字，而講機鋒直覺。但是禪宗作為宗教，不可能徹底廢棄經教，實際從立宗起未嘗一刻離開經教。[十四]

的確，我們若檢閱禪籍，即可見「不立文字」與「不離文字」至少從唐代開始便同時並存；也就是負面否定文字與正面肯定文字，在各說各話之中，其實早有一條自然調和不相扞格的道路可循。當達摩之時，據宗密（七八〇—八四一）《圓覺經大疏鈔》卷三之下云：

> 以心傳心者，是達摩大師之言也。因可和尚諮問：「此法有何教典？」大師答云：「我法以心傳心，不立文字。」[十五]

宗密已是中晚唐人，他的說法未必真符史實[十六]，我們可置而不論；然而盛唐時期，淨覺（六八三—七五〇？）

十三 楊維中〈由「不立文字」到文字禪——論文字禪的起因〉，《禪學研究》第三輯，江蘇：江蘇古籍出版社，一九九八年十一月，頁二三八。

十四 同前注，頁二四四。

十五 見《卍續藏》十四冊，台北：新文豐公司，一九八三年一月，頁二七五。

十六 冉雲華〈禪宗「見性」思想的發展與定型〉即提到：「『教外別傳，不立文字，直指人心，見性成佛。』這種提綱性的說法，早在宋代已經完成規範，成為『定型』的說法；並且排定此一教義是禪宗東土初祖菩提達摩所說……。學者們從早期一切資料中，實在找不出任何證據證明他真的如此說過此語，或者表達此意。」（《中華佛學學報》第八期，頁六〇。）

集《楞伽師資記》，載二祖惠（慧）可亦云：「學人依文字語言為道者，如風中燈，不能破闇，焰焰謝滅。……《華嚴經》云：『譬如貧窮人，晝夜數他寶，自無一錢分，多聞亦如是。』又讀者暫看，急須併卻，若不捨，還同文字學，則何異煎流水以求冰，煮沸湯而覓雪。」又記三祖僧粲（璨）說：「聖道幽通，言詮之所不逮；法身空寂，見聞之所不及。即文字語言，徒勞施設也。」至於記四祖道信，則又有云：「學用心者，要須心路明淨，悟解法相，了了分明，然後乃當為人師耳。復須內外相稱，理行不相違，決須斷絕文字語言，有為聖道，獨一淨處，自證道果也。」[十七]故杜朏〈傳法寶紀序〉說：

> 超悟相承者，既得之於心，則無所容聲矣，何言語文字措其間哉。[十八]

此種拋棄繁瑣名相的禪風相當簡截平實，特別能與廣大中下層民眾契合，所以像六祖惠能不識字，也能成為宗師典範；惠能後來子孫，青原、南嶽、馬祖、石頭、百丈等諸大師，也都是安於開山種地的農禪勞動者。《六祖壇經．般若品》即謂：「一切修多羅及諸文字，大小二乘，十二部經，皆因人置，因智慧性方能建立。若無世人，一切萬法本自不有，故知萬法本自人興，一切經書，因人說有。」[十九]又像《百丈禪師語錄》則說：「讀經看教，若不解他生死語，決定透他義句不過，莫讀最第一……。所以教學玄旨，不遣讀文

[十七] 見淨覺《楞伽師資記》，《大正藏》八十五卷，台北：世樺印刷事業公司，一九九〇年四月，頁一二八六—一二八七。

[十八] 杜朏《傳法寶紀》，《大正藏》八十五卷，頁一二九一。

[十九] 見《六祖大師法寶壇經》，《大正藏》四十八卷，頁三五一。

字。」[二十]再如《景德傳燈錄》卷十二，臨濟義玄見其師黃檗希運看經，也道：「我將謂是箇人，元來是唵黑豆老和尚！」[二十一]又卷九溈山靈祐問弟子仰山慧寂：「《涅槃經》四十卷，多少佛說，多少魔說？」仰山不假思索云：「總是魔說。」[二十二]

讀經一旦被文字遮障，自迷本心，佛說也將變成魔說，百丈故云：「大乘方等，猶如甘露，亦如毒藥。消得去如甘露，消不去如毒藥。」百丈弟子亦說道：「依經解義，三世佛冤。離經一字，如同魔說。」[二十三]但「大乘方等，猶如甘露」，「離經一字，如同魔說」不正逗露禪門未全然排斥讀經看教？試觀初期禪宗，一方面說要斷絕語言文字，一方面卻又相當推重《楞伽經》，《楞伽師資記》記載達摩傳授慧可此經時曰：「有《楞伽經》四卷，仁者依行，自然度脫。」所以初期禪師也都被冠上「楞伽師」稱號。《楞伽經》中有云：

> 佛告大慧：「一切聲聞、緣覺、菩薩有二種通相。謂宗通及說通。大慧！宗通者，謂緣自得勝進相，遠離言說文字妄想，趣無漏界自覺地自相。遠離一切虛妄覺想，降伏一切外道眾魔，緣自覺趣光明暉發，是名宗通相。云何說通相？謂說九部種種教法，離異不異有無等相，以巧方便隨順眾生，如應說法令得度脫。是名說通相。大慧！汝及餘菩薩應當修學。」（卷三〈一切佛語心品之三〉）
>
> 「大慧！若有說言如來說墮文字法者，此則妄說。法離文字故。是故大慧，我等諸佛及諸菩薩，不

二十 收於賾藏主編《古尊宿語錄》，北京：中華書局，一九九四年五月，頁一一八。

二十一 《景德傳燈錄》，《大正藏》五十一卷，頁二九〇。

二十二 同前注，頁二六五。

二十三 同注二十，頁八。

說一字，不答一字。所以者何？法離文字故。非不饒益義說言說者，眾生妄想故。大慧！若不說一切法者，教法則壞。教法壞者，則無諸佛、菩薩、緣覺、聲聞。若無者，誰說為誰。是故大慧，菩薩摩訶薩莫著言說；隨宜方便廣說經法。」（卷四〈一切佛語心品之四〉）[二十四]

《楞伽經》既如是說，而「仁者依行，自然度脫」，所以禪者當然肯定經文所言，不著語言文字，卻又將語言文字視為令人度脫的權巧方便，這也是禪宗對於文字言說不捨不斷的微妙旨趣。禪宗號稱教外別傳，但如此不偏不倚，離於兩邊的態度，實與大乘經義不相悖反，如《金剛經》記載佛說法四十九年而實無一法可說，經云：

須菩提！汝勿謂如來作是念：「我當有所說法。」莫作是念，何以故？若人言如來有所說法，即為謗佛。不能解我所說故。須菩提！說法者，無法可說，是名說法。[二十五]

又如《摩訶般若波羅蜜經》則以執著文字或執著無文字，皆為魔事：

世尊！是求菩薩道善男子善女人，用字書般若波羅蜜，自念我書是般若波羅蜜，以字著般若波羅蜜，當知亦是菩薩魔事。……世尊！色無文字；受想行識無文字；乃至一切種智無文字。世尊！若求菩薩道善男子善女人，著無文字般若波羅蜜，乃至著無文字一切種智，當知是亦菩薩魔事。[二十六]

二十四 求那跋陀羅譯《楞伽阿跋多羅寶經》，《大正藏》十六卷，頁四九九、五〇六。

二十五 鳩摩羅什譯《金剛般若波羅蜜經》，《大正藏》八卷，頁七五一。

二十六 鳩摩羅什譯《摩訶般若波羅蜜經》卷十三〈魔事品〉，《大正藏》八卷，頁三二〇。

我們再反觀六祖縱使不識字而得成南宗之祖，卻也沒叫人不讀經書，所以不只有人向他請教《涅槃經》義[二十七]；《壇經．機緣品》法達問：「但得解義，不勞誦經耶？」六祖亦云：「經有何過，豈障汝念？」又如《景德傳燈錄》卷七載馬祖道一問弟子智藏為何不看經，智藏回答：「經豈異邪？」也就是說他不讀經，但行住坐臥並不違犯經義；不過馬祖仍告訴他：「以後教化別人仍用得著。」[二十八]既然佛經讀與不讀，各有其站得住腳的道理，所以「不立」「不離」看似尖銳的矛盾，也從中得到統一。

然而重視口傳心授，謗經毀教的風潮，卻自盛唐之後日益盛行。這種拋棄經論，碾軋文字的風氣流宕忘返，到了宋代更形嚴重。「教外別傳，不立文字」之說，眩惑了許多人的眼目，惠洪〈題隆道人僧寶傳〉即說：

> 禪宗學者，自元豐以來，師法大壞。諸方以撥去文字為禪，以口耳受授為妙。耆年凋喪，晚輩蝟毛而起。服紈綺，飯精妙，施施然以處華屋為榮，高尻磬折王公為能。以狙詐羈縻學者之貌，而腹非之，上下交相欺誑，視其設心，雖儈牛履豨之所恥為，而其人以為得計。於是佛祖之微言，宗師之

[二十七]《宋高僧傳》卷八云：「咸亨中，（惠能）往韶陽，遇劉志略。略有姑無盡藏，恒讀《涅槃經》，能聽之，即為尼辨析中義。怪能不識文字，乃曰：『諸佛理論，若取文字，非佛意也。』」（《大正藏》五十卷，頁七五四。）又《六祖壇經．機緣品》志徹向惠能請教《涅槃經》，惠能曰：「吾昔聽尼無盡藏讀誦一遍，便為講說，無一字一義不合經文；乃至為汝，終無二說。」（《大正藏》四十八卷，頁三五九。）

[二十八]《景德傳燈錄》卷七：「馬祖一日問師云：『子何不看經。』師云：『經豈異邪？』祖云：『然雖如此，汝向後為人也須得。』」（頁二五二。）

規範，掃地而盡也！[二十九]

惠洪罵來痛快，而挨罵者也自然恨之欲死。惠洪在禪林無法得到普遍贊賞，也是其來有自。如今我們看惠洪的著作，在在可見他一貫假借文字解說禪法的思想；當然，惠洪並非一味主張「不離文字」，他也熟知「不立文字」的重要，《石門文字禪》卷二十五〈題雲居弘覺禪師語錄〉故說：「大法非拘於語言，而借言以顯發者也。」[三十]《林間錄》第二十二條亦云：「後世學者，漁獵文字語言中，正如吹網欲滿，非愚即狂。」又如第八十九條云：「予夜與僧閱楊大年所作《佛祖同源集序》，至曰：『昔如來於然燈佛所，親蒙記別，實無少法可得，是號大覺能仁。』置卷長嘆！大年，士大夫，其辯慧足以達佛祖無傳之旨；今山林衲子，反仰首從人求禪道佛法，為可笑也。」[三十一]當時與惠洪為至交好友，同屬黃龍派下的靈源惟清也曾向惠洪說：

> 聞在南中，時究《楞嚴》，特加箋釋，非不肖所望。蓋文字之學，不能洞當人之性源，徒與後學障先佛之智眼。病在依他作解，塞自悟門。資口舌則可勝淺聞，廓神機終難極妙證。故於行解，多致參差，而日用見聞，尤增隱昧也。[三十二]

但誠如溈山靈祐〈警策〉謂修禪人「出言須涉於典章，談說乃傍於稽古。」[三十三]惠洪畢竟重視禪林教育，因

二十九 見《石門文字禪》卷二十六，頁五。

三十 同前注，頁一一六。

三十一 見佛光版，頁二一、七五。

三十二 見《禪林寶訓》卷二，《大正藏》四十八卷，頁一〇二三。

三十三 見守遂《溈山警策註》，《卍續藏》一一一冊，頁二九一。

此《石門文字禪》卷二十五〈題讓和尚傳〉有云：「心之妙，不可以語言傳，而可以語言見。蓋語言者，心之緣，道之標幟也。標幟審則心契，故學者每以語言為得道淺深之候。」[三十四]卷二十六〈題誼叟僧寶傳後〉亦說：

清涼大法眼禪師出世行道三十年，其所示徒，皆勸勉之語，未嘗以法傳人；非有法而祕惜，寔無有法耳！譬如無病而飲藥，病從藥生，故曰：「一切文字語言，學者嗜著，是名壅蔽自心光明。」然前聖指道之轍，入法之階，後世不聞而學，則又如無田而望有秋成，無有是處。[三十五]

至於《智證傳》，正是惠洪為教化禪門學人而作，是惠洪透過文字，使禪教合一的重要典籍，我們當然也能讀到他「立而不立，不離而離」的大乘心地法要。如《智證傳》開宗明義第一條便說：「宗門旨要，雖即文字語言不可見，離文字語言，亦安能見哉？」第十六條又說：「如來應跡，本以度生，有法可傳，則即時授與。但與授記者，明知無法可傳也。」而第二十六條也引黃檗禪師曰：「今時纔出來者，只欲多知多解，廣求文義，喚作修行。不知多知解，翻成壅塞，唯多與兒酥乳，消與不消都總不知。三乘學道人皆此樣，盡名食不消。食不消者，所謂知解不消，皆為毒藥，盡向生滅邊收，真如之中無此事故。」盼望學人離於兩邊，妙契於中道，即是惠洪用心良苦的正知見。

三十四 《石門文字禪》，同注一，頁一一。
三十五 同前注，頁五。

三、《智證傳》書名、作時考定

前言提過紫柏對於「智證」一詞，獨到精闢的詮解為：「非智不足以辨邪正；非證不足以行賞罰。蓋照用全，方能荷大法也。」換言之，惠洪書中所引經論，與諸祖機鋒語句，皆是由般若智得證道果的精髓，惠洪心殷情切，拈提演繹，能近取譬，冀以融悟通貫，正是期許禪林行者透過文字般若證入實相。

「智證」一詞，經典中是可以找到依據的。紫柏曾於回覆他人質疑的書信中說：「『智證』之義，或以《維摩》『受諸觸，如智證』釋之，非洪老著書意也。吾究之久矣，當以吾釋為準。」[三十六]案《維摩詰經》卷一〈弟子品〉，記載迦葉於貧里行乞，維摩詰特來教導他住平等法乞食，經文確有「受諸觸，如智證」一句，《智證傳》第二十七條「傳曰」也見到惠洪引用；但《智證傳》書名誠如紫柏所說，與《維摩詰經》此句關聯不大，「智證」應典出《華嚴經》。如《華嚴經．十地品》別譯本《佛說十地經》卷一即云：「暫聞言音，便隨智證；纔生淨信，永斷煩惱。」而實叉難陀譯八十卷本《大方廣佛華嚴經》，亦有數則足見一斑：

> 一切諸佛，悉能智證甚深法界。（卷四十六）
>
> 善男子！應以善法，扶助自心。應以法水，潤澤自心。應於境界，淨治自心。應以精進，堅固自心。應以忍辱，坦蕩自心。應以智證，潔白自心。應以智慧，明利自心。應以佛自在，開發自心。應以佛平等，廣大自心。應以佛十力，照察自心。（卷六十三）

三十六　今本《智證傳》前，除有紫柏真可〈重刻智證傳引〉，並附此書信一通。

普入十方無障礙故，同破闇。得一切佛成菩提智大光明故，同無生忍。入一切佛眾會海故，同遍一切諸佛剎網。恭敬供養不可說剎諸如來故，同智證。（卷七十三）[三十七]

「智證」既有其典故來歷，而「傳」字則是惠洪仿同儒家經典有經有傳的體例，將佛菩薩垂示，與歷代祖師法語，視為千古永恆的經典，在每一條開頭加以引用，然後略低一格，由他「傳曰」疏解開通，或闡明奧義；或更引述經史公案、禪師語錄作旁證，令學人易得門徑，方便悟入。禪宗一貫主張識自本心，見性成佛，「我說的是我的」[三十八]，因此機鋒語句不容說破，但是惠洪重視禪林教育，不惜以文字示人，許顗為他撰序[三十九]，既嘉許他的用心，也為他必遭抨擊而抱屈：

昔人有言「切忌說破」，而此書挑刮示人，無復遺意。吁！可怪也。罷參禪伯，以此書為文字教禪而見詆；新學後進，以此書漏泄己解而見憎。孔子作《春秋》曰：「知我者其唯春秋乎！罪我者其唯春秋乎！」嗟哉！猶未若此書有罪之者，而無知之者也。

許顗並進一步說到他與惠洪相從彌年，對於他的人品、學養和道心推崇備至，更說到《智證傳》是惠洪死後方得梓行：

三十七　實叉難陀《大方廣佛華嚴經》，《大正藏》十卷，頁二四三、三四〇、三九七。

三十八　《景德傳燈錄》卷十一〈鄧州香嚴智閑禪師〉記智閑與其師溈山靈祐問答：「（智閑）師曰：『卻請和尚為說。』祐曰：『吾說得是吾之見解，於汝眼目何有益乎？』師遂歸堂。遍檢所集諸方語句，無一言可將酬對，乃自歎曰：『畫餅不可充飢。』」（頁二八四。）

三十九　許顗序文，收錄於《智證傳》後。

今此書復出於歿後，竊度此意，蓋慈心仁勇，憫後生之無知，邪說之害道，犯昔人之所切忌，而詳言之者也。寧使我得罪於先達，獲謗於後來，而必欲使汝曹聞之。於佛法中，與救鴿飼虎等；於世法中，程嬰、公孫杵臼、貫高、田光之用心也。

那麼《智證傳》莫非是在他臨死前才完成？實則不然，我們從《智證傳》內文可以見到他的相關生平，如第四十六條云：「予政和元年十月謫海外，明年三月館於瓊州之開元寺儼師院。」第九十五條云：「予少年聞老宿夜語及之，今二十年也，其說有補叢林，故錄焉。」特別是第一〇六條舉出臨濟四喝[四十]，並循此寫出四偈，闡明他對四喝的獨到見地。惠洪說：

此四偈，予年三十五時作，今五十二，偶閱舊書見之，於是喟然而嘆。

此四偈同見於《林間錄》第三十六條，《林間錄》共一百九十五條[四十一]，書首有臨川謝逸於大觀元年（一一〇七）十一月所作序文，序文說惠洪「每得一事，隨即錄之」，所撰《林間錄》後來是由本明上人編錄而成。大觀元年，惠洪已三十七歲。惠洪才情俊爽，筆如湧泉，《智證傳》條目一百零九，也不算多，何況這條又出現在末尾，循此推斷，此書正應於宣和四年（一一二二）五十二歲時寫成。惠洪飽經人生憂患，學養愈臻圓熟，尤其自海外歸來，發覺人材正快速凋零，〈題才上人所藏昭默帖〉即云：「予還自海外，叢林頓衰。」

四十 「臨濟四喝」為：一喝如金剛王寶劍；一喝如踞地獅子；一喝如探竿影草；有時一喝不作一喝用。

四十一 據謝逸〈林間錄序〉稱惠洪「垂十年間，得三百餘事」（《卍續藏》一四八冊，頁五八五），此說法不免誇張，實非詳加統計結果；又《佛光大藏經》版《林間錄》將一八八、一八九兩條混而為一，故僅有一九四條。

〈五宗綱要旨訣序〉亦說：

大法寖遠，名存實亡，其勢則然，蓋嘗中夜起喟，為之涕零。余少游方所，歷叢林幾半天下，而師友之間，通疏粹美尚多，見至精深宗教者，亦已少矣。又三十年還自海外，罪廢之餘，叢林頓衰，所謂通疏粹美者又少，況精深宗教者乎！[四十二]

在護法衛教的使命感之下，惠洪忍受無情謗黷，寫作不輟，完成多部著述，特別是宣和元年（一一一九）結集《五宗語要》，隔三年，也就是與《智證傳》同一年撰成三十卷《禪林僧寶傳》[四十三]，紫柏在〈重刻智證傳引〉說：「覺範所著，有《僧寶傳》、《林間錄》，與是書相表裏。」因此《智證傳》正是在水到渠成的情況下，駕輕就熟完成的。

四、《智證傳》創作體例及特色

謝逸於大觀元年所撰〈林間錄序〉提到惠洪與林間勝士抵掌清談，得一事即錄之，本明上人因其所錄有先後，故不以時代古今為詮次，析之為上下帙以廣流通，亦即目前所見兩卷本《林間錄》；而《禪林僧寶

四十二 見《石門文字禪》卷二十六、二十三，頁一、二。

四十三 惠洪四十九歲完成《五宗語要》，見《石門文字禪》卷二十五〈題五宗語錄〉（頁二一），隔年《禪林僧寶傳》已成初稿，見卷二十六〈題隆道人僧寶傳〉；五十二歲正式完成《禪林僧寶傳》，見卷二十六〈題淳上人僧寶傳〉、〈題其上人僧寶傳〉、〈題英大師僧寶傳〉。至宣和六年，則梓行廣布於世。

傳》宣和四年成書後，禪者也爭相抄寫，《石門文字禪》卷二十六還收錄十二篇惠洪為傳抄者所寫題跋，其轟動馳名自可想見；但《智證傳》宣和四年完成後，卻未見流通傳寫的記載，一直到惠洪辭世，才由門人梓行流布。目前《智證傳》與《石門文字禪》於卷次之下皆有標示「門人覺慈編」，覺慈的編錄工作，應與本明編《林間錄》一樣輕鬆，並沒費心按經律論三藏及祖師公案語錄先後次序加以分類編輯。當然，書中各條皆採有經有傳的行文方式[四十四]；且由第一條提舉《涅槃經》，而於「傳曰」藉巖頭豁禪師引《涅槃經》義，呼出臨濟義玄詞鋒俊利的「三玄三要、賓主照用」，正足以彰顯自宗門庭施設的峭拔；又最後一條「傳曰」說道：

> 予於是十波羅蜜中，自觀皆莫能行，獨於心常不與世心和合，敬奉教矣。以情觀之，則予為沙門，乃不遵佛語，與王公貴人游，竟坐極刑，遠竄海外。既幸生還，冠巾說法，若可憫笑。然予之志，蓋求出情法者。法既出情，則成敗讚毀，道俗像服，皆吾精進之光也。

這就如同書末跋語，自敘經歷，剖陳為法的苦心；但書中文字如「黃蘗」與「黃檗」不統一；「弘覺」又作「宏覺」；「殆庶幾」寫成「迨庶幾」；天親菩薩所造《唯識論》別名《破色心論》，此兩種書名都有採用，儼然像兩部不同的書；《楞伽經》有三部漢譯本，即劉宋求那跋陀羅四卷《楞伽阿跋多羅寶經》、北魏菩提流支十卷《入楞伽經》、唐代實叉難陀七卷《大乘入楞伽經》，書中卻未區分，一律稱《楞伽經》；又如唯識

四十四　《智證傳》原分十卷，《卍續藏經》則併為一卷，每條伊始，皆引他書為「經」，繼有「傳曰」，略低一格，或闡明奧義；或更舉述經史公案、禪師法語發明印證之。書中唯有第88條，將「傳曰」二字缺漏了。

就心、心所量知所緣境而立的四量——現量、比量、譬喻量、聖教量，複見於二十五條與九十九條；再如八十六條舉臨濟四賓主、九十二條也出現「臨濟曰：『大凡演唱宗乘，須一句中具三玄，一玄中具三要，有玄有要。』」與第一條臨濟旨要略有重複[四十五]。雖然惠洪文思泉湧，複出處能另翻新義，有不同面向的發揮，但如此意到筆隨的寫法，實仍近似子部雜家類，體例不夠嚴謹。

《智證傳》體例雖不嚴謹，但畢竟有其特色，以下分項敘述之：

（一）經典會通

《智證傳》採用儒家有經有傳的形式，逐一詮解佛菩薩垂示法語，及歷代祖師珠璣語句，但惠洪卻不是尋行數墨之徒，他甚至會更改原典，予以精裁簡化，他也很少用一字一句的訓詁注疏，而幾乎都採用以經論印證經論的方法，使讀者得以觸類旁通，豁然以解。惠洪筆中有口，似乎輕而易舉信手拈來，卻是左右逢源，觸處生春。例如比較簡短的第五十七條，引《楞伽經》曰：

佛告大慧：「為世間以彼惑亂，諸聖亦現，而非顛倒。大慧，如春時燄、火輪、垂髮、乾闥婆城、幻夢、鏡像，世間顛倒，非明智也，然非不現。」

惠洪於「傳曰」先是引《涅槃經》，繼又引《廣博嚴經》，交相印證《楞伽經》義，闡明世間有為諸法皆屬

四十五　案《智證傳》中有關臨濟宗門旨要，今於惠洪另一著作《臨濟宗旨》（《卍續藏》一一一冊）亦可見。《嘉興藏》原附收於《禪林僧寶傳》之後，《卍續藏》則另獨立為一卷本，惜此書無前序後跋，難以論斷成書之時。

虛妄，而聖人面對虛妄不實之境，則不同凡夫有情執知見。書中又有多處引用史傳證明經義的，如第二條，文字不算太長，全錄如下：

《破色心論》曰：「於有色處，眼則見色。餘無色處不見色者。此義不然，何以故？以彼夢中，於無色處則見有色，於有色處不見色故。」

傳曰：於有色處者，寤時也，而夢時不見。夢中無色處也，而反見色，顛倒也。齊．劉瑱之妹，鄱陽王妃也。王為明帝誅，妃追傷成疾，醫所不能治。瑱善畫婦人，陳郡殷蒨善寫人面。瑱畫王寵姬而使蒨畫王共臨鏡以示妃，妃見之唾罵曰：「是固宜蚤死。」於是恩情即歇而疾除。蓋因愛心歇則顛倒想滅也。

常人妄執現前境界是實有，以為眼睛看到的色相便是有；看不到便是無，但睡夢中，應該看不到的卻看到了，這就是顛倒見。世人時時在無明迷夢中，無法清醒，惠洪特別舉《南史》卷三十九〈劉瑱傳〉，劉瑱畫鄱陽王寵姬，以顛倒遣顛倒，於是其妹病情因愛歇想滅才得根治。

惠洪援引正史，除了《南史》，餘如《史記》、《漢書》、《後漢書》、《三國志》、《梁書》、《唐書》、《五代史》皆有引用[四十六]。而正史之外，僧傳、子部小說的擷取也相當豐富，這都可以看出他博學多才；尤其書中

四十六 《智證傳》第九十四條援引《史記》；八十六條引用《漢書》；三十九、五十二、八十五條引《後漢書》；十、九十四條引《三國志》；三十九條引自《梁書》；第二、十四條引自《南史》；八十一、八十九條引自《唐書》；第三條引自《五代史》

譬喻特多，喻論亦極靈活，像第二十九條說到一切諸法，本性清淨，便舉例說：「世間法：殺人者死；而怒波覆舟，舟人皆死，不聞水與風有罪。出世間法先論因果，故曰：『假使百千劫，所作業不忘（亡）。』而梵火燒山林，禽蟲皆死，而火亦速滅，不聞火受三惡道苦。可深思之。」第七十條論緣起無生，云：「色生時，但是空生；色滅時，但是空滅。譬如畫水成文，未嘗生滅。」此外惠洪的譬喻，也有從其他書中轉化而來的情形，像四十五條，以莊子的話，會通〈永嘉證道歌〉意涵[四十七]，惠洪說他「不廢莊周之論」；而第十八條舉《華嚴・十地品》「隨順無明起諸有，若不隨順諸有斷。」惠洪傳曰：「譬如有人，畏影而逃日中，其行愈疾而影愈隨；休於樹陰，則影自滅。三尺童子知之，而學者畏生死，乃不息滅妄心，是不類也。」「畏影而逃日中」，正是源自《莊子・漁父》：

人有畏影惡跡而去之走者，舉足愈數而跡愈多，走愈疾而影不離身，自以為尚遲，疾走不休，絕力

四十七 《智證傳》原文錄出如下：

永嘉尊者曰：「取不得，捨不得，不可得中只麼得。」

傳曰：可以取，則法身有剩；可以捨，則虛空可逃。離是取捨之心，則如絮毬百衲，置之閒處，天寒歲晚，有時而得用也。莊周非能知此者也，而其言有可觀，曰：「黃帝遊於赤水之北，登崑崙之丘南望，遺其玄珠。使智索之而不得，使离婁索之而不得，乃因罔象而得之，黃帝曰：『異哉！罔象乃可得之。』」問曰：「莊周既曰非能知之，則其語何其似之親耶？」曰：「牛乳驢乳，其色俱白。牛乳則能出生酥酪，至於驢乳，裂之則成滓穢。然不識牛乳者，指驢乳似之，故予不廢莊周之論也。」

而死。不知處陰以休影，處靜以息跡，愚亦甚矣！[四十八]

凡上所述，即是惠洪剖翳揭幽，不僅以佛典印證佛典，並能融會經史子集，援之以入佛，讓人對於深奧佛理，或易生疑義的觀念，乃至世俗之學，都能增廣聞見，了悟於心。

（二）五宗皆備

紫柏尊者稱《智證傳》是惠洪發大悲願，「離合宗教，引事比類，折衷五家宗旨。」所謂「離合宗教，引事比類」即是上文所述經典會通；而「折衷五家宗旨」，則是本項談論的重點。禪宗自六祖弟子南嶽、青原，下開溈仰、臨濟、曹洞、雲門、法眼五宗。而到了北宋，五宗互見消長，契嵩《傳法正宗記》卷八有評論曰：

正宗至大鑒，傳既廣，而學者遂各務其師之說，天下於是異焉。競自為家，故有溈仰云者，有曹洞云者，有臨濟云者，有雲門云者，有法眼云者，若此不可悉數。而雲門、臨濟、法眼三家之徒，於今尤盛。溈仰已熄，而曹洞者僅存，綿綿然猶大旱之引孤泉。然其盛衰者豈法有強弱也？蓋後世相承，得人與不得人耳。書不云乎：苟非其人，道不虛行。[四十九]

契嵩說五家宗派，僅存雲門、臨濟、法眼三家為尤盛；而秦觀〈慶禪師塔銘〉更概約唐代以來，惟餘

四十八 見郭慶藩《莊子集釋》，台北：世界書局，一九七八年十月，頁四四六。

四十九 契嵩《傳法正宗記》，見《大正藏》五十一卷，頁七六三。

雲門、臨濟兩宗盛行：

> 自唐以來，禪家盛行於世者，惟雲門、臨濟兩宗。是時雲門苗裔分據大剎，相望於淮浙之上；臨濟之後，自江以北，惟師一人。故雲門之徒或不以師為然，師聞而笑曰：「此吾所以為臨濟兒孫也。」[五十]

秦觀的說法，正與惠洪一致，《石門文字禪》卷二十三〈僧寶傳序〉即說《僧寶傳》除了添補曇穎《五家傳》的不足，並且增收「嘉祐至政和之初，雲門、臨濟兩宗之裔，卓然冠映諸方者。」而同卷〈定照禪師序〉亦云：

> 達磨之道，六傳而至曹谿，自曹谿派而為江西、石頭，二宗既昭，天下學者翕然從之，由二宗以列為五家。于今唯臨濟、雲門為特盛；洞山悟本禪師機鋒暨亞而出，年代寖遠，惜其無傳！[五十一]

如此說法，在卷二十八〈請雲蓋奭老茶榜〉[五十二]中也有陳述。惠洪是臨濟兒孫，他以身為派下兒孫為榮，但卻不因此而崇己抑人，做出如秦觀〈慶禪師塔銘〉所提及宗派間的爭長競短，這種兼容並蓄的心態，應該頗受他恩師雲庵真淨（一〇二五—一一〇二）影響，因真淨禪師博學多才，惠洪不僅稱揚他具無礙之辯，還說他為雲門宗〈顧鑒頌〉作偈[五十三]；惠洪並且感慨前輩推轂後進，「初未嘗以雲門、臨濟二其心；今則不

五十 秦觀撰；徐培均箋注《淮海集箋注》，上海古籍出版社，一九九四年十月，頁一〇八二。

五十一 《石門文字禪》卷二十三〈僧寶傳序〉、〈定照禪師序〉，頁七、一五。

五十二 《石門文字禪》卷二十八〈請雲蓋奭老茶榜〉，頁九。

五十三 見《林間錄》十三、一百六十五條，佛光版，頁一五、一四三。

然，始以名位惑，卒以宗黨膠固，如里巷無知之俗。」[五十四]因此，他也有勸導禪修者廣學多聞，不自我囿限的話語，《林間錄》第一百五十六條云：

汾州無德禪師示徒，多談洞山五位、臨濟三玄，至作《廣志歌》明十五家宗風，豈非視後進惰於參學，得少為足，警之以遍參耶？今有問知識者，則答曰：「吾家自有本分事，彼皆古人一期建立門庭言語耳，何足究哉！」正如有不識字者，執卷問屋愚子，屋愚曰：「此墨填紙耳，安用問我哉？」三尺童子莫不笑之。昔有僧問雪峰和尚：「臨濟有四喝，意旨如何？」雪峰曰：「我初發足，便往河北，不意中途大師化去，因不及見之。他家宗旨，我所未知，汝尋彼兒孫問之。」僧以問南院，且言雪峰嘗遣之之意。南院望雪峰再拜曰：「和尚真善知識！」嗚呼！今譊譊語人如屋愚子者，聞雪峰用處，可不面熱汗下耶？[五十五]

文中提到「汾州無德」，即汾陽善昭禪師，他乃是首山省念弟子。肇創臨濟宗門的義玄禪師傳法興化存獎；存獎傳法南院慧顒；慧顒再傳風穴延沼；而首山省念即延沼法嗣，故善昭為臨濟兒孫，然善昭多談本門家風之餘，竟又能廣明他家祖師宗旨。至於雪峰義存，其弟子則是創宗雲門的文偃禪師，但他卻不妄自托大，強不知以為知，如此典範宗風，正與不以得少為足的善昭兩相輝映。再看《林間錄》第七十四條，惠洪說：

五十四　見《林間錄》一百六十九條，佛光版，頁一四五。
五十五　同前注，頁一三六。

「洞上、臨濟提倡旨歸多相同，蓋得前聖為物法式之大要。」[五十六] 這與《石門文字禪》卷二十五〈題清涼注參同契〉云：

予嘗深考（石頭和尚《參同契》）此書凡四十餘句，而以明暗論者半之，……洞山悟本得此意，故有五位偏正之說。至於臨濟之句中玄、雲門之隨波逐浪，無異味也。[五十七]

以上都在在可見惠洪兼容並蓄之餘，尚且折衷五家，和會融通為一體。至於《智證傳》對各家宗旨的提舉，也是秉持不分彼此，不心存好惡，充分展現五宗並重的一貫立場。可惜的是，見一法師《漢月法藏之禪法研究》第三章評及惠洪《智證傳》時，云：

綜觀全書所引經論或五家祖師見道之語，配合惠洪的傳文，並非明確可以看出其與提振五家宗旨的關係，唯於曹洞、臨濟二宗之部分傳文中，惠洪才有較明確的相關文字出現。[五十八]

其實這也怪《智證傳》體例不嚴謹，導致讀者無法一目了然。但試問提振五宗，能夠不知悉五家祖師見道法語嗎？又如果只是要釐清五家宗風，那麼在《智證傳》前，惠洪已編錄《五宗綱要旨訣》，且又結集《五宗語要》；而論說本宗家風，也另有《臨濟宗旨》之作，因此提振五宗並非《智證傳》唯一目的。《智證傳》的撰寫固然不專止於提振五宗，但揚舉古德家風，終究仍五宗並重，絕非只重曹洞、臨濟。試觀第三十條

五十六　同前注，頁六三。

五十七　《石門文字禪》，同注一，頁一七。

五十八　釋見一《漢月法藏之禪法研究》，台北：法鼓文化公司，二〇〇〇年十月，頁五〇。

舉出雲門三句，八十八條又舉雲門〈抽顧頌〉，這些不能算是雲門宗旨的代表嗎？又《智證傳》中時時提舉溈山及其弟子仰山、香嚴問答見道之語，大約溈仰門庭「舉緣即用，忘機得體」[五十九]，所以這即是闡揚了溈仰宗風；《智證傳》又多處援用永明延壽《宗鏡錄》，永明師尊天台德韶為法眼文益之子，法眼少有臨濟的棒喝機法，從法眼語錄中可見他對學人的懇切提撕，而所標舉「不著他求，盡由心造」主張，在百卷《宗鏡錄》中，也得到承襲，〈宗鏡錄序〉即云：「今詳祖佛大意，經論正宗，削去繁文，唯搜要旨。假申問答，廣引證明。舉一心為宗，照萬法如鏡。編聯古製之深義，撮略寶藏之圓詮。同此顯揚，稱之曰錄。」[六十]因此惠洪折衷五家宗旨的用心，是應該受到重視與肯定的。

（三）保存子史舊事軼聞

惠洪是佛門中有名的僧史家，而《智證傳》此書雖屬證道法語的詮解，但其中仍保存許多稗官雜說及軼事舊聞。如第五十一條「傳曰」敘及太平興國中，建陽僧辯聰游五臺山寺。寺中上座僧年老，為眾輕易，辯聰仍敬事有加。後將還京師，老僧交付辯聰書信，託他轉予城北勃賀，而原來勃賀竟是一頭大豬！辯聰找尋勃賀的故事，《山西通志》卷二百三十引《洞微志》作「建陽僧便聰」，《紺珠集》卷十二、《說郛》卷三九下、《韻府群玉》卷十五等皆與之同，惟《天中記》卷五十四作辨聰。所敘勃賀豬一事，都不如《智證傳》詳明。《洞微志》為錢易所著，今已不傳，而難得的是，除地志類書，我們竟能在《智證傳》見到更完

[五十九] 見智昭《人天眼目》卷四〈溈仰門庭〉，《大正藏》四十八卷，頁三二三。
[六十] 《宗鏡錄》卷一，見《大正藏》四十八卷，頁四一七。

整的文字。

再如第十四條引永嘉玄覺〈證道歌〉曰：「大丈夫，秉慧劍，般若鋒兮金剛焰。非但空摧外道心，早曾落卻天魔膽。」惠洪傳曰：

> 予初讀斯文，意其人神觀英特，威掩萬僧，凜然不可犯干。及見其遺像，頹然坐匡床，伽梨取次如少年宣律師。乃知心智猛利，故吐詞等刀鋸，決不可以狀貌求也。

這裏提到永嘉〈證道歌〉有英武威神，鋒芒逼人之感，但其遺像卻貌不驚人。「伽黎取次」即指衣著草率。據《宋高僧傳》卷十四〈道宣傳〉云：「（道宣）三衣皆紵，一食唯菽，行則杖策，坐不倚床。蚤蝨從遊，居然除受。土木自得，固已亡身。」[六十一]顯然永嘉禪師跟道宣律師一樣，也是重法忘身之流。而這較之於惠洪《石門文字禪》卷十八〈永嘉真覺大師真贊序〉僅云：「余讀其歌辭，究其履踐，如尺圍鑰合，未嘗不置卷長嘆，想公之為人，碩大光明，壁立萬仞。」[六十二]兩相對映之下，就更讓人感覺《智證傳》裏永嘉禪師形象的生動鮮明了。

在《宋高僧傳》還說道宣是律宗之祖，著作等身，連遠從天竺而來的善無畏大士都久仰他的聲名，請求到西明寺暫住。道宣是持律謹嚴的，但道宣用綿紙將身上蝨子包住，然後丟到地上時，善無畏大士卻能

六十一 《宋高僧傳．道宣傳》，頁七九〇。

六十二 《石門文字禪》，同注一，頁二一一。

感知蝨子摔到地上的痛苦呻吟[六十三]。這在《智證傳》第五十三條，也有相似軼聞，說清稟禪師打坐入定，忽聽到拖木頭的喧鬧聲，禪師便要侍者去勸說，請他們別損壞樓板階梯。不料那麼吵的聲響，竟是蟻群搬動蜻蜓翅膀上階梯所發出來的：

> 洞山清稟禪師唯宴坐，一日呼侍者下法堂，謂曳木者無損階砌。侍者出視無有，還白寂無人跡。稟又使求之，侍者臨簷俯視，乃群蟻曳蜻蜓翼緣階而上。蓋靜極妙而靈知也。

佛家認為能聽見極細微的聲音，是靜極靈妙的感通，但《世說新語》說殷仲堪父親得了虛悸之症，竟把螞蟻行走當成牛在打鬥，《世說新語．紕漏》曰：

> 殷仲堪父病虛悸，聞床下蟻動，謂是牛鬥。孝武不知是殷公，問仲堪：「有一般，病如此不？」仲堪流涕而起曰：「臣進退唯（維）谷。」[六十四]

從禪修角度上說，在未進入甚深三昧的初入定階段，修行者的感官會特別靈敏，對外界聲光刺激有放大強化的反應，《大唐西域記》卷九正記載一位鬱頭藍子外道，因修定受到飛禽水族的干擾而發下惡願，隨業流轉：

六十三 《宋高僧傳．道宣傳》云：「宣之持律聲振竺乾，宣之編修美流天下，是故無畏三藏到東夏朝謁，帝問：『自遠而來，得無勞乎？欲於何方休息。』三藏奏曰：『在天竺時，常聞西明寺宣律師秉持第一，願往依止焉。』敕允之。宣持禁堅牢，捫蝨以綿紙裹投於地。三藏曰：『撲有情於地之聲也。』」（頁七九一。）

六十四 見余嘉錫《世說新語箋疏》，台北：華正書局，一九八九年三月，頁九一四。

鬱頭藍子步自王宮，至彼法林，宴坐入定，心馳外境。棲林則鳥鳥嚶囀，臨池乃魚鱉諠聲。情散心亂，失神廢定。乃生忿恚，即發惡願：「願我當來為暴惡獸，狸身鳥翼，搏食生類。身廣三千里，兩翅各廣千五百里。投林噉諸羽族，入流食彼水生。」發願既已，忿心漸息。勤求頃之，復得本定。不久命終，生第一有天。壽八萬劫。如來記之，天壽畢已，當果昔願，得此弊身。從是流轉惡道，未期出離。[六十五]

洞山清稟為雲門文偃法嗣，《景德傳燈錄》卷二十三有略傳，但清稟將蟻群搬動蜻蜓翅膀，當成有人拖木頭上階梯，則未見載。由於惠洪政和三年（一一一三）自崖州放還，有長達四年時間往來九峰、洞山，對於當地禪林故事自然瞭若指掌，所以此事定非惠洪妄語。惠洪對於慧皎以下唐宋僧史家識暗文繁，極其不滿；對於燈錄只記機緣語句，而忽略世系入道之緣、臨終明驗之效，也無法苟同[六十六]，他向來就有心於禪僧傳記著作，因此會特別留意叢林掌故的蒐羅。

《智證傳》中，另如黃檗遇會昌法難，以白帕蒙首，易名神運，至宣宗登極復教，才又回復本名；溈山靈祐前身為越州村寺誦《法華經》僧；建隆昭慶禪師為人誣告私一尼童，慶笑曰：「實如所傳。」竟不申辯等條，以及瑯琊、道巘、巖頭豁禪師法語[六十七]，在燈錄、語錄或塔銘中都沒記載。以昭慶禪師來說，他是雲庵真淨師弟，也就是惠洪師叔，故此事雖不載於燈錄塔銘，惠洪知之甚詳，自有其依據。

六十五 《大唐西域記》，卷九，《大正藏》五十一卷，頁九一九。

六十六 詳見《石門文字禪》卷二十三〈僧寶傳序〉（頁七）；卷二十五〈題修僧史〉（頁十）；卷二十六〈題佛鑑僧寶傳〉（頁四）。

六十七 黃檗、溈山、建隆、瑯琊、道巘、巖頭，分見《智證傳》第二十、六十四、一百零八、六十、七十五、九十條。

或有人以為不見於他書記載的，可以如此輕易相信嗎？就筆者注釋《智證傳》，逐一檢覈書中引據經論子史語錄的結果來看，即使惠洪偶有筆誤，書中九成以上都還是有憑有據，筆者故以為《智證傳》是可信度極高的著作。《智證傳》的注釋，正可破除惠洪予人偽造不實的刻板印象，而更進一步肯定其保存禪林史料的勳績與價值。

（四）具有個人濃厚色彩

一般疏解經義的著作，多半鮮少涉及個人生平履歷或情感經驗，但《智證傳》不然，《智證傳》內文可以見到惠洪相關生平，前文已述及。且書中部分條目，還可以見到他對禪林諸山大老的批判指瑕，或個人遊往經歷、身世感慨，及曾寫過的偈語，相當具有濃厚個人色彩。

惠洪除在《林間錄》第十三條談到自己師父雲庵真淨能暢顯神源，啟發幽微，具無礙之辯；《禪林僧寶傳》卷二十九〈禾山德普禪師〉又云：

> （德普）秀出講席，解《唯識》、《起信論》，兩川無敢難詰者，號「義虎」。罪圭峰疏義多臆識，摘其失處，誡學者不可信。老師皆數之曰：「圭峰，清涼國師所印可，汝敢雌黃，蚍蜉撼樹之論，汝今是矣！」普嘆曰：「學者以名位惑久矣。清涼、圭峰非有四目八臂也，奈何甘自退屈乎！佛法其微矣，此其兆也。」[六十八]

[六十八] 同注五，頁五五七。

德普受法黃龍慧南，是慧南晚年入室弟子，也就是惠洪的師叔，惠洪特別在《禪林僧寶傳》記錄這一段言行，相信必有同感於心，絕不允許將佛法作人情，輕易附和盲從。這樣的師門宗風薰陶了惠洪，加上他情性伉爽，也就愈顯得好發議論，勇於質疑批判。如《智證傳》中，對於圭峰、南泉、永明、宏覺、提婆、棗柏等教界宗師的見地，惠洪都有個人不同看法[六十九]。以第三條舉圭峰宗密偈語為例，惠洪對宗密不是很欣賞，我們從《林間錄》二十六、三十一條都見得到，有趣的是，這段偈語：「作有義事是惺悟心，作無義事是散亂心。散亂隨情轉，臨終被業牽。惺悟不由情，臨終能轉業。」在《林間錄》四十八條也出現過，惠洪還極為稱賞，說宗密猶如「香象擺壞鎖韁」；但到此時，惠洪反認為偈語有理障不究竟。宗密以為隨時保持清明正念，作有意義的事[七十]，而不隨情識流轉，偏作一些無意義的事，待臨命終時，便能轉化業力，不被業力牽纏。事實上，世人如能依此偈語修行，定可得致人天善果；但惠洪此處是以更高層次的義理來看待它[七十一]。且看惠洪的舉例說明：

六十九　對於圭峰、南泉、永明、宏覺、提婆、棗柏的駁論，分見《智證傳》第三、二十七、三十二、三十五、三十六、三十八條。

七十　《景德傳燈錄》卷十三〈圭峰宗密禪師〉載此偈為：「作有義事是惺悟心，作無義事是狂亂心。狂亂隨情念，臨終被業牽。惺悟不由情，臨終能轉業。」並有注釋云：「義謂義理，非謂仁義恩義。意明凡所作為，先詳利害，須有所以當於道理，然後行之，方免同惛醉顛狂之人也。就佛法中有三種義，即可為之。一資益色身之事，謂衣食醫藥房舍等世間義也。二資益法身，謂戒定慧六波羅蜜等第一義也。三弘正法，利濟群生也。乃至為法諸餘緣事，通世出世也。」（頁三〇八）

七十一　惠洪的觀點，可能因年歲增長，而有更深領悟；但更可能是活潑潑禪法的體現，所以正言反語，無施不可。試觀惠洪於譬如牛乳，以飦發之，雖緣緣之中，無有作者，久而成酪。非自外來，生乳中故；非自能生，以飦發之。故緣緣成熟，忽然成就……。然觀圭峰偈語，恐於死時，未得自在，以其皆理障故。如本朝太祖皇帝將問罪江南，江南後主遣其臣徐鉉入對誦習，以備顧問，且欲以舌辯存國。既見，曰：「江南國主，如子事父，以事陛下，奈何欲伐之？」太祖曰：「父子異居可乎？」鉉愕然無以對。今平生知誦圭峰之偈語，至於臨終為徐鉉愕然者，皆是也。

牛乳本具有成為乳酪的性能，它並不是靠外來附加任何東西轉變而成的，就像一切眾生本具妙淨明心，若悟諸法，如空華水月，無所取捨，「則同如來，身心圓明，不動道場，於一毛端，偏能含受十方國土。」又豈是作有義、作無義的業牽業轉差別？惠洪這種見地，在《智證傳》三十五條，當僧問雲居宏覺禪師：「如何是沙門所重？」宏覺曰：「心識不到處。」惠洪責備宏覺不啻犯了自宗（曹洞宗）「語忌十成」的忌諱，則把活潑潑的話說死了；惠洪同時引述善比喻的蘇東坡於〈虔州崇慶禪院新經藏記〉中說：「口不能忘聲，則語言難於屬文；手不能忘筆，則字畫難於刻雕。」如果說話寫字還心繫如何遣詞、如何運筆，那麼絕對說不好話寫不好字；同理可知，唯有摒棄有義無義的分別心，才不致內執身心，外執器界，也才真能自在轉境。而今宗密偈語迷於理障，恰似徐鉉舌辯南唐之於趙宋，如子之事父，而父子又豈有分國異居之理？吾人由此即見惠洪議論的深刻。又《智證傳》雖多處引用棗柏《華嚴經新論》與永明《宗鏡錄》，但當見解有

《智證傳》八十一條引圭峰之言：「當以空寂為自己，勿認色身；以靈知為自心，勿隨妄念。妄念若起，都莫隨之，自然臨命終時，捨短為長，易麤為妙。學者能令此觀常在現行，則是真智慧之力也。」詳味圭峰意旨，實與此偈相似，惠洪於其後亦慨云：「今皆不然，徒循其名，輕道甚矣。」

別，惠洪仍嚴予駁論。像第三十二條舉《法華經》曰：「佛種從緣起，是故說一乘。」永明解釋云：「緣起佛種者，報身佛，非法身佛也。」惠洪即駁曰：「不知永明何所據依而為此言。經以一乘為言，則寧當分別法、報身乎？」第三十八條舉《法華經》曰：「龍女忽然之間變成男子，具菩薩行。」而棗柏曰：「此義如《華嚴經》所說即不然。」惠洪則說：「（《法華》）不欲正言，故以象示，意使學者自悟耳。便以為實法，較兩經而優劣之，其可哉？」充分展現其尊法重法一貫立場，合乎修道者當以教法為依，不可以人為依的「四依」之理，祖琇《僧寶正續傳》卷二〈明白洪禪師〉謂惠洪「出入禪教，議論精博，其才實高。圜悟禪師以為筆端具大辯才，不可及也。」確實一點不假！

至於書中涉及惠洪的一些經歷，如第三條還談到他家鄉高安的官員孫于之嫂，十九歲守寡，誦《法華經》不復嫁。政和六年夏六月，忽收經帙，料理身後事。孫于問她原因，她笑說：「我三日後將去世。」果然如期而逝。惠洪好友韓駒也問起他臨終如何預知時至？又第四十六條舉毗舍浮佛偈曰：「假借四大以為身，心本無生因境有。前境若無心亦無，罪福如幻起亦滅。」惠洪於「傳曰」提到他研味此偈而在逆境處之泰然：

> 予政和元年十月謫海外，明年三月館於瓊州之開元寺儼師院。海上無經籍，壁間有此偈，日夕研味，頓入無生，身心超然自得也。

又如第九十一條「傳曰」：

> 昔予至臨川，與朱顯謨世英游相好也，俄南昌上藍長老至，上藍雅自標致，謂世英曰：「覺範聞工詩

耳，禪則其師猶錯，矧弟子耶。」

惠洪到臨川，時當徽宗崇寧二年（一一〇三），顯謨閣學士朱彥（世英）鎮撫州，請其開法於北景德寺。那時他才三十三歲，從這段資料可以想見惠洪及其師父的禪法，正受到強烈質疑。又第九十二條敘及昔日庵於高安九峰之下，有僧問及臨濟賓主公案，令他頓見三玄三要之旨，而作偈曰：「一句中具三玄門，一玄中具三要路。細看即是陷虎機，忽轟一聲塗毒鼓。偷心死盡眼麻迷，石女夢中毛卓豎。」再如最後一條提到自己交通王公顯宦[七十二]，竟坐極刑，遠竄海外，幸而生還，仍「冠巾說法」——表明自己心志，雖已遭褫奪僧籍成為俗家人，仍要為出世法而精進努力。因此研究惠洪生平經歷，像《智證傳》個人色彩這麼濃厚的書，是不能不讀的。

（五）承繼與新裁——與《宗鏡錄》、《碧巖錄》的比較

惠洪《智證傳》特色大抵如上所述，至於細微處，則可拿《宗鏡錄》、《碧巖錄》與之相比較，以補足前四點所未明。《宗鏡錄》、《碧巖錄》這兩部書，一是惠洪思想的啟迪者，另一則是與惠洪同宗別派的臨濟楊岐僧圜（圓）悟克勤名著，與《智證傳》一雅一俗，語言風格迥然不同。今依次分析如下。

《宗鏡錄》凡一百卷。又作《宗鑑錄》、《心鏡錄》。永明延壽（九〇四—九七五）著，成書於宋太祖建

七十二 此指張商英等人，《宋史》卷三五一〈張商英傳〉云：「有郭天信者，以方技隸太史，徽宗潛邸時，嘗言當履天位，自是稍睠寵之。商英因僧德洪、客彭几與語言往來，事覺，鞫于開封府。御史中丞張克公疏擊之，以觀文殿大學士知河南府，旋貶崇信軍節度副使，衡州安置。天信亦斥死。」（台北：鼎文書局，一九九一年二月，頁一一〇九七）

隆二年（九六一）。收於《大正藏》第四十八卷。本書廣收大乘經論六十部，及印度、中國聖賢三百家著作彙編而成。詳述諸佛大意與經論之正宗，證成唯心之旨，為昭示禪教一致的鉅著。惠洪多部著作中皆一再提及此書，如《石門文字禪》卷二十五〈題宗鏡錄〉云：

右《宗鏡錄》一百卷，智覺禪師所譔。切（竊）嘗深觀之，其出入馳騖於方等契經者六十本，參錯通貫此方異域聖賢之論者三百家。領略天台、賢首，而深談唯識，率折三宗之異義，而要歸於一源。故其橫生疑難，則鉤深賾遠；剖發幽翳，則揮掃偏邪。其文光明玲瓏，縱橫放肆，所以開曉眾生自心成佛之宗，而明告西來無傳之的意也。七十三

又如《林間錄》第一百九十條，惠洪說他曾遊東吳，寓居西湖淨慈寺，有老僧告訴他此書之難能可貴：「永明和尚以賢首、慈恩、天台三宗互相冰炭，不達大全，故館其徒之精法義者，於兩閣博閱義海，更相質難。和尚則以心宗之衡準平之。」老僧並感嘆學者對此書不稍留意：「其為法施之利，可謂博大殊勝矣。今天下名山莫不有之，而學者終身有未嘗展卷者，唯飽食橫眠，游談無根而已，謂之報佛恩乎？負佛恩乎？」七十四惠洪還特別注意到如此卷帙龐大的書籍，既然是由禪師寫成，那麼他對於文字的見解如何？《林間錄》第一百二十四條便舉永明之言曰：「今之學者，多好求解會，此豈究竟？解但為遣情耳，說但為破執耳，情消執盡，則說解何存？」第一百四十六條再引其語：

七十三　《石門文字禪》，同注一，頁八。
七十四　佛光版為一百八十九條，頁一六三。

此重玄門，名言路絕，隨智所演，以廣見聞，唯證方知，非情所解。若親證時，悉是現量之境，處處入法界，念念見遮那。若但隨文義所解，只是陰識依通，當逆順境時，還成滯礙，遇差別問處，皆是疑情。如鹽官安禪師問講《華嚴》大師云：「《華嚴經》有幾種法界？」對云：「略而言之，有十種法界。廣而言之，重重無盡。」師豎起拂子云：「是第幾種法界？」大師俛首擬答之。鹽官訶曰：「思而知，慮而解，是鬼家活計。日下孤燈，果然失照。出去！」[75]

《宗鏡錄》中另有段話解釋文字對於佛法的重要性，但又須得意忘言，以消解文字障；這也即是永明禪教合一立論的重要依據：

今因自力未到之人，少（稍）為開示，全憑佛語，以印凡心。憑佛語以契同，渺然無際；印凡心而不異，豁爾歸宗。又有二義須說。一、若不言說，則不能為他說一切法離言自性。二、即說無說。說與不說，性無二故。又此宗但論見性親證，非在文詮，為破情塵，助生正信。若隨語生見，執解依通，則實語是虛妄，生語見故；若因教照心，唯在得意，則虛妄是實語，除邪執故。《起信論》云：「當知一切諸法，從本已來，非色非心，非智非識，非無非有，畢竟皆是不可說相。所有言說示教之者，皆是如來善巧方便，假以言語，引導眾生，令捨文字，入於真實。若隨言執義，增妄分別，不生實智，不得涅槃。」又若文字顯總持，因言而悟道，但依義而不依語，得意而不徇文，則與正

七十五 《林間錄》一百二十四、一百四十六條所引永明原文，分別出自《宗鏡錄》卷八、卷二十八，頁四六〇、五八〇。

理不違，何關語默？故《大般若經》云：「若順文字，不違正理，常無諍論，名護正法。」[七十六]在永明延壽時代，學禪人多因教外別傳，不立文字之說，形成盲修瞎煉的風氣，而學教者又偏執一隅，不知隨文解義，只是疊床架屋，徒增紛擾。永明有鑒於此，故主張禪教並重，性相和融；當然，禪教一體的思想，在宗密《禪源諸詮集都序》表現已極明白，他說：「教也者，諸佛菩薩所留經論也。禪也者，諸善知識所述句偈也。」「本因了自心而辨諸教，故懇情於心宗；又因辨諸教而解修心，故虔誠於教義。」[七十七]比較不同的是，宗密被尊為華嚴五祖，在他看來，禪是客，教是主，他是要融禪於教[七十八]；相對的，永明以為行住坐臥之內，俱可證真；刀耕火種，搬柴運水，無一非佛事，他乃是要藉教悟宗，而非混宗於教。這種觀念對惠洪有相當深刻的影響，惠洪浸淫其書中長達二十餘年，永明的思想，正是他所瓣馨依嚮，《石門文字禪》卷十八〈永明禪師真贊序〉有云：

> 永明智覺禪師乘悲願力，示生震旦，傳佛心宗，為法檀越，其宏名辯才，學者依以揚聲，議論言句，浩如山海。余漁獵其間，餘二十年，至其妙處，輒能識之，如鵝王擇乳，無有遺餘。蓋嘗自志其鄙陋，直欲追禪師逸駕，為之伴侶，以游十方國土，作大佛事，尚未晚也。[七十九]

七十六 見《宗鏡錄》卷六十一，頁七六三。

七十七 宗密《禪源諸詮集都序》卷一，《大正藏》四十八卷，頁三九九。

七十八 參見董群〈宗密以教融禪的禪教合一說評析〉，《禪學研究》第三輯，頁二〇一—二〇八。

七十九 《石門文字禪》，同注一，頁二一四。

同樣我們看《智證傳》中也不時引據《宗鏡錄》，觀察惠洪援引的方法，除了明舉「永明曰」之外，另有幾種方式，如第六十一條舉洞山悟本禪師所立：「正中妙挾，挾路通宗，通塗挾帶。」惠洪於「傳曰」有一段話：「大乘所緣緣義曰：『言是帶己相者，帶與己相各有二義。言帶有二義者：一者挾帶，即能緣心，親挾境體而緣；二者變帶，即能緣心變，起相分而緣也。』」這段話正出自《宗鏡錄》卷七十一。此種暗引手法，如第七十六條「傳曰」「以真如之性」至「一切法俱不成」，也同樣襲自《宗鏡錄》卷三十八。

但是惠洪文學素養極佳，他並非都一字不改的照抄，他還能將原文精鍊潤飾。最明顯的，像第七十一條舉〈肇論〉曰：「觀方知彼去，去者不至方。」惠洪「傳曰」以下，皆出《宗鏡錄》卷三十三；但《宗鏡錄》原文極繁瑣，龐大又冗繁的部帙，相信正是學者望之怯步的主因，而惠洪的裁剪潤色，正有畫龍點睛的果效。再如第八十三條舉《圓覺經》曰：「譬如眼光，曉了前境，其光圓滿，得無憎愛。」惠洪「傳曰」：

第六識，動有分別，不動即等周法界。五現量識等，一一根皆遍法界。眼見色時，色不可得，元來等法界。耳、鼻、舌、身，一一亦復如是，五識現量，名曰圓成。永明曰，初居圓成現量之中，浮塵未起；後落明了意根之地，外狀潛形。謂是故也。

這段文字由「第六識」至「元來等法界」，出自《宗鏡錄》卷十七；而「耳、鼻、舌、身」，乃至於「永明曰」以下，則是惠洪總括永明的意思，並且提煉了《楞嚴經》典故，然後再說出，已經不是永明原書語句。在《宗鏡錄》卷五十三，問：「五根於何教中證是現量？」永明答語即依《圓覺經》此段經文，大加發揮；又《楞嚴經》卷四亦有云：「摩訶迦葉，久滅意根，圓明了知，不因心念。阿難！今汝諸根，若圓拔已，內瑩發光，如是浮塵，及器世間諸變化相，如湯消冰。」惠洪下筆熟諳融貫會通之理，深具移山倒海之能，故能將多段經論凝縮於戔戔數語中。

最後如第八十五條舉永明曰：「龐居士問馬祖：『如水無筋骨，能勝萬斛舟時如何？』答曰：『我此間亦無水、亦無舟，討甚筋骨？』德山至龍潭，久嚮龍潭，及至到來，潭又不見，龍又不現。答曰：『子親到龍潭。』陳尚書問洞山：『五十二位菩薩中，為什麼不見妙覺？』答曰：『尚書親見妙覺。』」這一段，原見《宗鏡錄》卷九十二[八十]；但「龐居士問馬祖」，《宗鏡錄》作：「有學士問馬祖和尚」；「德山至龍潭」，《宗鏡錄》作：「學人問龍潭和尚」，惠洪此處皆將掌故補足。另「陳尚書問洞山」，《宗鏡錄》作：「又俗官王常侍問先洞山和尚」，考《洞山良价禪師語錄》，當以「陳尚書」為是。《智證傳》雖於《宗鏡錄》多所取資，《宗鏡錄》影響惠洪極為深刻，但惠洪亦自有其判擇，並非照單全收，一概採信。

以上是《宗鏡錄》與《智證傳》的比較，接著談《碧巖錄》。

《碧巖錄》是與惠洪同時的圜（圓）悟克勤（一〇六三—一一三五）所著。另有《碧巖集》、《圓悟老人碧巖錄》、《佛果圓悟禪師碧巖錄》等名。收於《大正藏》四十八卷。本書初為雪竇重顯（九八〇—一〇五二）自《景德傳燈錄》一千七百則公案中，精選百則，附以頌文，至圓悟克勤則添加垂示、著語與評唱，而風行於世，號稱宗門第一書[八十一]。有關其作時，王進瑞〈碧巖錄解題〉云：

八十　見《宗鏡錄》，頁九一九。

八十一　見忽滑古快天著，朱謙之譯《中國禪學思想史》二十三章十七節〈圜悟之《碧巖集》〉，上海古籍出版社，一九九四年五據《碧巖錄》裏面，關友無黨所寫的後序有這樣的：「圜悟老師在成都時與諸人請益其說，師後住夾山道林，復為學徒扣之，凡三提宗綱，語雖不同，其旨一也。門人掇而錄之，既二十年矣。」等語。可見這部《碧巖錄》是圜悟禪師住成都昭覺寺、夾山靈泉寺、湘西道林寺等三處，前後二十年間為了門人的請益所講，由門人等所記錄集成起來……，然後於宣和七年公元一一二五年，至建炎二年公元一一二八年中間所出版的。宣和七年是無黨寫後序的年，建炎二年是弟子普照寫前序的年。[八十二]

如此說法，歐陽宜璋《碧巖集的語言風格研究》，與之相符[八十三]；但與筆者所見略有不同。一般說來，書序是寫於成書之時，因此無黨序文，應是宣和七年梓行時所寫；到了建炎二年，依普照序云：「道友集成簡編，鄙拙敘其本末」，則又是再一次結集刊行，因為十卷《碧巖錄》不是大書，出版不需耗費那麼多年的時間；何況克勤數度以此為教本，拈提舉唱，在此之前，《碧巖錄》早有流傳，且看無黨序文即說：「門人掇而錄之，既二十年矣，師未嘗過而問焉。流傳四方，或致踳駁，諸方且因其言、以其道不能尋繹之，而妄有改作，則此書遂廢矣。學者幸諦其傳焉。」再看圜悟遊方弘法經歷，據《釋氏稽古略》卷四云：

崇寧中還鄉里。成都帥翰林郭公知章，請開法六祖寺，更昭覺。政和初謝事，復出峽南遊。時無盡

月，頁五二一。

八十二 王進瑞〈碧巖錄解題〉，收於《現代佛教學術叢刊．十二．禪宗典籍研究》，台北：大乘文化出版社，一九七七年十月，頁二〇三。

八十三 歐陽宜璋《碧巖集的語言風格研究》，台北：圓明出版社，一九八四年四月，頁六九。

居士張公商英寓荊南，師謁之，談《華嚴》，無盡公信敬拜禮之，留住碧巖。復徙道林。[八十四]

今推斷圜悟未嘗過問而流傳四方，自應在駐錫澧州夾山靈泉禪院之時，所以書名才有「碧巖」一詞。因「碧巖」此二字，乃源於夾山開山始祖善會禪師表示其悟境的詩句：「猿抱子歸青嶂後，鳥啣華落碧巖前。」《圜悟佛果禪師語錄》卷九記圜悟移徙道林，小參時亦曰：

僧問：「『猿抱子歸青嶂後，鳥銜華落碧巖前。』此是和尚舊時安身立命處；如何是道林境？」師云：「寺門高開洞庭野，殿腳插入赤沙湖。」[八十五]

因此若是直到宣和，甚至更晚至建炎二年才首次刊行，是不可能取此書名的。克勤在靈泉禪院之時，正值徽宗政和年間[八十六]，因此《碧巖錄》亦當在此之後流通，而比起《智證傳》作時要早。目前雖然沒有直接證據證明惠洪看過《碧巖錄》；《智證傳》也沒有因襲《碧巖錄》，像《宗鏡錄》有那樣明顯的痕跡，但以惠洪

八十四 《釋氏稽古略》，見《大正藏》四十九卷，頁八八二。

八十五 《圜悟佛果禪師語錄》見《大正藏》四十七卷，頁七五四。

八十六 除《釋氏稽古略》有此說（見注八四）外，《續傳燈錄》卷二十五亦云：「崇寧中還里省親……，政和間謝事，復出峽南遊。時張無盡（商英）寓荊南，以道學自居，少見推許，師艤舟謁之，劇談華嚴旨要……。於是以師禮留居碧巖。」（《大正藏》五十一卷，頁六三四。）案張商英寓荊南，已是政和元年罷相之後。祖琇《僧寶正續傳》卷四說克勤見過張商英後，「澧州刺史請住夾山，未幾，還湘西道林。……政和末，有旨移金陵蔣山，法道大振。」曉瑩《羅湖野錄》卷下〈潭州智度覺禪師〉條，亦言祖覺「謁無盡居士於荊南」，得其薦，抵蔣山圜悟座下（《卍續藏》一四二冊，頁九八七），故知張商英留圜悟於碧巖，應在政和二、三年後。

對禪林的熟悉，加上他與張商英、克勤[八十七]都有所往來，克勤以雪竇頌古百則做為教育弟子的教材，料惠洪不致無所聽聞；然而《智證傳》與《碧巖錄》走的卻是典雅和通俗兩條不同路線。《智證傳》並不是依據前賢頌古，再接續評說，而是深入經藏，運用開山鑄銅手法，蒐羅名言好句，再以傳統有經有傳的注疏方式逐條闡說，結構極單純，並不像《碧巖錄》，先有總論式的「垂示」，然後對古人公案與雪竇各句偈頌下加「著語」，又在公案與雪竇偈頌之後詳作「評唱」。至於語言風格，惠洪採用「爛然華麗，若雲翔電發」[八十八]的文言筆法，也迥不同於《碧巖錄》將古典雅言融入口語的語錄體模式。

惠洪與克勤同樣為了教化禪林，各顯神通，著實煞費苦心，可惜的是兩人命運不同，也造就兩部書的命運有天淵之判，《碧巖錄》成為家喻戶曉的宗門典範，《智證傳》要是沒有智昭、真可等人為之宣揚，將之刻版入藏，恐怕早已湮滅不傳。惠洪道德人品與學問雖然迄今仍遭質疑，但畢竟還存有《智證傳》能為他透露一些聲息，也算是不幸中的大幸了。

八十七　惠洪與張商英關係密切，前注七二已見；而與圜悟克勤之間的往來，除正文引《僧寶正續傳》言及克勤推崇惠洪筆端具大辯才，惠洪《石門文字禪》卷十七〈變禪者歸蔣山見佛果乞偈〉亦云：「諸方今誰達此機？蔣山老勤默而識。」（頁三）、卷二十八代撰〈請圜悟住雲居〉，又讚揚克勤：「恭惟某人具豎亞頂門之眼，行全提祖令之權。舌覆大千，入語言之三昧；身分刹海，為遊戲之神通。豈暇奪人境於笑中，何止分賓主於句內。」（頁一一）。此外，惠洪與克勤弟子大慧宗杲也往來密切，參見《石門文字禪》卷十七〈次韻李商老送杲上人還石門〉（頁九）、卷二十三〈洪州大寧寬和尚語錄序〉（頁五）、卷二十五〈題準禪師語錄〉（頁二四）、卷二十八〈請杲老住天寧〉（頁二）等作。

八十八　此為祖琇評惠洪著作之語，見《僧寶正續傳》卷七〈代古塔主與洪覺範書〉。

五、《智證傳》的疏失與影響

惠洪《智證傳》一書詮解經論法語，是否已疏通詳盡，恐怕因讀者根器高低有別而仁智所見不同，不過可以肯定的是，全書引用典籍極為龐富，若非熟稔教典，強記多才，實不足以為之。然由於典籍浩瀚，或行文偶忽不慎，都可能產生差誤，今除去字句稍異者不計，條舉《智證傳》疏失十六處，並加案語如下：

（一）第十條「唐將王彥章」

案：王彥章（八三六—九二三），字子明，五代後梁名將，行伍出身，極驍勇，人號「王鐵槍」。後唐．李存勗攻兗州，彥章率新募兵五百人與之大戰，終不敵眾，身受重傷被俘，寧死不屈，遂遇害。參閱《舊五代史》卷二十一、《新五代史》卷三十二〈死節傳〉。彥章雖生唐文宗太和年間，然未嘗事李唐，且少為軍卒，即從梁太祖，更與後唐屢戰，終於死節，傳記入《五代史》中，故不當稱為唐將。

（二）第二十條「予嘗閱運公遺事，始名晞運。會昌之厄，以白帕蒙首，易名神運。宣宗登極，復教，仍名晞運，此叢林未知者也。」

案：黃檗「始名晞運」，考諸史傳、語錄及惠洪《林間錄》、《石門文字禪》等書皆作「希運」，故當是惠洪筆誤。

（三）第二十三條「《五十計較經》曰……。」

案：《五十計較經》，當作《五十校計經》。《出三藏記集》有云：「《五十校計經》二卷，或云《明度五十校計經》。」[八十九]《開元釋教錄》卷十一及《貞元新定釋教目錄》卷二十七則編入《大方等大集經・十方菩薩品》。本段所引，見《大方等大集經》卷六十〈十方菩薩品〉，及《宗鏡錄》卷三十八。

（四）第三十三條「清涼國師答復禮法師所問〈真妄偈〉曰：『本淨本不覺，由茲妄念起。能迷非所迷，安得長相似。』」

案：清涼國師答復禮法師一偈，前二句為宗密所作，此處當記誦誤。《宗鏡錄》卷五有云：「復禮法師問天下學士〈真妄偈〉云：『真法性本淨，妄念何由起。從真有妄生，此妄安可止。無初即無末，有終應有始。無始而無終，長懷懵茲理。願為開玄妙，析之出生死。』澄觀和尚答云：『迷真妄念生，悟真妄則止。能迷非所迷，安得全相似。從來未曾悟，故說妄無始。知妄本自真，方是恒常理。分別心未亡，何由出生死。』……宗密試答曰：『本淨本不覺，由斯妄念起。知真妄即空，知空妄即止。』」又惠洪《林間錄》第二十六條亦有記載[九十]，並無此訛誤。

（五）第四十三條「舜峰欽禪師」。

案：「舜峰欽」，應作「雙峰欽」，即雙峰竟欽禪師，為雲門文偃弟子，文偃門下另有舜峰韶禪師，故此「舜」字當為筆誤。

八十九 《出三藏記集》卷二，《大正藏》五十五卷，頁六。

九十 佛光版，頁二五—二七。

（六）第四十五條「使离婁索之而不得，乃因罔象而得之……。」

案：「离（離）婁」，《莊子》原作「離朱」，《孟子》書中始作「離婁」；而罔象原作象罔，《莊子・天地》云：「黃帝遊乎赤水之北，登乎崑崙之丘而南望，還歸，遺其玄珠。使知索之而不得，使離朱索之而不得，使喫詬索之而不得也。乃使象罔，象罔得之，黃帝曰：『異哉！象罔乃可以得之乎！』」。

（七）第五十二條「漢・范曄有言曰」。

案：范曄（三九八—四四五），字蔚宗，南朝劉宋順陽人。曾任尚書吏部郎，元嘉初為宣城太守，後遷左衛將軍、太子詹事，掌管禁旅，並參與機要，著有《後漢書》。元嘉二十二年，因涉入孔熙先等謀立彭城王案被殺，見《宋書》卷六十九〈范曄傳〉。《智證傳》作漢代，誤。

（八）第六十二條「無著菩薩曰：『此義不然……。』」

案：所引為《破色心論》，而惠洪稱「無著菩薩曰」；實則《破色心論》為天親菩薩造，無著乃天親之兄。

（九）第六十三條「《百門義海》曰：『達無生者，為塵是心緣，心為塵因，因緣和合，幻相方生……。』」

案：《百門義海》，棗柏大士李通玄所著：本段實出自賢首法藏《華嚴經義海百門・緣生會寂門第一》，《智證傳》誤。

（十）第七十條「《中觀論》曰：『無佛從緣起，無物從緣滅……。』」

案：「無佛」當作「無物」。今本《中觀論》無此偈，此偈見於唐・波羅頗蜜多羅譯清辨注《中論》

之作——《般若燈論釋》卷四〈觀六根品第三〉引《楞伽經》偈。考《宗鏡錄》卷四十四有曰：「《中觀論》偈云：『無物從緣起，無物從緣滅。起唯諸緣起，滅唯諸緣滅。』」則惠洪或據此而論。

（十一）第七十七條「《百門義海》曰：『顯光明者，為見塵法界真如理事之時，顯了分明，此是智慧光明照也……。』」

案：棗柏大士李通玄《百門義海》，今已亡佚。本段所引，實見賢首法藏《華嚴經義海百門．體用顯露門第五》。考《宗鏡錄》卷二十四有云：「如《義海》云：『顯光明者，……。』」又如卷八十四曰：「《義海》云：『若空異於有，即淨不名淨……。』」卷八十五云：「《義海》云：『除業報者，為塵上不了自心為心外有法，即生憎愛……。』」可知《義海》為《華嚴經義海百門》簡稱。《智證傳》所引經典多出《宗鏡錄》，當誤以《義海》為《百門義海》，文中言「藏公可謂能如實知諸法也」，即以《百門義海》為法藏《華嚴經義海百門》。

（十二）第八十一條「德宗與陸贄論盧杞，則曰：『天下皆知杞奸，而朕獨不知，何也？』」

案：德宗曾與陸贄論盧杞，《資治通鑑》卷二三〇〈德宗興元元年〉云：「（陸）贄極言杞姦邪致亂，上雖貌從，心頗不悅。」至於德宗曰：「天下皆知杞奸，而朕獨不知。」新、舊《唐書》卷一三一〈李勉傳〉皆作德宗與李勉問答，而非與陸贄答問。又《資治通鑑》卷二三三〈德宗貞元四年〉云：「上從容與（李）泌論即位以來宰相曰：『盧杞忠清強介，人言杞姦邪，朕殊不覺其然。』泌曰：『人言杞姦邪而陛下獨不覺其姦邪，此乃杞之所以為姦邪也。』」《考異》曰：「《舊》李勉傳，勉對德宗已有此語，與《鄴侯家傳》述泌語略同，未知孰是，今兩存之。一本泌語之下有『與勉』二字。」

（十三）第九十條德山鑑禪師曰：「有言時，騎虎頭，收虎尾，第一句下明宗旨。無言時，覿露機鋒，如同電拂。」

案：「德山鑑禪師曰」一段，據《續傳燈錄》卷二十八〈眉州中巖華嚴祖覺禪師〉云：「（祖覺禪師）……依圓悟於鍾阜，一日入室，悟舉羅山道：『有言時，踞虎頭，收虎尾，第一句下明宗旨。無言時，覿露機鋒，如同電拂。作麼生會？』師莫能對，夙夜參究，忽然有省。」《明高僧傳》卷六與《續傳燈錄》同。又曉瑩《羅湖野錄》卷下〈潭州智度覺禪師〉條亦言祖覺得張商英薦，抵蔣山，聞圓悟舉羅山道閑此語有證，於是作偈。故當是惠洪記誦誤。

（十四）第一百條《大智度論》曰：「……耳識即生意識，能分別種種因緣得聞聲。以是故不應作難雖聞聲……。」

案：「雖聞聲」當作「誰聞聲」，《智證傳》引文多有不與原文同者，此處特別改正，蓋屬誤字，非刊正不能知原義。

（十五）第一百零一條（神鼎諲禪師）作偈曰：「新婦騎驢阿家牽，誰後復誰先？有問又須向渠道，新婦騎驢阿家牽。」

案：此偈，《古尊宿語錄》卷二十四〈應機揀辨〉云：「因僧請益，師乃有頌：『新婦騎驢阿家牽，誰後復誰先？張三與李四，拱手賀堯年。』又頌：『從前諸聖總皆然，起坐忪諸沒兩般。有問又須向伊道，新婦騎驢阿家牽。』」惠洪此處蓋併二偈為一。

（十六）第一百零九條「《華嚴經》曰：『具足優婆夷，以忍波羅蜜中，具十波羅蜜……。』」

案：《華嚴經》曰一段，非《華嚴經》文，原出棗柏大士《新華嚴經論》卷三十六。此處應非梓行疏誤，因惠洪凡引及《新華嚴經論》，皆稱「棗柏曰」或「棗柏論曰」，未有全舉書名者，故知惠洪引書誤。

不論在教內教外，也不管在當時或後代，惠洪受到的評價，堪稱褒貶兩極，細究貶抑他的緣由，跟他遭到褫奪僧籍，又四度下獄，絕對有密切關連，筆者於〈惠洪非「浪子和尚」辨〉[九十一]一文，分析已極詳盡。例如南宋者庵惠彬《叢林公論》一卷，其中就有六則針對惠洪《禪林僧寶傳》、《冷齋夜話》、《智證傳》痛予抨擊。關於痛責《智證傳》這一條，洋洋灑灑近千言，但幾乎全是迻錄《智證傳》文字，僅在最末說了幾句很重的話：

> 《智證傳》僅三萬言，動謬佛祖之意，略舉此數端，學者宜審之。嗚呼！蟊生於禾，害禾者蟊也，寂音尊者似之。[九十二]

問題是，光會摘錄原文，都不加以評斷錯謬所在，便為惠洪冠上蠹害佛法之流，這將如何服人？筆者於〈惠

九十一　同注四，頁五九—六〇。

九十二　者庵《叢林公論》，《卍續藏》一一三冊，頁九一四。

洪非「浪子和尚」辨〉已舉數例，說明《叢林公論》號稱「公論」，卻論有未公，今不再細說。至於《虛堂和尚語錄》卷四云：「覺範在真淨處。發明不多時。因事出院。離師太早。所以有到處。有不到處。」[九十三]然曉瑩《羅湖野錄》卷上則轉述其師大慧宗杲稱說惠洪如何勤懇求道，即使遠離師門仍不廢懈的事蹟，今不憚煩，全錄如下：

寂音尊者洪公初於歸宗參侍真淨和尚，而至寶峰，一日，有客問真淨曰：「洪上人參禪如何？」真淨曰：「也有到處，也有不到處。」客既退，洪殊不自安，即詣真淨求決所疑。真淨舉風穴頌曰：「五白貓兒爪距獰，養來堂上絕蟲行。分明上樹安身法，切忌遺言許外甥。且作麼生是安身法？」洪便喝。真淨曰：「這一喝，也有到處，也有不到處。」洪忽於言下有省。翌日因違禪規遭刪去，時年二十有九。及遊東吳，寓杭之淨慈，以頌發明風穴意，寄呈真淨曰：「五白貓兒無縫罅，等閑拋出令人怕。翻身跳擲百千般，冷地看佗成話霸。如今也解弄些些，從渠歡喜從渠罵。卻笑樹頭老舅翁，只能上樹不能下。」自後復閱汾陽語錄，至三玄頌，驀有所證。妙喜老師蓋嘗語此，而叢林鮮有知者。夫以文華才辯而掩其道，微妙喜亦何由取信於後耶！[九十四]

因此作為惠洪晚期著述的《智證傳》，絕不能說無絲毫水準。南宋孝宗時，越山僧晦巖智昭編著《人天眼目》六卷。今見《大正藏》四十八卷、《卍續藏》一一三冊。書名寓有「人類及天界一切眾生眼目」之意，其前

九十三 《虛堂和尚語錄》，見《大正藏》四十七卷，頁一〇一四。

九十四 曉瑩《羅湖野錄》卷上，頁九七七。

四卷為顯示禪門五家風，收集各派祖師語要偈頌，並加解說，而後兩卷則屬宗門雜錄。此書與法眼文益《宗門十規論》，於中國禪林並享盛名，智昭於自序中述說蒐羅五宗綱要之不易，曰：

> （余）有意於綱要，幾二十年矣，見於遺編，或得於斷碣，或聞尊宿稱提，或獲老衲垂頌。凡是五宗綱要者，即筆而藏諸，雖成巨軸，第未暇詳定。晚抵天台萬年山寺，始償其志。[九十五]

以幾近二十春秋尋訪五宗綱要，自見其艱難。而今翻閱此書，則可見智昭引用惠洪著作《智證傳》、《林間錄》極為頻繁；當然，惠洪著作得以流傳至今，自應歸功紫柏真可（一五四三—一六〇三）。紫柏以佛典普及為興隆佛法的首要，因曩昔梵筴本大藏經閱讀不便，遂於萬曆十七年（一五八九），於五臺山以《北藏》為基礎，參校《南藏》，創刻方冊大藏經，四年後，移於徑山寂照菴繼續刊刻，而稱《徑山藏》，又以該藏在嘉興楞嚴寺流通，因此目前學界通稱為《嘉興藏》[九十六]。惠洪多部著作，除《智證傳》外，《妙法蓮華經合論》、《大佛頂首楞嚴經合論》、《禪林僧寶傳》（附《臨濟宗旨》）、《石門文字禪》，都是紫柏經目，收入《嘉興藏》中而得以傳世，足稱是惠洪異代知音！紫柏不僅將他的著作刊刻入藏，對於惠洪推重揄揚之情，我們從《紫柏尊者全集》，也可以窺見一二。紫柏《全集》卷十四除收錄其為惠洪《石門文字禪》、《智證傳》所寫序文外，另有一長篇〈禮石門圓明禪師文〉，寫來極為懇摯，充滿宗教情感：

九十五 〈人天眼目序〉，《大正藏》四十八卷，頁三〇〇。

九十六 詳見范佳玲《紫柏大師生平及其思想研究》第三章第三節，東吳大學中研所碩士論文，一九九八年六月，頁一一五—一一七。

夫出世法中，自飲光（迦葉）微笑以來，能以語言文字揚其笑者，惟馬鳴、龍樹而已。然二尊者皆產於梵，不產於華；產於華，能以語言文字大飲光之笑者，惟谷隱（蘊聰）、東林（常總）與石門而已。石門即圓明，圓明即寂音，寂音諱洪字覺範，生五十六年而卒，著書百餘部，如《尊頂法論》、《法華髻珠論》、《僧寶傳》、《林間錄》及《智證傳》、《石門文字禪》，此皆予所經目者也，其餘渴慕而未及見焉。……石門於篆面鞭背，謫戍瘴海之時，搜剔五家綱宗，精深整理，成禪宗標格，防閑魔外於像季之秋，此心何心乎？即仲尼述春秋之心也。……嗚呼！予生於五百年後，師著書於五百年前，予因師之書，而始知宗門有綱宗之說！[九十七]

又卷十五有多篇跋文，也都因惠洪文章而作[九十八]；再如卷二十〈斷婬偈〉序文更引惠洪〈觀音贊〉：「憫我心明力不逮，時時種子發現行」，紫柏誇說：「此我尊者踢翻好醜窠臼，而能吐言真實，如雲盡長空，明月顯露，清淨光潔如此也。」可見紫柏對惠洪著作的熟悉，不忘時時提起，這與他〈寄沈德輿〉，說他隨身攜帶其書，適足以相發明：

> 綱宗乃宗門之命脈，而有志於斯道者，豈可忽諸？……（余）下匡廬，持《僧寶傳》、《林間錄》、《智證傳》，三書雖亡者糟粕，而五家典刑綱宗係焉，以故急為梓行，意在廣傳。今天下豈無豪傑挺生？遇此書頓斷命根，洞豁綱宗，荷擔法道，不顧危亡，必有以宗風中興為志者出焉，則我寂音尊者千

九十七 真可《紫柏尊者全集》卷十四，《卍續藏》一二六冊，頁八八五—八八六。

九十八 《紫柏尊者全集》卷十五有〈跋宋圓明大師邵陽別吳強仲敘〉三篇、〈跋寂因尊者十明論敘〉、〈跋宋圓明大師邵陽別吳強仲敘遺愚菴講主〉，頁八九八—九〇〇。

> 古之下，若旦暮遇之也。[九十九]

除了紫柏的青睞，惠洪《智證傳》在明代還得到另一位臨濟宗師漢月法藏（一五七三—一六三五）的景仰。黃宗羲〈蘇州三峰漢月（法）藏禪師塔銘〉道及法藏深明宗門旨要，實得力於《智證傳》，云：

> 所謂宗旨者，臨濟建立料簡、賓主、玄要、照用、四喝等綱宗；雲門建立函蓋、截流、逐浪等綱宗，以遏棒喝之欺偽；曹洞、溈仰、法眼建立四禁、五位、六相、三昧等綱宗，以遏機語之欺偽。（法藏）師從寂音遺書悟之，廣陵散之絕久矣。[一百]

法藏嗣法於密雲圓悟禪師（一五六六—一六四二），因感慨當代宗門凋弊，必欲著書立言，提振綱宗，遂與其師門下襲用棒喝交馳，反對以講說教禪相齟齬；同時也讓人懷疑其所以喟嘆法衰道喪，是針對其師承傳法脈卻弘揚不力的譏諷。於是師徒論諍愈演愈烈，更進而節外生枝，擴及宗門內鬨，而在法藏圓寂約百年（雍正十一年，一七三三），雍正以九五之尊，撰《揀魔辨異錄》，干預法門爭端，對法藏門下所謂三峰宗派，敕旨削去，不許復入祖庭[一百零一]。

法藏深受惠洪影響，除自言：「（法）藏得心於高峰，印法於寂音」[一百零二]，並且還時時提唱《智證傳》，

九十九 《紫柏尊者全集》卷二十〈斷婬偈〉，頁九九一；卷二十三〈寄沈德輿〉，頁一〇三六。

一百 見黃宗羲《南雷文案》卷六，上海：涵芬樓影印《四部叢刊》本，頁一六。

一百零一 法藏、密雲論諍，除可見黃宗羲〈蘇州三峰漢月藏禪師塔銘〉；釋見一《漢月法藏之禪法研究》亦有詳盡論述。

一百零二 此是法藏上書密雲所言，見黃宗羲〈蘇州三峰漢月藏禪師塔銘〉；弘儲《三峰和尚年譜》記法藏四十二歲時：「偶抽架得

而有《於密禪師提智證傳》一書。法藏弟子弘儲（一六〇五—一六七二）撰《三峰和尚年譜》，於〈萬曆四十八年庚申〉條云：

> 和尚四十八歲。宋崇寧間，寂音尊者作《智證傳》，直究綱宗，行祖令，四百年少有洞明此書者。萬曆丙辰，和尚結夏三峰，對眾日提一則，既而病，或越四日五日一提，一則，既而病，或越四日五日一提，卒業，自言收覺範狼藉之夜光，復胎明月。首座聽石敏錄成帙，曰：《於密禪師提智證傳》。[一百零三]

由於法藏號漢月，字於密，故此書名為《於密禪師提智證傳》，可惜雍正藉政令指其教為魔說，毀其書，黜其徒，三峰一脈斷絕，此書也不傳。法藏以《智證傳》為教本，恰如圓悟克勤以雪竇頌古百則為教本，皆反覆再三講授，直至法藏圓寂前，仍有弟子將其提傳語句，私下記錄，當法藏辭世，遂為刊布。周永年〈三峰藏禪師松陵聖壽寺藏雲堂語錄後序〉有云：

> 三峰和尚以今年正月，應吾邑聖壽寺蓮上人之請，拈提《智證傳》文，則問語年輩云：「吾願提此傳

覺範所著《臨濟宗旨》，如對面親授於五百年前，歎曰：『我以天目（高峰）為印心，清涼（惠洪）為印法，真師則臨濟也。』後名三峰之院曰清涼院。」（收錄於徐自強主編《中國歷代禪師傳記資料匯編》中冊，北京：全國圖書館文獻縮微複製中心，一九九四年十二月，頁九一〇。）而這也難怪密雲於心有憾了。其實這般異代傳心，虛接法印的行事，原是惠洪所不苟同，《林間錄》第六十二條即云：「古塔主去雲門之世，無慮百年，而稱其嗣；青華嚴未始識大陽，特以浮山遠公之語故，嗣之不疑。二老皆以傳言行之自若，其於己甚重，於法甚輕。」

一百零三　見徐自強主編《中國歷代禪師傳記資料匯編》中冊，頁九四。

滿十期，今則將此一期當數期，畢吾志矣。」年以其語，乃策勵聽眾，使併力研味，勿更等待他時後日云耳。乃二月中歸山，五月初即閉死關；七月末旋以辭世。則回思此聖壽一會，準之於佛，似若將般涅槃而說法華；準之於祖，則亦所云葉落歸根，來時無口之一候矣。提傳語句，聽者私各紀錄，未敢刻布。此錄所存，則皆舉揚祖道，開示學人之心要也。和尚平生說法，筆舌皆如泉流雲涌，而出世為人心腸，乃竟收拾在此一帙，讀者當無忘其最後之付囑也已。崇禎乙亥孟冬晦日。[一百零四]

由此可見，《智證傳》對禪林教化作出頗多貢獻，惠洪縱使招辱受謗，無限委曲，在他身後，卻有異代知音為他張目吐氣，常寂光中也當含笑。

六、結論

從唐代智炬《寶林傳》承襲《達摩多羅禪經》及《付法藏因緣傳》，而有禪宗一代一人的付法，其〈第一祖大迦葉章結集品〉記載：「世尊未涅槃時，每告弟子摩訶迦葉：『吾以清淨法眼，涅槃妙心，實相無相，微妙正法，將付於汝，汝可流布，無令斷絕。』迦葉敬諾，唯然受教。」[一百零五]後來到五代《祖堂集》[一百零六]，

一百零四 見《中國佛寺志》第三輯《吳都法乘》卷二十二下之下。台北：丹青圖書公司，一九八五年十一月，頁二九八七。案法藏於崇禎八年七月示寂，世壽六十二，周永年序文乃寫於法藏圓寂之後，其文末卻題云：「崇禎乙亥」，「乙亥」乃是法藏寂滅之年，故屬誤記，宜改作隔年「丙子」為是。

一百零五 智炬《寶林傳》卷一，日本京都：中文出版社，一九七五年六月，頁一二。

一百零六 釋靜、釋筠編《祖堂集》卷一稍變動《寶林傳》文字作：「《涅槃經》云：『爾時世尊欲涅槃時，迦葉不在眾會。佛告諸

乃至南宋《五燈會元》卷一云：「世尊在靈山會上拈花示眾，眾皆默然，唯迦葉破顏微笑。世尊云：『吾有正法眼藏，涅槃妙心，實相無相，微妙法門，不立文字，教外別傳，付囑摩訶迦葉。』」[一百零七] 此段公案不僅建構中國禪宗注重正法相傳理念，亦彰顯禪家不滯教門文字語言，直接洞見心地，頓悟自心無煩惱、原清淨，無漏智性本自具足。其中「不立文字」幾乎成為禪宗最鮮明的標誌；但由初期禪宗即推重《楞伽經》，謂依經行之，自然度脫，又可見禪者向來沒有拋棄文字；且清楚了解有必要調和兩邊，不立文字亦不離文字。而這樣的精神，在著作不輟的惠洪身上也充分得到承繼和體現。

《智證傳》為了落實禪林教育，把「切忌說破」的精深禪理，以文字解析詮評示人，顯現說禪不離文字，藉文字悟禪的一貫立場，稱它是部禪林教育經典，一點都不為過。如果認為《智證傳》中的議論，僅實踐其禪學理想，作為教育經典的角色及功能，相當有限；對禪林教育所發生的作用及影響，亦甚微弱，那真是不夠嚴正客觀的知見！《智證傳》固然是惠洪晚年著作，在惠洪生前並不像他其餘作品，如《禪林僧寶傳》那麼風行，但在他死後，《智證傳》便開始流通，成為契入五宗禪法的一條門徑，不僅被引用來闡說五家宗風，更被收羅刊刻入藏，甚至被當作教材，再三提舉評說，如此種種，豈能說無功於禪林教育？吾人若向聲背實，僅憑《智證傳》名氣不響亮，便認為它不算禪林教育經典，就未免太枉費惠洪一番苦心。

大弟子：「迦葉來時，可令宣揚正法。」』又云：『吾有清淨法眼，涅槃妙心，實相無相，微妙正法，付囑於汝（迦葉），汝善護持。』」（長沙：岳麓出版社，一九九六年六月，頁九。）案北本《涅槃經》卷二原作：「我今所有無上正法悉以付囑摩訶迦葉，是迦葉者，當為汝等作大依止，猶如如來為諸眾生作依止處。」（《大正藏》十二卷，頁三七七。）

一百零七 普濟《五燈會元》，台北：文津出版社，一九九一年四月，頁一〇。

今為明晰眉目，且將研究要點，綜理如下：

《智證傳》書成於宣和四年（一一二二），惠洪五十二歲時，惠洪世壽五十八，此書正是他圓熟生命的心血力作，他為起敝振衰禪林，接續圭峰、永明，透過文字弘闡前聖指道之轍，入法之階，使禪法教理合一，自亦恪遵不黏不滯，不倚不偏之道。

《智證傳》書名，典出《華嚴經》，全書採用有經有傳的注疏方式行文，「經」為三藏經籍，「傳」則是惠洪舉經史公案法語轉相發明大義。從體例上說，第一條似可彰顯自宗門庭施設的峭拔；最後一條自敘經歷，剖陳為法的苦心，儼若書末跋語，但意到筆隨的寫法，總體說來，仍缺乏嚴謹條理架構。至於其特色，除有經典會通、五宗皆備、保存子史舊事軼聞、具備個人濃厚色彩外，運用典雅文言筆法，精裁潤飾，既轉變《宗鏡錄》部帙龐大冗繁的風格；也與徽宗政和年間開始流傳，採用通俗口語的《碧巖錄》迥然互異。

惠洪學識淵博，全書引用典籍極為龐富，有超過九成以上都能找到出處，但也不是沒有偶忽之時，本文故列舉《智證傳》疏失十六處，大體多屬筆誤所致。而關於其霑溉後世亦極深遠，如智昭《人天眼目》的編纂；明代紫柏真可、漢月法藏都與惠洪神契莫逆，受到他極大的鼓舞和感動。透過《智證傳》研究，不僅見識惠洪獨特的生命人格，也窺知他的精神理念終有得到發揚與繼承。

《智證傳》標點、注釋凡例

一、本書以《嘉興藏》第二十冊（即《大藏經補編・寂音尊者智證傳》）為底本，雖非校勘之作，仍參考《卍續藏經》本，二者文字無大差異，偶有乖謬處則逕予改正，並於注中說明，不加校勘一項。

二、《智證傳》原分十卷，《卍續藏經》併為一卷，未加條目，閱讀及檢索頗覺不便，今故於其前加標目次，計一百零九條。每條伊始，皆引他書之言，繼有「傳曰」，略低一格，或闡明奧義；或更舉述經史公案、禪師語錄旁證之，今一仍原貌，不另分段。

三、凡人名、地名、寺名、宗派、國家、年號等，皆加私名號，如覺範、潤州、同慶寺、華嚴宗、北齊、貞觀。而佛、世尊、菩薩、羅漢等，因係通稱，故不加；若釋迦牟尼佛、文殊師利菩薩，則標舉之。

四、書名加《》符號；篇名加〈〉符號；引言加：「」符號；引言之中又有引言，則加：『』符號。所用新式標點符號，有「、，．；：……——。！？「」『』（）〔〕【】〈〉《》」等十八種。

五、注釋標號若於該詞之下，即為注釋該詞；於完整段落之後，則為注釋該段出處。如：

巖頭奯禪師〔七〕嘗曰：「《涅槃經》此三段義，略似宗門。」〔八〕

注七標明「巖頭奯禪師」生平；注八則揭舉「《涅槃經》此三段義，略似宗門」一語出處。

六、凡書中所敘人物，皆注明生平，以便讀者略知梗概。至於佛學名相繁多，殊難逐一詳述，僅能以通讀前後文意為原則。

七、《智證傳》引文龐富，常有一二字，乃至二三句，與原文不甚吻合者。此古人引書常見之例，除非影響文義，或難以察覽，否則僅注出處，不更贅引原文。

八、凡引文過短，有礙理解者，則於注釋中加前後文，以利參照。若引文明顯有誤，或未甚詳晰，將滋疑義者，則加一「案」字。

九、禪宗語錄公案甚繁，輒有一語散見數處者，本書注釋無法一一羅列，僅以完整相似性最高者為依歸。有語錄者，以該禪師語錄為準；諸燈錄則以《景德傳燈錄》為優先。

十、《智證傳》末，原附雲巖付法洞山之〈寶鏡三昧論〉，今暫不列入標點注釋之中。

十一、為使眉目清晰，特舉該條精義警句，彙成目次，表列於本書及各條之前。

十二、注釋為省篇幅，例以淺近文言出之。

重刻《智證傳》引

大法之衰，由吾儕綱宗[一]不明，以故祖令[二]不行，而魔外充斥。即三尺豎子[三]，掠取古德剩句，不知好惡，計為己悟，僭竊公行，可嘆也！有宋．覺範禪師[四]於是乎懼，乃離合宗教，引事比類，折衷五家宗旨，[五]至發其所祕，犯其所忌而不惜。昔人比之貫高、程嬰、公孫杵臼[六]之用心，[七]噫！亦可悲矣。書以《智證》名，非智不足以辨邪正，非證不足以行賞罰，蓋照用全，方能荷大法也。充覺範之心，即天下有一人焉，能讀此書，直究綱宗，行祖令，斯不負著書之意。即未能洞明此書，而能廣其傳於天下，以待夫一人焉，能洞明之者，縱未能即酬覺範之志，亦覺範所與也。覺範所著，有《僧寶傳》、《林間錄》，與是書相表裏。業已有善刻，金沙于中甫比部[八]，復捐貲刻是書，三集並行於世，亦法門一快事也。有志於宗門者，珍重流通，是所望云。

皇明．萬歷乙酉夏六月既望，僧真可[九]述

附：達觀師[十]書

「智證」之義，或以《維摩》「受諸觸，如智證」[十一]釋之，非洪老著書意也。吾究之久矣，當以吾釋為準，藏公[十二]切勿疑之。如吾序文醜拙，宜用心與具區公[十三]共潤色之，方可入刻。

【注文】

〔一〕綱宗，宗門綱要。《祖堂集》卷十九，臨濟和尚云：「大德！山僧略為諸人大約話破綱宗，切須自看。可惜時光，各自努力。」

〔二〕祖令，禪宗祖師之機語因緣。《法演語錄》卷上：「紹先聖之遺蹤，稱提祖令，為後學之模範，建立宗風；若非當人，曷能傳授？」《五燈會元》卷二十資壽尼妙總禪師曰：「宗乘一唱，三藏絕詮；祖令當行，十方坐斷。」

〔三〕三尺豎子，謂少不經事之童子。

〔四〕覺範禪師（一〇七一—一一二八），宋代臨濟宗黃龍派僧釋惠洪（又作慧洪、德洪），江西筠州新昌人，俗姓喻，字覺範，別號寂音、老儼、甘露滅等。年十四，父母雙亡，乃依三峰靘禪師，為童子。十九，試經於東京天王寺得度，初名惠洪，能通《唯識論》奧義，並博覽子、史奇書，過目不忘，落筆萬言，了無停思，而以詩鳴京華。後南返，參謁真淨克文得法。崇寧間（一一〇三—一一〇五），住持臨川北景德禪院，後遷金陵清涼寺。未久，為僧控以冒籍訕謗，誣陷入獄一年，褫奪僧籍，丞相張商英、太尉郭天信等為之奏免，准更德洪之名，並賜紫衣，號寶覺圓明（案：《五燈會元》卷十七，郭天信作郭天民；又將賜號置於傳末示寂同安之後；然《石門文字禪》卷三十〈祭郭太尉文〉已云其「一斥不復，而又早世」，足見其遠較惠洪早逝，故奏賜號不宜置於傳末。）大觀元年（一一〇七），結庵於臨川，名曰明白庵，並撰庵銘。政和元年（一一一一）頃，張、郭獲譴外謫，有嫉之者，指惠洪與二人交通，詔奪袈裟，脊杖篆面，遣配崖州（海南島），三年始得歸。遂過衡嶽，謁方廣譽禪師，館於靈源閣下，而名其居曰：「甘露滅」。四月，到筠州，館於荷塘寺，又築室石門寺。冬十月，復拘之并州（山西）獄，踰年獲釋，即自太原南還。五年夏，於新昌之度門，往來九峰、洞山，以文章自娛。其後，將赴湘西，途經南昌，復為道士誣陷下獄，幸遇赦得免，遂歸湘上南臺。南宋・祖琇《僧寶正續傳》卷二〈明白洪禪師〉謂惠洪於靖康元年（一一二六），蒙賜再度剃髮，恢復舊名。建炎二年夏五月，示寂於同安，世壽五十八。著述極豐，有《林間錄》、《禪林僧寶傳》、《高僧傳》、《智證傳》、《志林》、《冷齋夜話》、《天廚禁臠》、《石門文字禪》、《語錄偈頌》、《法華合論》、《楞嚴尊頂義》、《圓覺皆證義》、《金剛法源論》、《起信論解義》等。此如明・居頂《續傳燈錄》卷二十二〈筠州清涼德洪禪師〉皆本其說；據曉瑩《雲臥紀談》卷上云靖康元年，惠洪詣刑部上書求復僧籍，是時朝廷多故，竟未果，明年夏，終委順同安，則見歿世猶未許削髮。今據惠洪陳詞云：「近聞朝廷追贈張商英、陳瓘官爵，旌其忠節，流竄蔡京、梁師成嶺外，正其罪惡。」張商英、陳瓘乃靖康元年二月重獲平反；而蔡京流竄儋州已於是年七月矣，當國勢板蕩之際，朝廷焉能顧恤一介褫奪僧籍近二十載之陳情者？況《雲臥紀談》成書於南宋高宗紹興二十五年（一一五五），距惠洪圓寂尚不遠，較祖琇成書為早；曉瑩時代近於惠洪，又為大慧宗杲弟子，而大慧乃惠洪姪輩，二人時有往來，故曉瑩謂靖康元年猶未復僧籍，說應有據；然云：「明年夏，終委順同安」，則宜改為「越明年夏（即建炎二年），終委順同安」，蓋《石門文字禪》卷二十一、二十二尚有惠洪於建炎元年十一、十二月所作〈五慈觀閣記〉、〈栽松庵記〉、〈少陽義井記〉等多篇文章。至於惠洪確於建炎元年重獲削髮，則卷三十〈祭鹿門燈禪師文〉足為明證：「維皇宋建炎元年，歲次丁未，五月庚寅朔；二十日，特敘復僧某，謹以茗果之奠，敢昭告于燈公禪師之靈。」「五月庚寅朔二十日」一句，似乎奇特不可解，實則「五月二十日」為法燈奠祭之日，惠洪另有〈鹿門燈禪師塔銘並序〉，見卷二十九，序言禪師靖康二年（一一二七，即建炎元年）五月十三日寂滅，二十二日全身塔于山口別墅惠定塔之東；至於「五月庚寅朔」即陰曆五月一日，高宗趙構是日於南京踐阼，並行大赦，《宋史・高宗本紀》曰：「五月庚寅朔，帝登壇受命，禮畢慟哭，遙謝二帝，即位於府治。改元建炎。大赦，常赦所不原者，咸赦除之。」（頁四四三）大赦敘復之於惠洪意義重大，尤其祭文尚語及徽宗崇道抑佛：「重和改元，髮僧宮寺。」於今冤枉獲罪者終得改正為僧，堅守戒操者頓成佛門光耀，豈可不特書一筆？而由此亦知其僧籍已復矣。參閱《佛祖歷代通載》卷十九、《嘉泰普燈錄》卷七、《續傳燈錄》卷二十二、《石門文字禪》卷二十四〈寂音自序〉。

〔五〕「離合宗教，引事比類」，指惠洪謂禪不離文字，而從事經典會通，藉教以悟宗。五家宗旨，禪宗自初祖達摩五傳而至五祖弘忍，忍之下，分北宗神秀，與南宗慧能二派。北宗行於北地，後世無分派。南宗行於南地，有五家七家之說。五家者，即：溈仰宗、臨濟宗、曹洞宗、雲門宗、法眼宗；七家者，於臨濟之下，復開黃龍與楊岐二家。

〔六〕貫高，事見《史記》卷八十九〈張耳陳餘列傳〉。漢七年，高祖從平城過趙，以其箕踞無禮於趙王，趙相貫高、趙午，故張耳客也，怒而說趙王曰：「夫天下豪傑並起，能者先立。今王事高祖甚恭，而高祖無禮，請為王殺之。」趙王不許。貫高、趙午等十餘人於是密謀殺高祖。八年，欲殺高祖於柏人，不遂。九年，貫高怨家密告其謀，於是逮捕趙王、貫高等。謀者十餘人皆爭自剄，貫高獨怒罵曰：「誰令公為之，今王實無謀，而并捕王；公等皆死，誰白王不反者！」於是至獄對曰：「獨吾屬為之，王實不知。」吏治榜笞數千，刺剟身無可擊者，終不復言，後終赦趙王。高祖賢高，欲赦之，貫高聞趙王已出，喜曰：「所以不死，一身無餘者，白張王不反耳。」乃仰絕肮而死。當此之時，名聞天下。程嬰、公孫杵臼，事見《史記》卷四十三〈趙世家第十三〉。晉景公之三年，大夫屠岸賈擅與諸將攻趙氏於下宮，殺趙朔、趙同、趙括、趙嬰齊，皆滅其族。時趙朔妻、成公姊有遺腹，走匿公宮。趙朔客曰公孫杵臼，杵臼謂友人程嬰曰：「胡不死？」程嬰曰：「朔之婦有遺腹，若幸而男，吾奉之；即女也，吾徐死耳。」後夫人產一兒，二人於是謀取他人嬰兒走匿山中，偽作趙氏遺孤。程嬰出，謬謂諸將軍曰：「嬰不肖，不能立趙孤，誰能與我千金，吾告趙氏孤處。」諸將皆喜，於是隨程嬰攻公孫杵臼。杵臼偽斥程嬰，遂與嬰兒并死。趙氏孤兒於是保存，名趙武，程嬰與之匿於山中。居十五年，景公疾，卜之，韓厥因言趙氏之孤尚在，乃召趙武、程嬰，遍拜諸將，卒殺屠岸賈而滅其族，復趙武田邑如故。

〔七〕「昔人比之貫高、程嬰、公孫杵臼之用心」者，見本書卷末所附，紹興四年闡提居士許顗彥周後序一文。

〔八〕于玉立，字中甫，江蘇金壇人（金沙即金壇別稱），萬曆十一年（一五八四）進士，除刑部主事，進員外郎，尋進郎中，謝病歸。久之，起故官，後以妖書事，帝方下吏部按問，而玉立遽疏辨，帝怒褫其官。玉立倜儻好事，海內建言廢錮諸臣，咸以東林為歸，玉立與通聲氣，東林名益盛；而攻東林者，率謂玉立遙制朝權，以是詬病東林。詳見《明史》卷二三六。玉立佐贊刊雕《嘉興藏》，捐貲、購地，護持極盡心力。

〔九〕真可（一五四三—一六〇三），明代僧。吳江（江蘇）人，俗姓沈，字達觀，號紫柏老人。性雄猛，狀魁偉，少好遊俠。年十七，投虎丘雲岩寺明覺剃髮。二十受具足戒，入武塘景德寺閉關三載，期滿遊方，偶於五臺參一老宿得悟，由是凌踩諸方，人多敬憚。萬曆元年（一五七三）至京師，依遍融九載，融為折服。後與德清相會，遂成莫逆。主張釋、道、儒三教一致。以過去梵筴本《大藏經》閱讀不便，遂於萬曆十七年，於五臺山以明代《北藏》為基礎，校明代《南藏》，創刻方冊大藏經，居四年，移於徑山（浙江）寂照菴繼續刊刻，因稱「徑山藏」（即明藏萬曆版）。復與憨山議修《大明傳燈錄》，以禪宗凋敝，往徵曹溪，以開法脈。二十八年，朝廷榷礦稅，宦者乘機四出擾民，遂杖策入京，思有以解之。未久妖書（宮廷立儲傾軋之匿名書）事發，震動中外，忌者乘機陷害，遂蒙冤下獄，於三十一年十二月示寂獄中，世壽六十一。越十一年，葬於徑山。遺有《紫柏尊者全集》三十卷。與蓮池、憨山、蕅益並稱明代四大高僧。參閱《釋鑑稽古略續集》卷三、《續燈存》卷十二、憨山德清撰〈達觀大師塔銘〉。

〔十〕達觀師，即真可，見注九。

〔十一〕「受諸觸，如智證」者，《維摩詰所說經》卷一〈弟子品第三〉云：「迦葉！住平等法，應次行乞食；為不食故，應行乞食；為壞和合相故，應取揣食；為不受故，應受彼食，以空聚想，入於聚落。所見色，與盲等；所聞聲，與響等；所嗅香，與風等；所食味，不分別；受諸觸，如智證；知諸法，如幻相，無自性、無他性，本自不然，今則無滅。」

〔十二〕藏公，即密藏道開，生卒年不詳。為《嘉興藏》刊刻主事者，舉凡資金籌募、道場揀擇、刻例訂定諸事宜，皆躬親與之。憨山德清撰〈達觀大師塔銘〉有云：「有密藏道開者，南昌人，棄青衿出家，披薙於南海。聞師風，往歸之。師知為法器，留為侍者，凡百悉委之。」有《密藏開禪師遺稿》二卷傳世。

〔十三〕馮夢禎（一五四八－一五九五），字開之，號具區，嘉興人。明萬曆五年（一五七七）進士，官編修，與沈懋學、屠隆以氣節相尚。因得罪時宰張居正，外謫廣德州判，又累遷南京國子監祭酒，三年後被劾罷官，遂不復出。移家杭州，築室孤山之麓，文章氣節有聲於時。因家藏王羲之《快雪時晴帖》，遂名其堂為「快雪」。夢禎為人高曠，好讀書，獎掖後學不遺餘力；詩文疏朗通脫，不事刻鏤。著有《快雪堂集》、《快雪堂漫錄》、《歷代貢舉志》等。詳見錢謙益《初學集》卷五十一〈南京國子監祭酒馮公墓誌銘〉、《列朝詩集小傳．丁集．馮祭酒夢禎》條，及光緒修《嘉興府志》卷五十二、光緒修《杭州府志》卷一六九本傳。

《智證傳》

宋・寂音尊者惠洪覺範撰　門人覺慈〔一〕編

【注文】

〔一〕覺慈，字敬修，後易字季真，為惠洪晚年侍者，少惠洪三十歲，除為惠洪編錄本書，亦曾編錄三十卷《石門文字禪》。《石門文字禪》卷二十四有〈易季真字序〉曰：「覺慈本字敬修，取以慈修身，吾以謂慈皆不若真，因易為季真。」

【寂音尊者智證傳卷之一】

1. 摩醯首羅面上三目

《涅槃經》曰：「譬如有人，以雜毒藥用塗大鼓，於眾人中擊之發聲，雖無心欲聞，聞之皆死，唯除一人不橫死者。是大乘典《大涅槃經》亦復如是，在在處處，諸行眾中，有聞聲者，所有貪欲、瞋恚、愚癡悉皆滅盡。其中雖有無心思念，是《大涅槃》因緣力故，能滅煩惱，諸結自滅。犯四重禁〔一〕及五無間〔二〕，聞是經已，亦作無上菩提因緣，漸斷煩惱，除不橫死一闡提〔三〕也。」〔四〕又曰：「何等名為秘密之藏，猶如∴（伊）字。三點若並，則不成伊，從亦不成。如摩醯首羅〔五〕面上三目，乃得成伊三點，若別亦不得成。我亦如是，解脫之法亦非涅槃，如來之身亦非涅槃，摩訶般若亦非涅槃，三法各異，亦非涅槃。我今安住如是三法，為眾生故，名入涅槃，如世伊字。」〔六〕

傳曰：巖頭奯禪師〔七〕嘗曰：「《涅槃經》此三段義，略似宗門。」〔八〕夫言似則非宗門旨要明矣！然宗門旨要，雖即文字語言不可見，離文字語言，亦安能見哉！臨濟〔九〕曰：「大凡舉唱，須一句中具三玄，一玄中具三要〔十〕，有玄有要。」〔十一〕此塗毒鼓聲〔十二〕也。臨濟歿二百年，尚有聞而死者。夫分賓主〔十三〕，如並存照用〔十四〕；如別立君臣〔十五〕，如從慈明〔十六〕曰：「一句分賓主，照用一時行。若會箇中意，日午打三更。」〔十七〕同安〔十八〕曰：「賓主穆時全是妄，君臣合處正中邪。還鄉曲調如何唱？明月堂前枯樹花。」〔十九〕如前語句，皆非一代時教之所管攝。摩醯首羅面上豎亞一目，非常目也。

【注文】

〔一〕四重禁，係指比丘極嚴重之四種禁制，全稱四重禁戒，略作四重，又作四重罪、四波羅夷罪，即：殺生、偷盜、邪淫、妄語。上述為戒律所禁之四種根本重罪。又密教中，真言行者所持之戒律為：不捨正法、不捨菩提心、不慳勝法、不害眾生利益等四種，亦名四重戒。

〔二〕五無間，係指八大地獄之第八地獄阿鼻地獄，因有五種無間故也：一者趣果無間，感此獄之罪業，為順現業或順生業，在造業與受果之間，決無隔他生者；二者受苦無間，即受苦無間隔者；三者時無間，即時無間斷也；四者命無間，即壽命常相續無間斷也；五者形無間，地獄之廣有八萬由旬，身形亦有八萬由旬，無些少空處也。

〔三〕一闡提，梵語 icchantika 或 ecchantika 之音譯。又作一闡底迦、一顛迦、一闡提柯、闡提。另有阿顛底迦、阿闡提、阿闡底迦等詞，當為一闡提同類語之訛音。此語原意為「正有欲求之人」，故譯為斷善根、信不具足、極欲、大貪、無種性、燒種，即指斷絕一切善根、無法成佛者。

〔四〕《涅槃經》曰一段，見南本《大般涅槃經》卷九。

〔五〕摩醯首羅，梵名 Mahecvara，音譯作摩醯首羅、莫醯伊濕伐羅，又作自在天、自在天王、天主。此天原為婆羅門教之主神濕婆，婆羅門教視為「其體常住，遍滿宇宙」，而有「以虛空為頭，以地為身」之泛神論之神格。然濕婆神進入佛教後，即成佛教守護神，名曰大自在天，住第四禪天。其像為三目、八臂，騎白牛，執白拂之天人形，有大威力，能知大千世界雨滴之數，獨尊於色界。

〔六〕「何等名為秘密之藏」一段，見南本《大般涅槃經》卷二。

〔七〕巖頭奯（豁）禪師（八二八—八八七），唐代禪僧，又稱全豁。南安（福建）人，俗姓柯，出家於靈泉寺，受具足戒於長安西明寺。與雪峰義存、欽山文邃同修互勉，並參訪仰山慧寂，又參學於德山宣鑑，承其法嗣。後於洞庭湖畔之臥龍山（巖頭）大振宗風，世稱巖頭全豁。唐．光啟三年四月，賊亂，臨刃仍泰然自若，大喝一聲而終，世壽六十，僖宗賜謚曰清嚴，塔號出塵。參閱《祖堂集》卷七、《宋高僧傳》卷二十三、《景德傳燈錄》卷十六。

〔八〕巖頭奯禪師嘗曰一段，見《景德傳燈錄》卷十六〈鄂州巖頭全豁禪師〉。

〔九〕臨濟（？—八六七），臨濟宗之祖。唐代曹州（河南）南華人，俗姓邢。幼負出塵之志，及落髮受具足戒後，便慕禪宗，初到江西參黃檗希運，又禮謁高安大愚、溈山靈祐等，後還黃檗受印可。宣宗大中八年（八五四），至河北鎮州，住臨濟院，設「三玄三要」、「四料簡」等機法接引徒眾，更以機鋒峭峻著名於世，別成一家，遂成臨濟宗。其接化學人，每以叱喝顯大機用，世有「德山棒、臨濟喝」之稱。其對參禪行者極為嚴苛，然學徒奔湊，門風興隆，為禪宗最盛行之一派。其語要由門人慧然編成《鎮州臨濟慧照禪師語錄》一卷。參閱《宋高僧傳》卷十二、《景德傳燈錄》卷十二、《傳法正宗記》卷七。

〔十〕三玄三要，係臨濟義玄接引學人之法。《鎮州臨濟慧照禪師語錄》載：「師又云：『一句語須具三玄門，一玄門須具三要，有權有用。』」然臨濟並未明言三玄門與三要之內容。蓋「一句語有玄有要」即是活語，「三玄三要」旨在教人須會得言句中權實照用之功能。後之習禪者於此「三玄三要」各作解釋，而謂三玄即：一、體中玄，指語句全無修飾，乃依據所有事物之真相與道理而表現之語句；二、句中玄，指不涉及分別情識之實語，即不拘泥於言語而能悟其玄奧；三、玄中玄，又作用中玄，即離於一切相待之論理與語句等桎梏之玄妙句。又依《人天眼目》卷一所載汾陽善昭之說，則三要之中，第一要為言語中無分別造作，第二要為千聖直入玄奧，第三要為言語道斷。參閱《智證傳》第九十二條。

〔十一〕臨濟曰一段，見《鎮州臨濟慧照禪師語錄》卷一〈上堂僧問如何是第一句〉。

〔十二〕塗毒鼓，謂塗有毒料，使人聞聲即死之鼓。禪宗以此比喻師家令學人喪心或滅盡貪、瞋、癡之一言一句之機言。《景德傳燈錄》卷十六〈全豁禪師〉云：「吾教意猶如塗毒鼓，擊一聲，遠近聞者皆喪。」

〔十三〕賓主，臨濟義玄提出四句賓主，為臨濟根本思想之一。旨以四句料簡提示禪機，即指導學人時，師家（指導者）與學人（修道者）之關係有四：一者賓看主（賓乃客之意），即學人透知師家之機略；二者主看賓，即師家能透知學人之內心；三者主看主，即具有禪機禪眼者相見；四者賓看賓，即不具眼目之兩者相見。其後，風穴延沼禪師改此四語為「賓中主、主中賓、主中主、賓中賓」，其義亦同。《景德傳燈錄》卷十三〈汝州風穴延沼禪師〉云：「問：『如何是賓中主？』師曰：『入市雙瞳瞽。』曰：『如何是主中賓？』師曰：『迴鑾兩曜新。』曰：『如何是賓中賓？』師曰：『攢眉坐白雲。』曰：『如何是主中主？』師曰：『磨礱三尺刃，待斬不平人。』」

〔十四〕照用，即臨濟四照用，為臨濟宗用語，可釋為二義：(一)、《人天眼目》卷一〈四照用〉云：「師一日示眾云：『我有時先照後用，有時先用後照，有時照用同時，有時照用不同時。先照後用有人在，先用後照有法在。照用同時，驅耕夫之牛，奪饑人之食，敲骨取髓，痛下針錐；照用不同時，有問有答，立主立賓，合水和泥，應機接物。』」「照」乃對於客體之認識，「用」即對於主體之認識。係依參禪者因主客體之不同認識，所用不同之教法，旨在破除視主、客體為實有之世俗觀點，四照用者：一、先照後用，於法執重者，先破客體為實有之觀點；二、先用後照，於我執重者，先破主體為實有之觀點；三、照用同時，針對我、法二執均重者，同時破除之；四、照用不同時，對於我、法二執均已破除者，即可應機接物，或照或用，不拘一格。(二)、又據《五家宗旨纂要》卷上載，「照」指禪機問答，「用」指打、喝等動作，純指接待參禪者之方式，四照用者：一、先照後用，先向參禪者提問，後依其應答，或棒或喝；二、先用後照，如遇僧來，師便打、便喝，然後問僧：「汝道是什麼意旨？」；三、照用同時，即在或棒或喝中，觀對方如何承當，或在師喝僧亦喝中，邊打邊問；四、照用不同時，或照或用，不拘一格。

〔十五〕君臣，曹洞宗開祖洞山良价禪師以真理立為正位，以事物立為偏位，依偏正回互之理，立五位（正中偏、偏中正、正中來、偏中至、兼中到）之說。曹山復承洞山之本意而發明之，假託君臣之例而說明五位之旨訣，名為君臣五位。即：一、君位，指本來無物之空界，為正位，即五位中之正中來；二、臣位，指萬象有形之色界，為偏位，即五位中之偏中至；三、臣向君，為捨事入理之意，即向上還滅之偏中正；四、君視臣，為背理就事之意，即向下緣起之正中偏；五、君臣道合，為冥應眾緣而不墮諸有之意，即兼中到，指動靜合一、事理不二、非正非偏之究竟大覺之道位。

〔十六〕慈明（九八六—一〇三九），即石霜楚圓，宋代禪僧。全州清湘（廣西桂林）人，俗姓李。少為儒生，潛心舉業。二十二歲迴心向道，於湘山隱靜寺得度。未久遊襄沔之門，與守芝谷泉結伴入洛陽。聞善昭之道望為天下第一，遂赴汾州（山西汾陽），依止二年仍未許入室。每見必詬罵，或毀詆諸方，所訓亦皆流俗之鄙事。慈明一夕訴之，語未竟，昭熟視而罵曰：「是惡知識，敢裨販我！」舉杖逐之。欲伸解，昭更掩其口，忽大悟，曰：「是知臨濟道出常情。」遂服役七年，盡領其旨。後至并州（山西），訪唐明智嵩禪師，更與當世名士楊大年、李遵勗時聚論道。後欲歸鄉省母，過筠州（江西高安），於洞山見曉聰，依止三年，又遊仰山。時楊大年寄書宜春太守黃宗旦，請其住於袁州（江西宜春）南源廣利寺，居三年，辭而省母。又謁神鼎洪諲，洪諲大加讚賞，由是聲名大揚。既主潭州（湖南長沙）道吾之席，次住石霜山崇勝寺，又轉南嶽福嚴寺，後遷潭州興化寺。寶元二年正月於潭州興化寺示寂，世壽五十四，諡號慈明禪師。垂寂之際，感染風疾，口吻已斜，侍者泣曰：「奈何平生呵佛罵祖，今乃爾！」慈明聞，以手正之，垂目而化。法嗣五十人中，以黃龍慧南、楊岐方會最為知名，且各成一派。遺有《石霜楚圓禪師語錄》一卷（慧南重編）。參閱《禪林僧寶傳》卷二十一、《續傳燈錄》卷三。

〔十七〕慈明曰一偈，見《人天眼目》卷一〈慈明頌并總頌〉。

〔十八〕同安，唐代僧，生平不詳，依澧州夾山善會得悟，屬青原下第五世。參閱《景德傳燈錄》卷十六。

〔十九〕同安曰一偈，見《景德傳燈錄》卷二十九〈還源〉。

2. 愛心歇則顛倒想滅

《破色心論》〔一〕曰：「於有色處，眼則見色。餘無色處不見色者。此義不然，何以故？以彼夢中，於無色處則見有色，於有色處不見色故。」〔二〕

傳曰：於有色處者，寤時也，而夢時不見。夢中無色處也，而反見色，顛倒也。齊·劉瑱之妹，鄱陽王妃也。王為明帝誅，妃追傷成疾，醫所不能治。瑱善畫婦人，陳郡殷蒨善寫人面。瑱畫王寵姬，而使蒨畫王共臨鏡以示妃，妃見之唾罵曰：「是固宜蚤死。」於是恩情即歇而疾除。〔三〕蓋因愛心歇則顛倒想滅也。

【注文】

〔一〕《破色心論》即《唯識論》別名。

〔二〕《破色心論》曰一段，見一卷本《唯識論》。

〔三〕劉瑱，字士溫。時滎陽毛惠遠善畫馬，瑱善畫婦人，當世並為第一。瑱畫王寵姬一事，見《南史》卷三十九〈劉瑱傳〉。

3. 酪出乳中無別法

圭峰密禪師〔一〕偈曰：「作有義事是惺悟心，作無義事是散亂心。散亂隨情轉，臨終被業牽。惺悟

不由情，臨終能轉業。」〔二〕

傳曰：朝奉大夫孫于之嫂，年十九而寡，自誓一飯終身，誦《法華經》不復嫁。于守高安，嫂年已七十餘，面目光澤，舉止輕利。政和六年夏六月，忽收經帙，料理服玩與侍妾。于問其故，笑曰：「我更三日死矣！」果如期而逝。韓子蒼〔三〕問予曰：「人之將終，有前知者，何術致之？」予曰：「譬如牛乳，以餑發之，雖緣緣之中，無有作者，久而成酪。非自外來，生乳中故；非自能生，以餑發之。故緣緣成熟，忽然成就。乃有偈，其略曰：「酪出乳中無別法，死而何苦欲先知。」如某夫人華年休息，白首見效，凡五十餘年，心心無間，自然前知化日，酪出乳中也。然觀圭峰偈語，恐於死時，未得自在，以其皆理障故。〔四〕如本朝太祖皇帝將問罪江南，江南後主遣其臣徐鉉入對誦習，以備顧問，且欲以舌辯存國。既見，曰：「江南國主，如子事父，以事陛下，柰何欲伐之？」太祖曰：「父子異居可乎？」鉉愕然無以對。〔五〕今平生知誦圭峰之偈語，至於臨終為徐鉉愕然者，皆是也。

【注文】

〔一〕圭峰密禪師（七八〇—八四一），即圭峰宗密，華嚴宗第五祖。唐代果州（四川）西充人，俗姓何，元和二年（八〇七）赴京應貢舉，途經遂州，聽道圓和尚說法，乃隨其出家，並受具足戒。又依道圓之勸，參謁淨眾寺神會之弟子益州南印禪師，再謁洛陽報國寺之神照。元和五年，入澄觀座下，受持華嚴教學。元和十一年，止於終南山智炬寺，自誓不下山，遍覽藏經三年，撰有《圓覺經科文》二卷。後入終南山草堂寺，潛心修學，著《圓覺經大疏》三卷。太和二年（八二八）徵入宮中講經，帝賜紫方袍，相國裴休與朝野之士多受其教，未久請歸山。會昌元年正月六日坐化於興福塔院，世壽六十二，世稱圭峰禪師，圭山大師，諡號定慧禪師。嘗見禪門互相詆毀，乃著《禪源諸詮集》一百卷（現僅存序），集錄諸宗禪語，並提倡「教禪一致」，奠定唐末至宋代佛教基礎。又著《原人論》一卷，以佛教立場簡扼論述儒、道之著作，流傳極廣，並有《盂蘭盆經疏》、《華嚴經綸貫》、《圓覺經大疏釋義抄》、《金剛般若經疏論纂要》、《起信論疏注》、《注華嚴法界觀門》、《中華傳心地禪門師資承襲圖》三十餘種著作。宗密師承說法有二：一者由荷澤神會次第傳予法如、南印、道圓、宗密；二者由淨眾寺神會次第傳予南印、道圓、宗密。今人多採用第二說。參閱《宋高僧傳》卷六、《景德傳燈錄》卷十三、《禪宗正脈》卷一、《佛祖統紀》卷二十九、《五燈會元》卷二、《全唐文》卷七四三〈圭峰禪師塔銘并序〉。

〔二〕圭峰密禪師一偈，見《景德傳燈錄》卷十三〈遂州道圓禪師法嗣 終南山圭峰宗密禪師〉。

〔三〕韓子蒼，即韓駒。字子蒼，仙井監（四川仁壽）人。政和初，賜進士出身，除秘書省正字，累官著作郎，校正御前文籍。紹興中知江州（江西九江），問道於草堂清，為惠洪方外交，惠洪卒後為撰塔銘。著有《陵陽集》。參閱《宋史》卷四四五、《名公法喜志》卷四。

〔四〕案：此言之太過，疑惠洪正言反語無施不可，故云然也。惠洪於第八十一條，亦引圭峰之言：「當以空寂為自己，勿認色身；以靈知為自心，勿隨妄念。妄念若起，都莫隨之，自然臨命終時，捨短為長，易麤為妙。學者能令此觀常在現行，則是真智慧之力也。」味圭峰意旨，實與本偈相似，惠洪於其後亦慨云：「今皆不然，徒循其名，輕道甚矣。」另《林間錄》卷上，亦錄本偈而嘆曰：「觀其偈則無不欲透脫情境，譬如香象擺壞鐵鏁，自在而去，豈若蠅為唾所涴哉！」

〔五〕太祖皇帝將問罪江南一事，見《新五代史》卷六十二〈南唐世家第二〉。

4. 諸佛不曾說法

風穴沼禪師〔一〕升座曰：「世尊以青蓮目顧迦葉〔二〕，正當是時，且道說箇什麼？若言不說，又成埋沒先聖。」語未卒，念法華〔三〕便下去。侍者進曰：「念法華無所言而去，何也？」風穴曰：「渠會也。」明日念與真上座〔四〕俱詣方丈，風穴問真曰：「如何是世尊不說說？」真曰：「鵓鴣樹頭鳴。」風穴曰：「汝作許多癡福何用？」乃顧念曰：「如何？」對曰：「動容揚古路，不墮悄然機。」〔五〕風穴謂真曰：「何不看渠下語。」〔六〕

傳曰：汾陽無德禪師〔七〕作〈一字歌〉，其略曰：「諸佛不曾說法，汾陽略宣一字。亦非紙墨文章，不學維摩默地。」〔八〕又曰：「飲光尊者〔九〕同明證，瞬目欽恭行正令」，〔十〕真漏泄家風也。昔黃檗〔十一〕嘗遣臨濟〔十二〕馳書至溈山〔十三〕，既去，溈山問仰山〔十四〕曰：「寂子！此道人他日如何？」對曰：「黃檗法道賴此人。他日大行吳、越之間，然遇大風則止。」溈山曰：「莫有續之者否？」對曰：「有，但年代深遠，不復舉似。」溈曰：「子何惜為我一舉似耶？」於是仰山默然，曰：「將此身心奉塵剎〔十五〕，是則名為報佛恩。」〔十六〕風穴暮年常憂仰山之讖，己躬當之；乃有念公，知為仰山再來也。

【注文】

〔一〕風穴沼禪師（八九六—九七三），北宋臨濟宗僧，浙江餘杭人，俗姓劉。少即魁偉有英氣，博覽諸書。依開元寺智恭律師剃髮受具足戒，復遊學講肆，學《法華》玄義，修習止觀定慧。其後依止南院顒公，問法從學六年。長興二年（九三一），入汝州（河南）風穴古寺，留止七年，徒眾聞風來集，信徒並重建此地，改為叢林，有《風穴禪師語錄》一卷傳世。參閱《景德傳燈錄》卷十三、《佛祖歷代通載》卷十八、《五燈會元》卷十一。

〔二〕世尊以青蓮目顧迦葉，《聯燈會要》卷一云：「世尊在靈山會上，拈花示眾，眾皆默然，唯迦葉破顏微笑。世尊道：『吾有正法眼藏，涅槃妙心，實相無相，微妙法門，不立文字，教外別傳，付囑摩訶迦葉。』」

〔三〕念法華（九二六—九九三），五代臨濟宗僧。萊州（山東）人，俗姓狄，號首山。幼入南禪寺受業。纔受具足戒，便遍遊叢席，常修頭陀行，密誦《法華經》，人稱念法華。師事風穴延沼禪師，得其心傳，名振四方，風靡一世。其後開法於汝州首山，為第一世。又住汝州葉縣寶安山廣教院及城下寶應院等。淳化三年（九九二）十二月四日，上堂說偈曰：「今年六十七，老病隨緣且遣日。今年記取來年事，來年記著今朝日。」翌年十二月四日上堂辭眾，仍說偈曰：「白銀世界金色身，情與非情共一真；明暗盡時俱不照，日輪午後見全身。」言訖，安坐入寂，世壽六十八。參閱《景德傳燈錄》卷十三、《五燈會元》卷十一。

〔四〕真上座，即汝州廣慧真禪師，風穴延沼禪師法嗣，生平不詳。《釋氏要覽》卷上言「上座」有四：一者僧房上座，即律所說之三綱上座；二者僧上座，即壇上之上座，或授戒時堂中之首座；三者別房上座，即禪林諸寮之首座；四者住家上座，即計齋席之上座，此處所言應為「別房上座」。

〔五〕「動容揚古路，不墮悄然機」一偈，原為香嚴智閑禪師頌語，《潭州溈山靈祐禪師語錄》卷一〈師一日問香嚴〉云：「香嚴遂將平昔所看文字燒卻云：『此生不學佛法也，且作箇長行粥飯僧，免役心神。』乃辭師，直過南陽，睹忠國師遺跡，遂憩止焉。一日芟除草木，偶拋瓦礫，擊竹作聲，忽然省悟。遽歸，沐浴焚香，遙禮師云：『和尚大慈，恩逾父母。當時若為我說破，何有今日之事。』乃有頌云：『一擊忘所知，更不假修時。動容揚古路，不墮悄然機。處處無蹤跡，聲色外威儀。諸方達道者，咸言上上機。』」

〔六〕風穴沼禪師升座曰一段，見《大慧普覺禪師語錄》卷三〈上堂舉念法華與真園頭侍立風穴次〉。

〔七〕汾陽無德禪師（九四七—一〇二四），宋代臨濟宗僧。太原（山西）人，俗姓俞。少有大智，於一切文字常能自然通曉。十四歲時父母相繼去世，遂剃髮受具足戒，遊歷諸方，參訪七十一位碩德尊宿，至汝州首山參省念禪師而大悟，嗣其法。後遊衡、湘、襄、沔之間，郡首力邀，請住諸名剎，皆不允。及首山省念入寂，方應西河道俗之請，住汾陽太子院，廣說宗要，以三句四句、三訣、十八唱等機用接化學人，名震一時。足不出戶三十年，道俗益重，不敢直呼其名，而以「汾陽」稱之。宋仁宗天聖二年示寂，世壽七十八。諡號無德禪師。有《汾陽無德禪師語錄》、《汾陽昭禪師語錄》、《汾陽昭禪師語要》等傳世。參閱《景德傳燈錄》卷十三、《天聖廣燈錄》卷十六、《建中靖國續燈錄》卷一、《禪林僧寶傳》卷三、《聯燈會要》卷十一、《五燈會元》卷十一、《佛祖歷代通載》卷十八。

〔八〕〈一字歌〉，見《汾陽無德禪師語錄》卷三〈一字歌〉。

〔九〕飲光尊者，即迦葉之譯名，取「自光飲蔽他微光」之義，蓋「飲光」有二義：一者祖先之姓，故名；二者彼身光明，故名。玄應《音義》卷二十四云：「梵言迦葉波。迦葉，此云光；波，此云飲。」慧苑《音義》卷上曰：「迦葉，具云迦攝波，此曰飲光，斯則一家之姓氏。」此指佛十大弟子中，頭陀第一之摩訶迦葉，略稱迦葉。

〔十〕又曰「飲光尊者同明證」一偈，〈一字歌〉作：「智飲光尊同明證，瞬目欲恭行正令。」

〔十一〕黃蘗（？—八五〇），又作黃檗。唐代僧，福州（福建）閩縣人，姓氏不詳。幼出家於洪州（江西）黃蘗山，相貌殊異，額肉隆起，號為肉珠，而聰慧利達，學通內外，人稱黃蘗希運。嘗遊天台，偶逢一僧，目光爛然射人。黃蘗與之偕行，路逢巨溪，湍流湧溢，僧催其渡，乃強激之曰：「師要渡，自渡！」僧於是褰衣而行，足躡水波，如履平地。至岸，回顧招手曰：「渡來。」黃蘗戟手呵云：「咄！自了漢，早知必斬汝脛！」僧歎曰：「真大乘法器，我所不及。」少頃不見。及遊京師，遇一姥指示，遂還洪州謁百丈懷海，得百丈所傳心印，一時聲譽彌高，人皆讚為大乘之器。後於黃檗山鼓吹直指單傳之心要，四方學子雲集而來，時河東節度使裴休鎮宛陵，迎請說法，以其酷愛舊山，故凡所住山，皆以黃檗稱之，謚號斷際禪師。裴休輯其語錄一卷，題名《黃檗山斷際禪師傳心法要》。參閱《景德傳燈錄》卷九、《傳法正宗記》卷七、《佛祖統紀》卷四十三、《佛祖歷代通載》卷二十三、《五燈會元》卷四、《釋氏稽古略》卷三十、《指月錄》卷十。

〔十二〕臨濟，見第一條注九。

〔十三〕溈山（七七一—八五三），唐代僧，溈仰宗初祖。福州長溪（福建霞浦縣南）人，俗姓趙，法名靈祐。十五歲隨建善寺法常律師（又名法恆）出家。曾先後遇寒山、拾得。二十三歲至江西參謁百丈懷海，為上首弟子，於此頓悟諸佛本懷，遂承百丈之法。憲宗元和末年，棲止潭州大溈山，山民感德，群集共營梵宇，奏請敕號同慶寺。其後（一說大中初年）相國裴休亦來諮問玄旨，聲譽更隆。住山凡四十年，大揚宗風，世稱溈山靈祐，謚號大圓禪師。有《語錄》、《警策》各一卷傳世。仰山慧寂承其後而集大成，世稱溈仰宗。參閱《宋高僧傳》卷十一、《景德傳燈錄》卷九、《五燈會元》卷九、《宗門統要續集》卷七、《佛祖歷代通載》卷二十三、《釋氏稽古略》卷三、《禪宗正脈》卷五。

〔十四〕仰山（八四〇—九一六），唐末五代禪僧，韶州懷化（廣東廣州）人，俗姓葉。自幼欲出家，父母不許，後斷兩指以明志，時年十七，乃依南華寺通禪師剃度，未受具足戒即四出遊方，初參謁耽源應真，既悟玄旨；繼叩訪溈山靈祐，遂登堂奧，得傳其心印，與溈山靈祐同為溈仰宗之祖。繼嗣溈山之法，遷居江西仰山，學徒聚集，盛冠一方，世稱仰山慧寂、仰山禪師。嘗有一梵僧來東土，謂：「特來東土禮文殊，卻遇小釋迦。」後遂有「仰山小釋迦」之號。謚號智通禪師。參閱《宋高僧傳》卷十二、《景德傳燈錄》卷十一、《傳法正宗記》卷七、《五燈會元》卷九、《佛祖歷代通載》卷十七、《釋氏稽古略》卷三、《祖庭事苑》卷七。

〔十五〕剎，梵語 ksetra 之略譯，又作紇差呾羅、剎多羅、差多羅、剎摩。意譯為土田、土、國、處，即指國土，或合梵漢稱為剎土，佛剎即佛土之意。塵剎，謂多如微塵數之無量世界。

〔十六〕溈山問仰山一事，參閱《古尊宿語錄》卷五〈師初在黃檗會下〉。

5. 日夜精勤恐緣差

永嘉尊者〔一〕曰：「日夜精勤，恐緣差故。」〔二〕

傳曰：北齊沙門慧曉〔三〕，以厭鄉閭，遁居靈巖數十年。有任山令者，自鄉閭來。曉自念離鄉久，思問親舊存沒，詣邑謁令。令適有客，未得通謁。久之，曉忽悟曰：「非令慢客，乃我之愛憎耳，何遽懷土哉！」取謁書曰：「咄哉失念，欻爾還覺。」遂去。〔四〕

【注文】

〔一〕永嘉尊者（六六五—七一三），唐代僧。溫州永嘉（浙江）人，俗姓戴。字明道，號永嘉玄覺。八歲出家，博探三藏，尤通天台止觀。後因左溪玄朗之激勵，遂起遊方之志，與東陽玄策共遊方至韶陽，謁曹溪慧能，與慧能相問答而得其印可，慧能留之一宿，時人稱之「一宿覺」。世壽四十九，敕謚無相。著有〈證道歌〉一首、《禪宗悟修圓旨》一卷、《永嘉集》十卷。參閱《宋高僧傳》卷八、《佛祖統紀》卷十、《景德傳燈錄》卷五、《五燈會元》卷二。

〔二〕永嘉尊者曰一段，見《禪宗永嘉集》卷一〈慕道志儀第一〉。

〔三〕慧曉，生平不詳，俗姓傅，以禪業見稱。北遊齊壤，居止靈巖數十年。尋以去鄉日久，思歸省親，行至縣門，不得通報，遂作〈釋子賦〉，名噪一時，後不知所終。參閱《續高僧傳》卷十七、《釋氏六帖》卷十一。

〔四〕慧曉詣邑謁令一段，見《續高僧傳》卷十七〈慧命傳附慧曉傳〉。

6. 毫釐有差天地隔

三祖大師〔一〕曰：「毫釐有差，天地懸隔！」〔二〕

傳曰：南嶽思大禪師〔三〕，既獲宿智通，尋復障起，四肢緩弱，不能行步。自念曰：「病從業生，業從心起。心源無起，外境何狀。病業與身，都如雲影。」如是觀已，顛倒想滅，輕安如故。〔四〕

【注文】

〔一〕三祖大師（？—六〇六），即僧璨，隋代禪僧。籍貫不詳，或謂徐州人。初以居士身參謁二祖慧可，得法受衣缽，年已四十餘，隱於司空山。北周武帝滅法，隱居於皖公山，人無知者。隋開皇十二年（五九二），道信來投，年僅十四，從學九年，傳之以法，待其緣熟。大業二年於所居山舍前，合掌立化，世壽不詳。唐玄宗賜謚鑑智禪師，後世尊為禪宗三祖，撰有〈信心銘〉傳世。參閱《景德傳燈錄》卷三、《佛祖統紀》卷三十、《五燈會元》卷一、《隆興佛教編年通論》卷十八。

〔二〕三祖大師曰一語，見僧璨〈信心銘〉。

〔三〕南嶽思大禪師（五一五—五七七），南北朝時高僧。武津（河南上蔡）人，俗姓李，世稱南嶽尊者、思大和尚、思禪師，為天台宗第二代祖師（一說三祖）。年十五出家，後參謁河南慧文禪師，得授觀心之法，曾因慨嘆虛受法歲，放身倚壁，遂豁然大悟，深得「法華三昧」。乃最早主張佛法之衰微即末法時期者，並確立阿彌陀佛與彌勒佛之信仰。於河南大蘇山傳法予智顗，世壽六十三，著作多由門徒筆記而成，如《法華經安樂行義》一卷、《諸法無諍三昧法門》二卷、《大乘止觀法門》四卷、《四十二字門》二卷、《受菩薩戒儀》一卷等。自撰者有〈南嶽思大禪師立誓願文〉一卷。參閱《續高僧傳卷》十七、《弘贊法華傳》卷四、《佛祖統紀》卷六、《景德傳燈錄》卷二十七、《佛祖歷代通載》卷十一。

〔四〕南嶽思禪師一事，《景德傳燈錄》卷二十七云：「（衡嶽慧思禪師）誦《法華》等經滿千遍，又閱《妙勝定經》歎禪那功德，遂發心尋友。時慧聞禪師（案：即慧文，《摩訶止觀》卷一、《續傳燈錄》卷十七〈慧思傳〉等，皆作「文」。）有徒數百(原注：聞禪師始因背手探藏，得《中觀論》，發明禪理。此《論》即西天第十四祖龍樹大士所造，遂遙稟龍樹)，乃往受法，晝夜攝心坐夏。經三七日獲宿智通，倍加勇猛。尋有障起，四支緩弱不能行步，自念曰：『病從業生，業由心起。心源無起，外境何狀？病業與身，都如雲影。』如是觀已，顛倒想滅，輕安如故。」

7. 一刹那間還容擬議否

《攝論》曰：「處夢謂經年，悟乃須臾頃。故時雖無量，攝在一刹那。」〔一〕

傳曰：賢首〔二〕曰：「此中一刹那者，即謂無念。」〔三〕《楞伽》曰：「一切法不生，我說刹那義。初生即有滅，不為愚者說。」〔四〕以一刹那流轉，必無自性故，即是無生；若非無生，則不流轉，是故契無生者，方見刹那也。黃檗慧禪師〔五〕初謁疏山〔六〕，問曰：「刹那便去時如何？」曰：「逼塞虛空，汝作麼生去？」慧曰：「逼塞虛空，不如不去。」疏山乃默然。慧出見第一座〔七〕，問慧曰：「汝適祇對之語甚奇。」曰：「亦似偶然，願為開示。」第一座曰：「一剎那間還容擬議否？」慧於是悟旨於言下。〔八〕予作偈曰：「逼塞虛空，不行而至；而剎那中，寧容擬議。直下便見，不落意地；眼孔定動，則已不是。」

【注文】

〔一〕《攝論》曰一段，見《攝大乘論釋》卷六〈入所知相分第四〉。

〔二〕賢首（六四三—七一二），唐代僧法藏，華嚴宗第三祖，字賢首，號國一法師，又稱香象大師、康藏國師。俗姓康，先世康居國人，至其祖父，舉族遷居中土長安。早年師事智儼，聽講《華嚴》，深入玄旨。嘗為武后講《華嚴》十玄緣起之深義，而指殿隅金獅子為喻，因之撰成《金師子章》，武后遂豁然領解。一生宣講《華嚴》三十餘遍，並仿天台之例，分佛教體系為五教十宗。世壽七十，著作甚多，有《華嚴經探玄記》、《華嚴料簡》、《華嚴五教章》、《大乘密教經疏》、《梵網經疏》、《大乘起信論疏》、《華嚴綱目》、《華嚴玄義章》二十餘部。生平事蹟參閱《賢首大師碑傳》、《宋高僧傳》卷五、《佛祖統紀》卷二十九、《佛祖歷代通載》卷十五。

〔三〕賢首曰一語，見《大乘起信論義記》卷中。

〔四〕《楞伽》曰一偈，見《楞伽阿跋多羅寶經》卷四〈一切佛語心品之四〉。

〔五〕黃檗慧禪師，五代僧，洛陽人，生卒年不詳。少出家，業經論學，因增受菩薩戒而歎曰：「大士攝律儀與吾本受聲聞戒，俱止持作犯也。然於篇聚增減，支本通別，制意且殊，既微細難防，復於攝善中未嘗行於少分，況饒益有情乎？且世間泡幻，身命何可留戀哉！」由是置講課，欲以身捐水中飼鱗甲之類。念已將行，偶與二禪者接之款話，謂：「南方頗多知識，何滯於一隅也？」從此迴志參尋。後造疏山，因「一剎那間還有擬議否」一語頓然醒悟，退於茶堂，悲喜交盈，如是三日，尋住黃檗山聚眾開法，後卒于本山。參閱《景德傳燈錄》卷二十。

〔六〕疏山，唐末五代曹洞宗僧。生卒年不詳，又稱光仁（案：《五燈會元》作匡仁）。出家後參謁香嚴智閑等人，後嗣洞山良价之法，住撫州（江西臨川）疏山，建疏山寺，舉揚洞山宗風，世稱撫州疏山匡仁禪師。因其身形矮小，容貌不揚，故被稱為矮師叔、矬師叔，或矮闍黎。又因辯才無礙，常令他人不能言，故又有「疏山嚙鏃」之稱，蓋「嚙鏃」為不得開口之意。參閱《宋高僧傳》卷十三、《景德傳燈錄》卷十七、《五燈會元》卷十三

〔七〕第一座，又作上座、首眾、座元、立僧、禪頭、首座等。即居一座之首位，而為眾僧之表儀者。在叢林，與長老平分風月；在菴中，與菴主同展化儀。事在精勤，行存潔白，情忘憎愛，念絕是非，為十方儀範之所鍾，一眾道業之所繫。

〔八〕黃檗慧禪師初謁疏山一段，見《景德傳燈錄》卷二十〈筠州黃蘗山慧禪師〉。

8. 觀諸法起滅無從即解脫

《還源觀》曰：「由於塵相，念念遷變，即是生死。由觀塵相，生滅相盡，空無有實，即是涅槃。」〔一〕

傳曰：於色、聲等法，念念分別，名為遷變。觀此「色」、「聲」等法起滅無從，當處解脫。先觀己眼曰：「是眼即不能自見其己體，自體尚不見，云何見餘物。」次觀前境曰：「若見是樹，復云何樹？若見非樹，云何見樹？」次觀三際〔二〕曰：「若見在是有耶，則過去未來亦應是有。若過去未來是無耶，則見在亦應是無。」

【注文】

〔一〕《還源觀》，即法藏《修華嚴奧旨妄盡還源觀》之簡稱，見《大正藏》第四十五冊。《語錄》中多作《還源觀》，《金陵清涼院文益禪師語錄》卷一云：「諸人，各曾看《還源觀》、《百門義海》、《華嚴論》、《涅槃經》諸多策子？」

〔二〕三際，即三世之別稱，一者前際（梵文 purvanta），指過去；二者後際（梵文 aparanta），指未來；三者中際（梵文 madhyanta），指現在。《仁王護國般若波羅蜜多經》卷上云：「觀身實相，觀佛亦然。無前際、無後際、無中際，不住三際，不離三際。」

9. 於無量百千萬億佛所植善根

《金剛般若經》曰：「若人於此經生淨信者，非於一佛二佛三四五佛，種諸善根，已於無量百千萬億佛所，種諸善根。」〔一〕

傳曰：《華嚴經》曰：「堅翅鳥〔二〕以龍為食，先觀大海諸龍命將盡者，即以兩翅擘海取而食之。」〔三〕乃知信受此法，非根熟眾生，莫能然也。神鼎諲禪師〔四〕嘗曰：「鳥窠侍者見以布毛吹之，〔五〕便薦此事。自非久積淨業，曠劫行持，安能如此？」〔六〕汾陽昭禪師〔七〕亦作偈曰：「侍者初心慕勝緣，辭師擬去學參禪。鳥窠知是根機熟，吹毛當下得心安。」〔八〕兩耆年皆首山〔九〕高弟，必以積淨業、根機熟為言，蓋其淵源出於《金剛般若》而不可誣也。近世之邪禪乃曰：「此安有悟，吹毛而傳悟者，權耳。」是所謂自無目，而欲廢天下視也。

【注文】

〔一〕《金剛般若經》曰一段，見一卷本《金剛般若波羅蜜經》。

〔二〕堅翅鳥，此鳥有卵生、胎生、濕生、化生四種，以業報之故，得以諸龍為食，於閻浮提一日之間可食一龍王及五百小龍。金翅鳥王身長八千由旬，左右翅各長四千由旬。於大乘諸經典中，此鳥列屬八大部眾之一，與天、龍、阿修羅等共列位於佛說法之會座。除《大般若波羅蜜多經》外，其他經典皆譯為金翅鳥。

〔三〕堅翅鳥以龍為食一段，《大方廣佛華嚴經》卷三十五〈寶王如來性起品〉云：「佛子：譬如金翅鳥王飛行虛空，安住虛空。以清淨眼，觀察大海龍王宮殿，奮勇猛力，以左右翅博開海水，悉令兩闢。知龍男女有命盡者，而撮取之。如來應供等正覺金翅鳥王，亦復如是。安住無礙虛空之中，以清淨眼，觀察法界諸宮殿中一切眾生。若有善根已成熟者，奮勇猛十力，止觀兩翅，博開生死大愛海水，隨其所應，出生死海，除滅一切妄想顛倒。」

〔四〕神鼎諲禪師，宋代僧，生卒年不詳，襄水（湖北）人，俗姓扈。嗣首山省念法緒，初隱南嶽，後遇湘陰豪右來遊，請主其邑之神鼎寺，至寺則已敗毀，唯餘殘蹟。遂清苦自持，居之十載，道侶漸聚，猶以破朽木床為獅子座，踞以說法。後以年臘俱高，諸方尊之如古趙州。參閱《神鼎山第一代諲禪師語錄》、《續傳燈》卷一、《禪林僧寶傳》卷十四。

〔五〕鳥窠侍者見以布毛吹之一事，《景德傳燈錄》卷四〈杭州鳥窠道林禪師法嗣〉云：「杭州招賢寺會通禪師，本郡人也。姓吳氏，本名元卿，形相端嚴，幼而聰敏。唐德宗時為六宮使，王族咸美之。春時見昭陽宮華卉敷榮，翫而久之，倏聞空中有聲曰：『虛幻之相，開謝不停，能壞善根，仁者安可嗜之！』師省念稚齒崇善，極生厭患。帝一日遊宮問曰：『卿何不樂？』對曰：『臣幼不食葷羶，志願從釋。』曰：『朕視卿若昆仲，但富貴欲出于人表者不違卿。唯出家不可。』既浹旬，帝睹其容瘁，詔王賓相之。奏曰：『此人當紹隆三寶。』帝謂師曰：『如卿願，任選日遠近奏來。』師荷德致謝。尋得鄉信言母患，乞歸寧省，帝厚其所賜，敕有司津遣師。至家未幾，會韜光法師勉之，謁鳥窠為檀越，與結庵創寺，寺成，啟曰：『弟子七歲蔬食，十一受五戒。今年二十有二，為出家故休官，願和尚授與僧相。』曰：『今時為僧，鮮有精苦者，行多浮濫。』師曰：『本淨非琢磨，元明不隨照。』曰：『汝若了淨智妙圓，體自空寂。即真出家，何假外相。汝當為在家菩薩，戒施俱修，如謝靈運之儔也。』師曰：『然理雖如此，於事何益？儻垂攝受，則誓遵師教。』如是三請皆不諾。時韜光堅白鳥窠曰：『宮使未嘗娶，亦不畜侍女。禪師若不拯接，誰其度之？』鳥窠即與披剃具戒。師常卯齋，晝夜精進，誦大乘經而習安般三昧。尋固辭遊方，鳥窠以布毛示之悟旨，時謂布毛侍者。暨鳥窠歸寂垂二十載，武宗廢其寺，師與眾僧禮辭靈塔而邁，莫知其終。」

〔六〕神鼎諲禪師嘗曰一段，見《古尊宿語錄》卷二十四〈潭州神鼎山第一代諲禪師語錄．舉鳥窠吹毛〉。

〔七〕汾陽昭禪師，見第四條注七。

〔八〕汾陽昭禪師一偈，見《汾陽無德禪師語錄》卷中。

〔九〕首山，即念法華，見第四條注三。

10. 一切唯心造

《破色心論》曰：「如人夢中，本無女子，而見女人與身交會，漏失不淨。眾生如是，無始世來，虛妄受用。色、香、味、觸等外諸境，皆亦如是，實無而成。」〔一〕

傳曰：所言實無而成者，如佛在時，有弟兄三人聞毗耶離國婬女菴羅婆利，舍衛國婬女須曼那，王舍城婬女優鉢羅槃那，皆有美色，晝夜念之不舍，便夢與之從事，覺已念曰：「彼女不來，我亦不往，而婬事得辦。」因是而悟一切諸法皆如是耶，於是頓證惟心〔二〕。魏將張遼〔三〕，唐將王彥章〔四〕皆有威名，當時小兒啼不止，其母呼兩人者名，而兒啼止。小兒未識張、王，而聞其名輒啼止，非唯心何哉？

【注文】

〔一〕《破色心論》曰一段，見一卷本《唯識論》。

〔二〕弟兄三人夢見婬女一事，見《大智度論》卷七〈初序品中．佛土願釋論第十三〉。

〔三〕張遼（一六九—二二二），字文遠，三國曹魏名將，雁門馬邑人。少為郡吏，後降曹操，拜中郎將，屢戰有功，功遷征東將軍。魏文帝時拜前將軍，進爵都鄉侯，還屯合肥，以征孫權，後病卒於軍中。參閱《三國志》卷十七〈張遼傳〉。張遼勇猛，兒聞其名輒啼止，見《資暇集》卷下〈非麻胡〉條。

〔四〕王彥章（八三六—九二三），字子明，五代後梁名將，行伍出身，極驍勇，人號「王鐵槍」。後唐．李存勗攻兗州，彥章率新募兵五百人與之大戰，終不敵眾，身受重傷被俘，寧死不屈，遂遇害。參閱《新五代史》卷三十二〈死節傳　王彥章〉。案：彥章雖生唐文宗太和年間，然未嘗事李唐，且少為軍卒，即從梁太祖，更與後唐屢戰，終於死節，〈傳〉入《五代史》中，故不當稱為唐將，《智證傳》誤。

11. 不動本位遍十方，未離一念經塵劫

《華嚴經》曰：「毘目仙人執善財手，即時善財自見其身，往十佛剎微塵數世界中，到十佛剎微塵數諸佛所，見彼佛剎及其眾會，諸佛相好，種種莊嚴。乃至或經百千億不可說不可說佛剎微塵數劫，

乃至時彼仙人放善財手，善財童子即自見身還在本處。」〔一〕

傳曰：方執其手，即入觀門，見自他不隔於毫端，始終不移於當念。及其放手，即是出定。永明〔二〕曰：「是知不動本位之地，而身遍十方。未離一念之中，而還經塵劫。」〔三〕本位不動，遠近之剎歷然；一念靡移，延促之時宛爾。世尊蓋以蓮為譬，而世莫有知者。予特知之，夫蓮方開華，時中已有子，子中已有薏。因中有果，果中有因，三世一時也。其子分布，又會屬焉。連續不斷，十方不隔也。

【注文】

〔一〕案：此處所引《華嚴經》，係刪節之文。《大方廣佛華嚴經》卷四十七〈入法界品〉云：「時彼仙人即申右手，摩善財頂。摩已，執善財手，即時善財，自見其身，在於十方十佛世界微塵等佛所，見彼諸佛，相好莊嚴，以阿僧祇寶珍玩之具，莊嚴其剎。又見彼佛，眷屬大海，所從聞法，悉能受持，乃至不失一句一味，分別受持，正法梵輪。受諸法雲，入佛大願，淨修諸力，清淨願行，究竟諸功德藏。見彼諸佛，隨應化度一切眾生。見一切佛，清淨圓滿，大光明網，見已隨順無礙智慧光明，究竟佛力。或自見身，於一佛所，一日一夜。或復自見，於餘佛所，七日七夜。如是次第，於餘佛所，或有半月、一月、一歲、百歲、千歲，或百千歲、百千億歲，或百億那由他歲，或半劫、一劫、百劫、千劫、百千劫，或百億那由他劫，乃至不可說不可說那由他劫，或閻浮提微塵等劫，乃至不可說不可說世界微塵等劫。爾時善財，為無壞幢智慧法門照故，得明淨藏三昧。無盡法門三昧照故，得遊一切方陀羅尼光明。金剛圓滿光明法門照故，得分別智意樓閣三昧。住平地莊嚴法藏般若波羅蜜精進照故，得佛虛空藏三昧光明。一切諸佛法輪三昧光明相照故，得三世圓滿智無盡光明。時彼仙人放善財手，爾時善財，即自見身，還在本處。」

〔二〕永明（九〇四—九七五），即錢塘永明寺釋延壽，唐末五代、宋初僧。淨土宗六祖，法眼宗三祖。臨安府餘杭（浙江杭縣）人，俗姓王，字仲玄，號抱一子。初為吏，三十歲依龍冊寺翠巖令參禪師出家。後往天台山參謁德韶國師，初習禪定，得其玄旨。後於國清寺行法華懺，頗有感悟，於是朝放諸生類，夕施食鬼神，讀誦《法華經》。建隆二年（九六一）應吳越王錢俶之請，遷永明大道場，接化大眾，故世稱永明大師。住永明十五年，時人號慈氏下生，賜號智覺禪師。著有《宗鏡錄》、《萬善同歸集》、〈神棲安養賦〉、〈唯心訣〉等六十餘部。參閱《宋高僧傳》卷二十八、《景德傳燈錄》卷二十六、《傳法正宗記》卷八、《宗門統要續集》卷二十、《佛祖統紀》卷二十六。

〔三〕永明曰一段，見《宗鏡錄》卷十六〈答為復學一乘實法〉。

12. 菩薩依如來功德度眾生

《維摩經》曰：「文殊師利又問：『生死有畏，菩薩當何所依？』維摩詰言：『菩薩於生死畏中，當依如來功德之力。』文殊師利又問：『菩薩欲依如來功德之力，當於何住？』答曰：『菩薩欲依如來功德之力，當住度脫一切眾生。』」〔一〕

傳曰：菩薩運心，非止利他，乃所以自利。故前聖以宏法度生為急，栽培如來功德之力也。休舍優婆夷〔二〕自說得菩薩安隱幢〔三〕，以眾生未離生死，菩薩不自取安隱故。菩薩雖達生死性空，於生死有畏，未為究竟安隱無憂。若能入生死教化眾生，達生死及眾生而能教化者，總涅槃行，無出無沒，方名離憂安隱幢。

【注文】

〔一〕《維摩經》曰一段，見《維摩詰所說經》卷二〈觀眾生品第七〉。

〔二〕善財童子遍求法門要義，初參文殊師利菩薩，復遊行南方，先參德雲比丘，次第輾轉指示，終參普賢菩薩，歷一百十城，五十三位善知識，名為善財五十三參。其中第七參，善財至海潮處普莊嚴國，參詣休捨優婆夷（梵 Aca），休捨優婆夷於是為其解說「離憂安隱幢解脫法門」。優婆夷係梵語 upasika 之音譯。又作優婆私訶、優婆斯、優波賜迦。譯為清信女、近善女、近事女、近宿女、信女。即親近三寶、受三歸、持五戒、施行善法之女眾。

〔三〕離憂安隱幢，《大方廣佛華嚴經》卷四十七〈入法界品〉云：「（休捨優婆夷曰：）『善男子！略說菩薩有如是等百萬阿僧祇方便法門，菩薩悉應究竟了知，隨順智慧，究竟修習菩薩等行。淨一切佛刹，心無倒惑。善男子！是故我發此願：淨一切刹，我願乃滿；斷一切眾生煩惱習氣，我願乃滿。』『大聖！此法門者，名為何等？』『善男子！此法門名離憂安隱幢。我唯知此法門，諸大菩薩其心如海，悉能容受一切佛法。』」

13. 與汝安心竟

二祖大師〔一〕問達磨〔二〕曰：「我心未寧，乞師與安。」達磨曰：「將心來與汝安。」對曰：「覓心了不可得。」達磨曰：「與汝安心竟。」〔三〕

傳曰：予聞東坡之語曰：「如人病眼，以求醫與之光明，醫師曰：『我但有除翳藥，且無與明藥。』明如可與，還應是翳。」〔四〕東坡可謂性與道會者也。

【注文】

〔一〕二祖大師（四八七—五九三），禪宗第二祖。南北朝僧，河南洛陽人，俗姓姬，初名神光，又作僧可、慧可。幼時於洛陽龍門香山依寶靜出家，於永穆寺受具足戒。早年周遊聽講，參禪冥想，精研孔老之學與玄理。北魏正光元年（五二〇），參謁達磨祖師於嵩山少林寺，從學六年。達磨西歸後，於北齊天保三年（五五二）授法予弟子僧璨，其後赴河南鄴都演說《楞伽經》意，凡三十餘年，韜光晦跡，人莫能識。賜諡正宗普覺大師、大祖禪師。參閱《寶林傳》卷八、《祖堂集》卷二、《傳法正宗記》卷六、《續傳燈錄》卷一、《宗門統要續集》卷二、《佛祖統紀》卷三十、《五燈會元》卷一。

〔二〕達磨（?—五三五），梵名 Bodhidharma，譯作菩提達摩、菩提達磨多羅、達磨多羅、菩提多羅，意譯道法，通稱達磨。禪宗初祖，西天第二十八祖。南天竺香至國（或作婆羅門國、波斯國）國王之第三子，從般若多羅學道，與佛大先並稱「門下二甘露門」。梁武帝普通元年（一說劉宋末年），泛海至廣州番禺，武帝遣使迎至建業，然與武帝語不相契，遂渡江至魏，止嵩山少林寺，面壁坐禪，時人不解其意，稱「壁觀婆羅門」。時神光於伊、洛披覽群書，以曠達聞，慕其高風，斷臂求法。師感其精誠，遂傳安心發行之法，改名慧可。經九載，欲歸西方，囑慧可一宗之祕奧，授袈裟及《楞伽經》四卷。未久即入寂，葬於熊耳山上林寺。越三年，魏使宋雲度嶺時，適逢達磨攜隻履西歸。示寂年代有梁・大通二年（五二八）、梁・大同元年（五三五）或二年等異說。梁武帝尊稱聖胄大師，唐代宗賜諡圓覺大師，塔名空觀。參閱《續高僧傳》卷十六、《景德傳燈錄》卷三、卷三十、《傳法正宗記》卷五、《內證佛法相承血脈譜》，《宗鏡錄》卷九十

七、《傳法正宗論》卷下、《祖庭事苑》卷二、卷五、卷八、《舊唐書》列傳第一四一〈神秀傳〉。

〔三〕二祖大師問達磨一段，見《景德傳燈錄》卷三〈第二十八祖菩提達磨者〉。

〔四〕東坡之語，見《東坡全集》卷一〇一〈修養〉；惠洪《石門文字禪》卷二十五〈題五宗錄〉亦引及之。

【寂音尊者智證傳卷之二】

14. 空摧外道心，落卻天魔膽

永嘉〔一〕曰：「大丈夫，秉慧劍，般若鋒兮金剛燄。非但空摧外道心，早曾落卻天魔膽。」〔二〕

傳曰：予初讀斯文，意其人神觀英特，威掩萬僧，凜然不可犯干。及見其遺像，頹然坐匡床，伽梨取次〔三〕如少年宣律師〔四〕。乃知心智猛利，故吐詞等刀鋸，決不可以狀貌求也。《法華經》曰：「如是二萬佛，皆同一字，號日月燈明。又同一姓，姓頗羅墮。」〔五〕頗羅墮，此云利根，亦名捷疾，亦名滿語。於一切法門，以利根、捷疾、滿語明之者，乃可出離生死。梁．劉歙事佛精勤，忽有老人無因而至，曰：「君心力堅猛，必破生死。」〔六〕歙於化時果有靈驗。今學者名為走道而已，其實懶惰迷醉於色、聲等法，如蠅為唾所粘。味永嘉之平生，如香象擺壞鎖繮，自在而去，蓋真是比丘也。

【注文】

〔一〕永嘉，見第五條注一。

〔二〕永嘉曰一偈，見〈永嘉證道歌〉。

〔三〕伽黎，即僧衣，《四分律》卷四十九〈法揵度第十八〉云：「若欲至聚落，小下道安缽置地，取僧伽黎舒張抖擻看然後著。」取次，此處為草率、容易之義。「伽黎取次」蓋指衣著草率。

〔四〕宣律師（五九六—六六七），即道宣禪師，唐代律僧，又稱南山律師、南山大師。為南山律宗之祖。浙江吳興人，一說江蘇潤州丹徒人。俗姓錢，字法遍，十六歲出家，先後隨日嚴寺慧頵、大禪定寺智首學律。後住於終南山倣掌谷（長安之南），營建白泉寺，研究弘宣四分律，其宗派稱南山律宗。曾至各地講說律學，亦參與玄奘之譯場，嚴守戒品，深好禪那。龍朔二年（六六二），高宗敕令僧尼須禮拜君親，道宣與玄奘等上書力爭，此事乃止。乾封二年，於淨業寺創立戒壇，諸方前來求戒者二十餘人，為後世建築戒壇之法式。於是年十月入寂，世壽七十二，法臘五十二，謚號澄照。生平獎掖後進，不遺餘力，德行淳厚，緇素共仰。所著之《四分律刪繁補闕行事鈔》十二卷、《羯磨疏》三卷、《戒本疏》六卷、《拾毘尼義鈔》六卷、《比丘尼義鈔》六卷，稱為律學五大部。另撰有《大唐內典錄》十卷，係一部整理經典之目錄書。又針對道教之說，編集《古今佛道論衡》四卷、《廣弘明集》三十卷等。此外著有《續高僧傳》、《釋氏略譜》、《釋迦方志》、《三寶感通錄》等諸書。參閱《宋高僧傳》卷十四、《佛祖歷代通載》卷十五、《大唐內典錄》卷五。《宋高僧傳》卷十四云：「及西明寺初就，詔宣充上座。三藏奘師至止，詔與翻譯……。三衣皆紵，一食唯菽，行則杖策，坐不倚床。蚤蝨從遊，居然除受。土木自得，固已亡身。」故惠洪言「決不可以狀貌求也」。

〔五〕《法華經》曰一段，見《妙法蓮華經》卷一〈序品第一〉。

〔六〕劉歊事佛，見《南史》卷四十九〈劉懷珍列傳〉。

15. 直心道場無虛假

《維摩經》曰：「直心是道場，無虛假故。」〔一〕

傳曰：所謂擇法眼者，前聖授手〔二〕。《首楞嚴》曰：「諸修行人，不能得成無上菩提，乃至別成聲聞、緣覺，及成外道諸天魔王，及魔眷屬，皆由不知二種根本，錯亂修習。猶如煮沙欲成佳饌，縱經塵劫，終不能得。云何二種？阿難：一者無始生死根本，則汝今者與諸眾生，用攀緣心〔三〕為自性者；二者無始菩提涅槃元清淨體，則汝今者識精元明，能生諸緣，緣所遺者。」〔四〕即直心也；攀緣心，即虛假也。永明〔五〕曰：「心者，信也。謂有前識法隨相行，則煩惱名識，不名心也；意者，憶也。憶想前境起於妄，並是妄識，不干心事。心非有無，有無不染；心非垢淨，垢淨不汙。乃至迷、悟、凡、聖、行、來、去、住，並是妄識非心。心本不生，今亦無滅，若知自心如此，佛亦然。」〔六〕而長沙〔七〕偈曰：「學道之人不識真，只為從前認識神〔八〕。無始時來生死本，癡人喚作本來人。」〔九〕今時邪禪乃相傳授，以揚眉瞬目，豎拂拈槌為極則，佛法幾何不平沈〔十〕哉？《圓覺經》曰：「眾生妄見流轉，厭流轉者，妄見涅槃，由此不能入清淨覺。非覺違拒諸能入者，有諸能入，非覺入故。」〔十一〕謂脫有能入覺道者，但成小乘，非能入覺，故曰：「非覺入故。」

【注文】

〔一〕《維摩經》曰一段，見《維摩詰所說經》卷一〈菩薩品第四〉。

〔二〕授手，意指傳授教法。《敕修百丈清規》卷五〈沙彌得戒〉云：「佛佛授手，祖祖相傳，不染世緣，方成法器。」

〔三〕攀緣，即攀取緣慮之意。攀緣心係指心執著於某一對象，眾生妄想緣取三界諸法，此乃一切煩惱之根源。蓋凡夫之人，妄想微動即攀緣諸法；妄想既有所攀緣，則善惡已分；善惡既分，則憎愛並熾；由是內煩眾結，外生萬疾，此皆攀緣作用所致者。

〔四〕《楞嚴經》曰一段，見《楞嚴經》卷一。

〔五〕永明，參閱第十一條注二。

〔六〕永明曰一段，見《宗鏡錄》卷二十四〈如弟子問傅大士〉。

〔七〕長沙景岑，唐代禪僧，生卒年不詳。幼年出家，參南泉普願，並嗣其法。初住長沙鹿苑寺，其後居無定所，但隨緣接物，隨宜說法。復住湖南長沙山，大宣教化，時人稱為長沙和尚。機鋒峻峭，與仰山對話中，曾踏倒仰山，仰山謂如大蟲（虎）之暴亂，故諸方稱其為岑大蟲，諡號招賢大師。參閱《祖堂集》卷十七、《聯燈會要》卷六、《五燈會元》卷四、《佛祖歷代通載》卷十七。

〔八〕識神，為心識之主體，即能起意識作用者。《雜阿含經》卷三十九云：「爾時波旬而說偈言：『上下及諸方，遍求彼識神，都不見其處，瞿低（迦比丘）何所之？』」

〔九〕長沙偈曰，見《景德傳燈錄》卷十〈湖南長沙景岑〉。

〔十〕平沉，即沉沒。此指佛法衰敗。

〔十一〕《圓覺經》曰一段，見一卷本《大方廣圓覺修多羅了義經》。

16. 實無有法得阿耨多羅三藐三菩提

《金剛般若經》曰：「『如來於然燈佛所，有法得阿耨多羅三藐三菩提〔一〕不？』『不也，世尊。如我解佛所說義，佛於然燈佛所，無有法得阿耨多羅三藐三菩提。』佛言：『如是、如是。須菩提，實無有法，如來得阿耨多羅三藐三菩提。須菩提，若有法，如來得阿耨多羅三藐三菩提者，然燈佛則不與我授記：「汝於來世，當得作佛，號釋迦牟尼。」』以實無有法得阿耨多羅三藐三菩提，是故然燈佛與我授記，作是言：「汝於來世，當得作佛，號釋迦牟尼。」何以故？如來者，即諸法如義。若有人言如來得阿耨多羅三藐三菩提，須菩提，實無有法，佛得阿耨多羅三藐三菩提。須菩提，如來所得阿耨多羅三藐三菩提，於是中無實無虛。』〔二〕

傳曰：如曰如來所得，於是中無實無虛者，達磨東來不言之意也，而世罕能知之，知之而罕能言之。東坡曰：「如來得阿耨多羅三藐三菩提，曰『以無所得故』而得。舍利弗得阿羅漢道，亦曰『以無所得故』而得。如來與舍利弗若是同乎？曰：何獨舍利弗？至於百工賤技，承蜩、意鈎、履狶、畫墁，未有不同者也。論道之大小，雖至於大菩薩，其視如來猶若天淵然。及其『以無所得故』而得，則承蜩、意鈎、履狶、畫墁，未有不與如來同者也。」〔三〕東坡之言吾法，如杜牧〔四〕論兵，曰：「如珠在盤，至於圓、轉、橫、斜，不可得知。所可知者，珠不出盤耳。」〔五〕如來應跡，本以度生，有法可傳，則即時授與。但與授記者，明知無法可傳也。

【注文】

〔一〕阿耨多羅三藐三菩提，梵語 anuttara-samyak-sambodhi，巴利語 anuttara-sammasambodhi 之音譯。略稱阿耨三菩提、阿耨菩提，意指無上正等正覺之意。「阿耨多羅」意譯「無上」，「三藐三菩提」意譯為「正遍知」。乃佛陀所覺悟之智慧；含有平等、圓滿之意。以其所悟之道為至高，故稱無上；以其道周遍而無所不包，故名正遍知。參閱《大智度論》卷二、卷八十五、《往生論註》卷下、《法華經文句》卷二上、《慧苑音義》卷上、《一切經音義》卷二十六、卷二十七。

〔二〕《金剛般若經》曰一段，見一卷本《金剛般若波羅蜜經》。

〔三〕東坡曰一段，見《東坡全集》卷三十〈虔州崇慶禪院新經藏記〉。

〔四〕杜牧（八〇三—八五二），字牧之。京兆萬年人，杜佑之孫，生於唐德宗貞元十九年，卒於宣宗大中六年。美姿容，好歌舞，善時文，詩風情致豪邁，有類杜甫，故亦稱「小杜」。與李商隱齊名，又號為「李杜」。牧關心國事，好論兵事，力主削平藩鎮，有以天下蒼生為己任之氣概，有《樊川文集》二十卷，與注曹操所定《孫武兵法》十三篇傳世。參閱《舊唐書》卷一四七，《新唐書》卷一六六〈杜佑傳〉附傳、《唐詩紀事》卷六十五。

〔五〕杜牧論兵一段，見《樊川文集》卷十〈注孫子序〉。

17. 纔入思維，便成剩法

棗柏〔一〕曰：「《華嚴》第三會，於須彌山頂上說十住。表入理契智，非生滅心所得至故。如須彌山在大海中，高八萬四千由旬，非手足攀攬所及。明八萬四千塵勞山，住煩惱大海。於一切法，無思無為，即煩惱海枯竭，塵勞山便成一切智山，煩惱海便成性海。若起心思慮，有所攀緣，則塵勞山愈高，煩惱海愈深，不可至其智頂。」〔二〕

傳曰：《首楞嚴》曰：「汝但棄其生滅，守於真常〔三〕。常光現前，根、塵、識心〔四〕，應時消落。」〔五〕故維摩大士現神力，即時須彌燈王佛遣三萬二千師子座〔六〕，高廣嚴淨，來入維摩詰室。諸菩薩、大弟子、釋梵四天王等，昔所未見。其室廣博，悉包容三萬二千師子座，無所妨礙。〔七〕寶覺禪師〔八〕曰：「以師子座之高廣，毗耶室〔九〕之狹小，佇思其間，即成妨礙。」〔十〕嘗問轉運判官夏倚：「汝言：『情與無情共一體』，時有狗臥香卓下，乃以壓尺擊香卓（桌），又擊狗曰：「狗有情即去，香卓無情即住。如何得成一體？」倚不能對，寶覺曰：「纔入思維，便成剩法。」〔十一〕前聖所知，轉相傳授，皆此旨也；而學者莫能明。如言彈指而五百毒龍屈伏〔十二〕，女子之定亦出〔十三〕，尤昭著明白者也。溈山〔十四〕嘗語仰山〔十五〕曰：「寂子速道，莫入陰界。」而仰山曰：「慧寂信位亦不立。」〔十六〕予恨仰山極力道不盡。

【注文】

〔一〕棗柏（六三五—七三〇），唐代華嚴學者。王族出身，或謂滄州（河北滄縣）人。天賦異稟，學無常師，洞精儒、釋二典。開元七年（七一九），隱於太原府壽陽方山之土龕，參究新譯《華嚴經》。居山中數載，每日僅以棗顆、柏葉餅為食，世稱棗柏大士。開元十八年三月，於龕室坐化，享年九十六。宋徽宗賜號顯教妙嚴長者。所著有《新華嚴經論》四十卷、《華嚴經會釋論》十四卷、《略釋新華嚴經修行次第決疑論》四卷、略釋、釋解《迷顯智成悲十明論》各一卷、《十玄六相》、《百門義海》、《普賢行門》、《華嚴觀》及諸詩賦等。參閱〈華嚴經決疑論序〉、《宋高僧傳》卷二十二、《佛祖統紀》卷四十、《佛祖歷代通載》卷十三、《唐李長者通玄行蹟記》。

〔二〕棗柏曰一段，見《新華嚴經論》卷二十三〈第三會於須彌山頂說十住〉。

〔三〕真常，係指如來真空常寂涅槃之境。

〔四〕根、塵者，乃五根與五塵，或六根與六塵之並稱。色之所依而能取境者名為根，乃認識對象之器官，五根即眼、耳、鼻、舌、身，加上「意」則稱六根；根之所取者名為塵（亦稱境），乃所認識之對象，五塵即色、聲、香、味、觸，加上「法」則稱六塵。根、塵二字並舉，猶如主觀、客觀之並列，含有相依又相對立之意。《俱舍論》卷十云：「雖有根境不發於識，而無有識不託根境。」識心乃對心所法而言，指六識或八識之心王，《楞嚴經》卷二云：「一切世間十種異生，同將識心居在身內。」

〔五〕《首楞嚴》曰一段，見《大佛頂首楞嚴經》卷四。

〔六〕師子座，梵語 simhasana。又作師子床、獅子座、猊座。佛為人中獅子，故佛所坐之處（床、地等），總稱師子座。

〔七〕須彌燈王佛遺師子座一事，見《維摩詰所說經》卷二〈不思議品第六〉。

〔八〕寶覺禪師（一〇二五—一一〇〇），宋代臨濟宗黃龍派僧。廣東始興人，俗姓鄔，號晦堂。年十九依龍山寺惠全，翌年試經得度，住受業院奉持戒律。後參謁雲峰文悅，隨侍三年，又參謁黃檗山慧南，留侍四年，後還文悅。時文悅示寂，乃依止石霜楚圓。一日，閱《傳燈錄》，讀多福禪師之語大悟。後隨慧南移黃龍山，慧南示寂，遂繼黃龍之席，居十二年，謚號寶覺禪師。有《寶覺祖心禪師語錄》一卷、《冥樞會要》三卷等行世。參閱《禪林寶訓》卷一、《禪林僧寶傳》卷二十三、《五燈會元》卷十七、《釋氏稽古略》卷四。

〔九〕毗耶室，維摩詰居士住於毗耶城中，故稱其住處為毗耶室。

〔十〕寶覺禪師曰一段，《續傳燈錄》卷十五〈洪州黃龍晦堂寶覺祖心禪師〉云：「又嘗與僧論維摩，三萬二千師子寶座，盡入毘耶小室，何故不礙？為是維摩所現神力耶？為別假異術耶？夫難信之法，故現此瑞。有能信者，始知本來自有之物，何故復令更信？曰：『若無信入，小必妨大。』」

〔十一〕寶覺問夏倚一事，同注十。

〔十二〕彈指而五百毒龍屈伏，《大毘婆沙論卷》四十四云：「昔此迦濕彌羅國中有一毒龍，名無怯懼，稟性暴惡，多為損害。去彼不遠，有毘訶羅數為彼龍之所嬈惱。寺有五百大阿羅漢，共議入定，欲逐彼龍，盡其神力，而不能遣。有阿羅漢從外而來，諸舊住僧為說上事，時外來者至龍住處，彈指語言：『賢面遠去。』龍聞其聲，即便遠去。諸阿羅漢怪而問言：『汝遣此龍，是何定力？』彼答眾曰：『我不入定，亦不起通，但護尸羅，故有此力。我護輕罪，如防重禁，故使惡龍驚怖而去。』」

〔十三〕女子出定，據《諸佛要集經》卷下載，昔時離意女於釋尊座前入於三昧，文殊菩薩雖為過去七佛之師，卻無法近佛而坐，欲令離意女出定而問之，然施以神力，猶不能令其出定。而罔明菩薩為棄諸妄想分別之初地菩薩，卻能至離意女前鳴指一下，便使其從定中而出。禪宗參究此事，每以果位低下之罔明菩薩卻能使女子出定之不合理處，視為該公案之要旨。

〔十四〕溈山，見第四條注十三

〔十五〕仰山，見第四條注十四。

〔十六〕溈山語仰山一事，《潭州溈山靈祐禪師語錄》卷一云：「師坐次，仰山入來，師云：『寂子速道，莫入陰界。』仰山云：『慧寂信亦不立。』師云：『子信了不立，不信不立。』仰山云：『祇是慧寂，更信阿誰。』師云：『若恁麼，即是定性聲聞。』仰山云：『慧寂佛亦不立。』」

18. 隨順無明起諸有；若不隨順諸有斷

《華嚴．十地品》曰：「生死皆由心所作，心若滅者生死盡。」〔一〕又曰：「隨順無明〔二〕起諸有；若不隨順諸有斷。」〔三〕

傳曰：譬如有人，畏影而逃日中，其行愈疾而影愈隨；休於樹陰，則影自滅。〔四〕三尺童子知之，而學者畏生死，乃不息滅妄心，是不類也。又如日親君子，則小人自疏；日親小人，則君子自遠。市井庸人知之，而學者畏流轉之苦，甘隨順無明，是首越而之燕者也。夫知心寂滅，則不復故起現行；不與妄合，則自然本智現前。此二種，第約之心耳，非加功也。

【注文】

〔一〕《華嚴・十地品》曰一段，見《大方廣佛華嚴經》卷三十七〈第五地〉。

〔二〕無明，梵語 avidya，巴利語 avijja，為煩惱之別稱。指闇昧事物，不通達真理，與不能明白理解事相或道理之精神狀態。亦即不達、不解、不了，而以愚癡為其自相。

〔三〕又曰「隨順無明」一段，同注一。

〔四〕「畏影而逃日中」一喻，《莊子・漁父》云：「人有畏影惡跡而去之走者，舉足愈數而跡愈多，走愈疾而影不離身，自以為尚遲，疾走不休，絕力而死。不知處陰以休影，處靜以息跡，愚亦甚矣！」

19. 慎勿言自我處得法來

三祖粲禪師〔一〕既以大法付四祖信禪師〔二〕，乃祝曰：「慎勿言自我處得法來。」〔三〕

傳曰：《易解》曰：「眾人之志，不出於飲食男女之間與！凡養生之資，其資厚者其氣強，其資約者其氣微，故氣勝志而為魄。賢聖則不然，以志一氣，清明在躬，志氣如神，雖祿之天下，窮至匹夫，無所損益也。故志勝氣而為魂，眾人之死為鬼，而聖賢為神，非有二知也，志之所在者異也。」〔四〕予以其說觀三祖，知其為志勝者也。嵩禪師曰〔五〕：「此蓋祖師以名跡為道之累，故雖師承，亦欲絕之。」〔六〕然則不言自粲公所得法，便真非嗣祖者耶？是大不然，粲公於時念達磨、可祖宏法之艱難，皆為邪師憎害，痛自慎耳，便謂棄絕師承可乎？

【注文】

〔一〕三祖粲禪師，同「璨禪師」，即僧璨。見第六條注一。

〔二〕四祖信禪師（五八〇—六五一），禪宗第四祖，嗣法於僧璨，傳於弘忍。蘄州廣濟（湖北廣濟）人，俗姓司馬。幼時即慕空宗諸解脫門而出家，隋·開皇十二年（五九二），入舒州（安徽）皖公山參謁僧璨，言下大悟，奉侍九年（一說十年），得其衣鉢。大業十三年（六一七），領徒眾至吉州廬陵（江西吉安），遇群盜圍城七旬，其時泉井枯涸，眾皆憂懼，乃勸城中道俗念摩訶般若。盜賊遙望城，如有神兵守之，相謂曰：「城內必有異人，不可攻矣！」遂解圍而去。後欲往衡岳，路出江州（江西九江），道俗請留廬山大林寺。唐·武德七年（六二四），歸蘄州，住破頭山三十餘年，傳法於弘忍，另有弟子法融別立牛頭禪。後破頭山改名雙峰山，故世人又稱為雙峰道信。貞觀十七年（六四三），太宗聞其道風，三詔入京，均上表辭謝。帝乃遣使，謂若不起，命取首級。道信伸頸就刃，神色儼然，使者異之，還入奏，帝愈歎慕，賜珍繒。永徽二年閏九月（一說永徽元年）垂誡門人，安坐而寂，世壽七十二。建塔於東山黃梅寺。因弟子弘忍居於黃梅東山弘傳禪法，故世人並稱二人之道法為「東山法門」。著有《入道安心要方便法門》、《菩薩戒作法》等書。參閱《續高僧傳》卷二十六、《五燈會元》卷一、《佛祖統紀》卷二十九。

〔三〕粲禪師言「甚勿言自我處得法來」一語，見契嵩禪師修編《傳法正宗記》卷六〈僧璨尊者〉評曰，引唐宰相房琯作〈僧璨禪師覺寂塔〉碑文。

〔四〕《易解》，即《東坡易傳》，參見《續修四庫全書總目提要·蘇氏易解》。《易解》曰一段，見《東坡易傳》

卷七〈精氣為物〉。

〔五〕嵩禪師（一〇〇七—一〇七二），即契嵩禪師。宋代雲門宗僧。藤州鐔津（廣西藤縣）人，俗姓李，字仲靈，自號潛子。七歲出家，十三歲得度剃髮，十九歲遊方。常頂戴觀音像，日誦其名號十萬聲。後得法於洞山曉聰禪師。遍通內外典籍，善為文，曾就宗密之教、禪一致論加以闡述，而更強調儒、佛一致說，鑒於韓愈等儒者之排佛，撰〈原教〉、〈孝論〉等《輔教編》，並著有《傳法正宗定祖圖》、《傳法正宗記》等書。仁宗時呈其著書，乃詔令入藏，並賜紫方袍與明教大師之號。熙寧五年於杭州靈隱寺示寂，世壽六十六。門人收其著作，輯成《鐔津文集》二十卷。因居錢塘佛日山，故又名佛日禪師，以曾止於永安山之精舍，後人亦以永安稱之。參閱《傳法正宗記》卷一、《續傳燈錄》卷五、《鐔津明教大師行業記》

〔六〕嵩禪師曰一段，《傳法正宗記》卷六〈僧璨尊者〉云：「此明尊者自絕之甚也。至人以物跡為大道之累，乃忘其心。今正法之宗，猶欲遺之，況其姓族鄉國，俗間之事，肯以為意耶？」

20. 心不生虛妄，現世即菩薩

黃蘗運禪師曰〔一〕：「凡人臨欲終時，但觀五蘊〔二〕皆空，四大〔三〕無我。真心無相，不去不來。生時性亦不來，死時性亦不去，湛然圓寂，心境一如。但能如是直下頓了，不為三世所拘繫，便是出世人也。切不得有分毫趣向，若見善相諸佛來迎，及種種現前，亦無心隨去；若見惡相種種現前，亦無怖畏。但自忘心，同於法界，便得自在，此是要節。」〔四〕

傳曰：此黃蘗一時為裴相國〔五〕之言也。教其忘心，當不必臨欲終時，乃作此觀，何以知之？《圓覺》曰：「居一切時，不起妄念。於諸妄心，亦不息滅。住妄想境，不加了知。於無了知，不辯真實。」〔六〕故其偈曰：「末世諸眾生，心不生虛妄。佛說如是人，現世即菩薩。」〔七〕圭峰科以為忘心頓證〔八〕，予以是觀前意，知其為方便說也。予嘗閱運公遺事，始名睎運〔九〕，會昌之厄〔十〕，以白帕蒙首，易名神運。宣宗登極，復教，仍名睎運，此叢林未知者也。

【注文】

〔一〕黃蘗運禪師，見第四條注十一。

〔二〕五蘊，梵語 pabca-skandha，巴利語 pabca khandha。又作五陰、五眾、五聚。蘊乃積聚、類別之意，五蘊即類聚一切有為法之五種類別：一者色蘊（梵 rupa-skandha），即一切色法之類聚；二者受蘊（梵 vedana-skandha），苦、樂、捨、眼觸等所生之諸受；三者想蘊（梵 samjba-skandha），眼觸等所生之諸想；四者行蘊（梵 samskara-skandha），除色、受、想、識外之一切有為法，亦即意志與心之作用；五者識蘊（梵 vijbana-skandha），即眼識等諸識之各類聚。

〔三〕四大，梵語 catvari maha-bhutani，巴利語 cattari maha-bhutani。為四大種之略稱，又稱四界。此係佛教元素說，謂物質（色法）係由地、水、火、風等四大要素構成。即：一、本質為堅性，而有保持作用者，名為地大；二、本質為濕性，而有攝集作用者，名為水大；三、本質為暖性，而有成熟作用者，名為火大；四、本質為動性，而有生長作用者，名為風大。積聚四大即可生成物質，故四大又稱能造之色、能造之大種；被造作之諸色法，則稱四大所造。

〔四〕黃蘗禪師曰一段，見《黃蘗山斷際禪師傳心法要》；《景德傳燈錄》卷九附錄〈黃蘗傳心法要〉，「凡人臨欲終時」，則作「凡人欲修證」。

〔五〕裴相國（七九七—八七〇），即裴休。唐代孟州濟源（河南濟源）人，一作河東聞喜（山西聞喜）人。長慶年間（八二一—八二四）舉進士，大中年間（八四七—八五九），以兵部侍郎進同中書門下平章事。後任宣武軍節度使，遷昭義、河東、鳳翔、荊南等節度。其為人蘊藉，風度閒雅，操守嚴正，宣宗嘗稱其為真儒者。能文章，楷書遒媚有法。宿信佛教，隨圭峰宗密學《華嚴》。宗密著經疏，每請裴休為之撰序。嘗迎黃檗於宛陵，共商禪道，筆記其言，成《宛陵集》，大行於世。武、宣之際，佛教新遭大難，裴休以重臣，出而翼護，故不數年間，得復舊觀。中年以後，斷肉食，焚香誦經，世稱河東大士。著有〈勸發菩提心文〉一卷，並集希運語要而成《傳心法要》一卷。參閱《宋高僧傳》卷六、卷十一、卷二十、卷二十五、《景德傳燈錄》卷六、卷八、卷九、卷十二、卷十三、《居士傳》卷十三、《舊唐書》卷第一七七、《新唐書》卷第一八二。

〔六〕《圓覺》曰一段，見一卷本《大方廣圓覺修多羅了義經》。

〔七〕「末世諸眾生」一偈，同注六。

〔八〕圭峰科以為忘心頓證者，見《圓覺經略疏．科文》。《萬松老人評唱天童覺和尚頌古從容庵錄》卷三亦引此《圓覺經．清淨慧菩薩章》「不起、不滅、不知、不辯（辨）」而云：「圭峰科此一段，謂之『妄心頓證』；又名『忘心入覺』。」

〔九〕案：《智證傳》言黃蘗「始名晞運」，然諸史傳、語錄，及惠洪自撰《林間錄》、《石門文字禪》等書皆作希運。

〔十〕會昌之厄，係指唐武宗會昌年間毀佛一事。武宗素信道教，繼文宗後即帝位，會昌元年（八四一）九月，召道士趙歸真等八十一人入宮，於三殿修金籙道修。十月，登九仙玄壇，親受法籙。二年六月，召衡山道士劉元靜入內，任銀青光錄大夫、崇玄館學士，與趙歸真共居宮中修法籙。三年三月，任命趙歸真為左右街道門教授先生。時武宗有廢佛之志，敕令兩街查錄有佛以來興廢之際，有何徵應事以進之。又令僧、道於麟德殿對論。沙門知玄登論座，陳理道教之根本，極辯貶道，帝色不悅。五年正月，於南郊建望仙樓，召集道士咨稟仙事。時趙歸真特蒙殊寵，昵近於帝，諫官數度上疏論之。歸真既知涉物論，乃薦羅浮山道士鄧元超，迎入宮中。於是，鄧元超、劉元靜等共圖毀釋，頻進拆寺之議，丞相李德裕亦慫恿之。四月有詔，祠部檢括天下寺院僧尼，寺凡四萬四千六百所，僧共二十六萬五千餘人。五月下詔，上都、東都各留寺四所，僧各三十人。又天下之州郡寺各留一所，上寺住二十人，中寺住十人，下寺住五人，餘者悉令還俗。又毀天下諸寺，其鐘、磬、銅像悉委鹽鐵使鑄錢；鐵像委本州鑄農具；金、銀、石等像銷付度支，士庶所有之金、銀等像限一月納官。八月又下詔，以昭廢佛之意。六年三月，武宗病崩，宣宗即位，捕歸真、元靜、元超等十二人。大中元年（八四七）三月，復天下佛寺。世稱武宗毀佛為會昌法難。參閱《宋高僧傳》卷六、卷十二、《舊唐書》卷十八、《新唐書》卷八。

21. 生滅諸法悉是空

《入大乘論》曰：「諸法體相，世間現見，云何言無耶？曰：『凡愚妄見，此非可信，生滅之法，皆悉是空。生滅流轉，無暫停時。相似相續故，妄見有實。猶如燈燄，念念生滅，凡夫愚人，謂為一燄。』」〔一〕

傳曰：《涅槃》曰：「如燈雖念念滅，而有光除破暗冥。念等諸法，亦復如是。如眾生食，雖念念滅，亦能令飢者而得飽滿。譬如上藥，雖念念滅，亦能愈病。日月光明，雖念念滅，亦能增長草木。」〔二〕蓋一切諸法念念滅絕，而今現見者，相似相續故。《首楞嚴》曰：「諦觀法法何狀。」[三]則知但自燈明，法自無暗，明暗俱空，無作無取。明若有作，不應容暗。暗若可取，不應受明。今觀夜室之暗，何自而來？忽有燈燄，暗何所往？石頭[四]曰：「當明中有暗者，以明無作故。當暗中有明者，以暗無取故。」[五]

【注文】

〔一〕《入大乘論》曰一段，見《入大乘論》卷上。

〔二〕《涅槃》曰一段，見北本《大般涅槃經》卷二十九。

〔三〕《首楞嚴》曰一段，《楞嚴經》卷三載：「佛告阿難云：『汝今諦觀，法法何狀？若離色、空、動、靜、通、塞、合、離、生、滅，越此諸相，終無所得。生則色、空諸法等生；滅則色、空諸法等滅。所因既無，因生有識，作何形相？相狀不有，界云何生？是故當知，意法為緣，生意識界，三處都無。則意與法，及意界三，本非因緣，非自然性。』」

〔四〕石頭希遷（七〇〇—七〇九），唐代禪僧，又稱無際大師。端州（廣東）高要人，俗姓陳，生而聰敏，以鄉民畏鬼神而祭祀之，常殺牛釃酒，頗多弊害，於是輒毀神祠，奪牛而歸。曾禮六祖慧能、青原行思為師，得青原行思印可。天寶（七四二—七五五）初年，居衡山南寺，結菴坐禪於寺東石臺，大揚宗風，世稱石頭和尚。自稱其法門，不論禪定精進，唯達佛之知見：即心即佛，心佛眾生，菩提煩惱，名異體一。衡嶽有堅固、明瓚、懷讓三禪師，皆曹溪門下，咸謂其徒曰：「彼石頭真師子吼！必能使汝眼清涼。」其為同輩推重如此，由是門人歸慕。時江西以馬祖為主，湖南以石頭為主，四方學徒多輻湊二師之門。唐．貞元六年十二月示寂，世壽九十一。著有〈參同契〉、〈草庵歌〉各一篇行世。參閱《宋高僧傳》卷九、《景德傳燈錄》卷十四、《五燈會元》卷五。

〔五〕石頭曰一偈，《景德傳燈錄》卷三十〈南嶽石頭和尚參同契〉云：「當明中有暗，勿以暗相遇。當暗中有明，勿以明相睹。明暗各相對，比如前後步。」

22. 出廣長舌，上至梵世

《法華經》曰：「世尊於一切眾前，現大神力，出廣長舌〔一〕，上至梵世〔二〕。」〔三〕

傳曰：溈山〔四〕嘗曰：「凡聖情盡，體露真常。理事不二，即如如佛。」〔五〕而學者不能深味此語，苟認意度而已。譬如眾盲捫象，隨所得之為是，故象偏為尾、為蹄、為腰、為牙，而全象隱矣。〔六〕《般若經》曰：「無二無二分，無別無斷故」〔七〕者，真常也，非凝然一物，卓不變壞之常也！而解《法華》者曰：「佛音深妙，觸處皆聞。超越凡聖，則其舌廣長，高出梵世。」此殆所謂隨語生解，謬矣乎！

【注文】

〔一〕廣長舌，為佛三十二大人相之一，又作廣長舌相、廣長輪相。略稱長舌相、舌相。諸佛之舌廣而長，柔軟紅薄，能覆面至髮際，如赤銅色。此相具有兩種表徵：一者語必真實；二者辯說無窮，非餘人所能超越者。《大智度論》卷八云：「若人舌能覆鼻，言無虛妄，何況乃至髮際？我心信佛必不妄語。」

〔二〕梵世，梵語 brahmaloka，巴利語同，係指梵天支配之世界。又「梵世」亦可作色界諸天之總稱，蓋以此界之人已離淫欲之故。

〔三〕《法華經》曰一段，見《妙法蓮華經》卷六〈常不輕菩薩品第二十〉。

〔四〕潙山，見第四條注十三。

〔五〕潙山曰一段，見《潙山靈祐禪師語錄》卷一〈上堂夫道人之心〉。

〔六〕眾盲捫象，多部釋典皆可見，可參錢鍾書《管錐編．全陳文卷十六．眾盲摸象》。茲據《長阿含經》卷十九〈世記經．龍鳥品〉云：「爾時世尊告諸比丘言：『乃往過去，有王名鏡面。時集生盲人，聚在一處，而告之曰：『汝等生盲，寧識象不？』對曰：『大王！我不識不知。』王復告言：『汝等欲知彼形類不？』對曰：『欲知。』時王即敕侍者，使將象來，令眾盲子手自捫象。中有摸象得鼻者，王言：『此是象。』或有摸象得其牙者；或有摸象得其耳者；或有摸象得其頭者；或有摸象得其背者；或有摸象得其腹者；或有摸象得其髀者；或有摸象得其膊者；或有摸象得其跡者；或有摸象得其尾者；王皆語言：『此是象也。』時鏡面王即卻彼象，問盲子言：『象何等類？』其諸盲子，得象鼻者，言：『象如曲轅。』得象牙者，言：『象如杵。』得象耳者，言：『象如箕。』……各各共諍，互相是非，此言如是，彼言不爾。』」

〔七〕《般若經》曰一段，《大般若波羅蜜多經》卷一八四〈初分難信解品第三十四之一〉云：「復次善現，我清淨即色清淨，色清淨即我清淨，何以故？是我清淨與色清淨，無二無二分，無別無斷故。」

23. 不察最初一念之假，寧免後念相續之過

《五十計較經》曰：「菩薩問佛言：『罪生復滅，何以我了不見？』佛問諸菩薩：『汝曹心寧轉生不？』諸菩薩報言：『我心轉生。設我心不轉生，亦不能與佛共語。』佛問諸菩薩：『言若心生時，寧還自覺心生不？』諸菩薩言：『我但識見因緣時，不覺初起生時。』佛言：『如汝所說，尚不能知心初生時，

何能無罪?』」〔一〕

傳曰：諸菩薩疑既曰有罪，我獨不見，而世尊曰：「汝不能知心初生，則罪有而不見也。」永明〔二〕曰：「故知不察最初一念因成之假，寧免後念相續成事之過乎?吾以是知一切生死煩惱，皆因不覺故。若智為先導，則咎何由生?若了心外無法，則情想不生，不用加功，直入不思議地也。」〔三〕

【注文】

〔一〕案：《五十計較經》當作《五十校計經》，《出三藏記集》有《五十校計經》兩卷，或名《明度五十校計經》。《開元釋教錄》卷十一及《貞元新定釋教目錄》卷二十七編入《大方等大集經·十方菩薩品》中。本段所引，見《大方等大集經》卷六十〈十方菩薩品〉，及《宗鏡錄》卷三十八。

〔二〕永明，見第十一條注二。

〔三〕永明曰一段，見《宗鏡錄》卷三十八〈夫初後之位不離本覺〉。

24. 半日之間歷五十小劫

《首楞嚴》阿難偈曰：「消我億劫顛倒想，不歷僧祇〔一〕獲法身。」〔二〕

傳曰：予觀《法華經》：「諸菩薩摩訶薩，從初涌出，以諸菩薩種種讚法而讚於佛，如是時間經五十小劫〔三〕。是時釋迦牟尼佛默然而坐，及諸四眾〔四〕亦皆默然五十小劫，佛神力故，令諸大眾謂如半日。」〔五〕夫半日之間歷五十小劫，顛倒想所持也。

【注文】

〔一〕僧祇，asamkhya，梵語阿僧祇之簡稱。為印度數目之一，又作阿僧伽、阿僧企耶、阿僧、僧祇。意譯不可算計，或無量數、無央數。據稱一阿僧祇有一千萬萬萬萬萬萬萬兆，於印度六十種數目單位中，阿僧祇為第五十二數。

〔二〕阿難偈曰，見《楞嚴經》卷三。

〔三〕小劫，時間單位，《大毘婆沙論》謂人壽自十歲起，每過百年增一歲，至八萬四千歲為增劫之極；又自八萬四千歲起，每過百年減一歲，至十歲為減劫之極。此一增一減，共計一千六百八十萬年，名為一小劫。

〔四〕四眾，其義甚多：（一）指構成佛教教團之四種弟子眾，又名四輩、四部眾、四部弟子。即：比丘、比丘尼、優婆塞、優婆夷；或僅指出家四眾，即：比丘、比丘尼、沙彌、沙彌尼。（二）指列座於法會上聽法之四類大眾，即：一、發起眾，指能鑑知時機發起集會，或發起瑞相、問答等，以安排佛陀說法者；二、當機眾，指宿緣純熟，適聞正教，而於會座上得度者；三、影響眾，指從他方佛土來助佛陀教化之古往諸佛菩薩，隱其圓極之果而示現當機眾之形相；四、結緣眾，指宿善福薄，根機下劣者，雖未獲立即證悟之益，然以見佛聞法之故，已結下將來得度之因緣。（三）指人、天、龍、鬼之四眾，亦名四輩。

〔五〕「諸菩薩摩訶薩從初涌出」一段，見《妙法蓮華經》卷五〈從地踴出品〉。

25. 見所見不俱

《唯識論》問曰：「依信說有四種：一、現見；二、比知；三、譬喻；四、阿含[一]。此諸信中，現信最勝，若無外境，云何世人言我現見此青、黃等物乎？答以偈曰：『現見如夢中，見所見不俱。見時不分別，云何言現見。』諸凡夫人，煩惱夢中，有所見事，皆如夢中。如初見色，不知色義，後時意識分別，然方了知。以意識分別時，眼等識已先滅故。以一切法念念不住故，以見色時，未有意識，意識起時，即無眼等識。」[二]

傳曰：譬如世人同看文字，不識字者但見紙墨，義理了不關思。而識字者但見義理，不礙紙墨也。不識字者，五識[三]現量也。而識字者，意識之境也。天台宗以五識名退殘[四]，謂是故也，故曰：「見所見不俱」。夫紙墨文字，所以傳義理，義理得，則紙墨文字復安用哉！

【注文】

〔一〕　阿含，梵語 agama，巴利語同。又作阿笈摩、阿伽摩、阿鋡暮、阿鋡。意譯為法歸、法本、法藏、教法、教分、種種說、無比法、傳教、淨教、趣無、教、傳、歸、來、藏。近代學者或釋阿含之義為來著、趣歸、知識、聖言、聖訓集、經典等。即指所傳承之教說，或集其教說所成之聖典。此處所言當指「聖言」一義，即四量——現量、比量、譬喻量、聖教量中之聖言量。

〔二〕《唯識論》問曰一段，見一卷本《唯識論》。

〔三〕五識，依眼、耳、鼻、舌、身之五根而生，緣色、聲、香、味、觸五境之心識：一眼識，二耳識，三鼻識，四舌識，五身識。此為六識中之前五識，故常稱為前五識。三界中欲界眾生有六識，色界之初禪天無鼻、舌二識，二禪天以上無五識，唯存意識。

〔四〕退指退作凡夫逆罪人；殘指殘習。蓋思猶未盡，見亦餘殘，所以能牽惡道也。《摩訶止觀》卷二十云：「見惑浩浩如四十里水，思惑殘勢如一渧水。前諸方便共治見惑，惑盡名為入流，任運不退。」

【寂音尊者智證傳卷之三】

26. 曹山正命食

曹山〔一〕正命食。〔二〕

傳曰：《瑜伽師地論》曰死有三種：「謂壽盡故、福盡故、不避不平等故，當知亦是時非時死，或由善心，或不善心，或無記心〔三〕。云何壽盡死？猶如有一隨感壽量滿盡故死，此名時死；云何福盡故死？猶如有一資具缺故死；云何不避不平等故死？如世尊說九因九緣，未盡壽量而死。何等為九？謂食無度量、食時不宜、不消復食、生而不吐、熟而持之、不近醫藥、不知於己若損若益、非時非量、行非梵行〔四〕，此名非時死。」〔五〕予以是觀之，乃知食而食，即不枉死，故名正命食。黃蘗〔六〕曰：「今時纔出來者，只欲多知多解，廣求文義，喚作修行。不知多知解，翻成壅塞；唯多與兒酥乳，消與不消都總不知。三乘〔七〕學道人皆此樣，盡名食不消。食不消者，所謂知解不消，皆為毒藥，盡向生滅邊收，真如之中，無此事故。」〔八〕以此知曹山貴正命食，立三墮。

【注文】

〔一〕曹山本寂（八四〇—九〇一），唐代禪僧。泉州莆田（福建古田）人，俗姓黃。幼習儒學，十九歲入福州福唐縣靈石山出家，二十五歲受具足戒。咸通年間（八六〇—八七三），乃謁洞山良价，往來請益，遂得密受宗門玄旨。後開堂於撫州（江西）吉水，改名曹山，以表思慕曹谿之情。未久，遷住荷玉山（或謂以該山改名曹山），學徒雲集，大振洞門宗風，講授洞山五位旨訣，成為叢林之標準，並注解寒山詩以饗學人，有《曹山語錄》傳世。天復元年六月，焚香安坐而終，世壽六十二，敕謚元證禪師。其後洞山、曹山之風益盛，門徒日眾，遂稱曹洞宗。參閱《宋高僧傳》卷十三、《景德傳燈錄》卷十七、《五燈會元》卷十三

〔二〕正命食，佛弟子依從正法，清淨身、口、意三業，遠離咒術、占卜等邪惡之謀生方法，而如法求取衣服、飲食、湯藥、床榻等生活資具，即名為正命。而比丘為延續法身慧命而行之乞食，名為正命食。惠洪《林間錄》卷上亦云：「曹山本寂禪師耽章曰：『取正命食者，須具三種墮。』」「三種墮」，詳見下條注一。

〔三〕無記，梵語 avyakrta，三性之一。一切法可分為善、不善、無記等三性，無記即非善非不善者，因其不能記為善或惡，故稱無記。或謂無記者，因不能招感異熟果（善惡之果報），不能記異熟果，是故名為無記。

〔四〕非梵行，梵語 a-brahma-carya，巴利語 a-brahma-cariya，又作不淨行，意指行淫事。比丘、比丘尼犯此戒，將遭僧團擯逐，屬於四波羅夷罪之一。在家之淫戒，稱為邪淫戒；而非梵行戒乃出家之淫戒。

〔五〕《瑜伽師地論》曰死有三種一段，見《瑜伽師地論》卷一〈本地分中意地第二之一〉。

〔六〕黃蘗，見第四條注十一。

〔七〕三乘，梵語 trini yanani。即三種交通工具，喻運載眾生渡越生死至涅槃彼岸之三種法門：一、聲聞乘（梵 cravaka-yana），聞佛聲教而得悟道，故稱聲聞。其知苦斷集、慕滅修道，以此四諦為乘；二、緣覺乘（梵 pratyeka-buddha-yana），又作辟支佛乘、獨覺乘。觀十二因緣覺真諦理，故稱緣覺。始觀無明乃至老死，次觀無明滅乃至老死滅，由此因緣生滅，即悟非生非滅，乃以此十二因緣為乘；三、菩薩乘（梵 bodhisattva-yana），又作大乘（梵 maha-yana）、佛乘、如來乘。求無上菩提，願度一切眾生，修六度萬行，以此六度為乘。

〔八〕黃蘗曰一段，見《黃蘗禪師傳心法要》。

27. 不如曹山一「墮」字

不斷聲色墮、隨墮、尊貴墮。〔一〕

傳曰：《維摩經》曰：「為壞和合相故，應取食。〔二〕為不受故，應受彼食。以空聚想，入於聚落。所見色，與盲等；所聞聲，與響等；所齅香，與風等；所食味，不分別；受諸觸，如智證；知諸法，如幻相，無自性，無他性，本自不然，今則無滅。」〔三〕此不斷聲色墮所由立也。又曰：「須菩提，不見佛、不聞法，彼外道六師，富蘭那迦葉、末伽黎拘賒梨子、刪闍夜毘羅胝子、阿耆多翅舍欽婆羅、迦羅鳩馱迦旃延、尼揵陀若提子等，是汝之師，因其出家，彼師所墮，汝亦隨墮，乃可取食。」〔四〕此隨墮之所由立也。又曰：「謗諸佛，毀於法，不入眾數〔五〕，終不得滅度，汝若如是，乃可取食。」〔六〕此尊貴墮之所由立也。予嘗深觀曹山，其自比六祖〔七〕無所媿，以其蕩除聖、凡之情，有大方便。南泉〔八〕曰：「三世諸佛不知有，黧奴白牯〔九〕卻知有。」〔十〕乃不如曹山止言一墮字耳。

【注文】

〔一〕不斷聲色墮、隨墮、尊貴墮，《撫州曹山元證禪師語錄．三種墮》云：「師曰：『凡情聖見，是金鎖玄路，直須回互。夫取正命食者，須具三種墮：水牯牛、不受食、不斷聲色。』時稠布衲問：『水牯牛是甚麼墮？』曰：『披毛戴角，是沙門墮。』『不受食是甚麼墮？』曰：『是尊貴墮。』『不斷聲色是甚麼墮？』曰：『是隨類墮。』」案：「墮」本為戒律中輕垢罪之一；若犯此戒，或捨財物，或作懺悔，即得清靜，不然必墮惡趣，故云墮。而曹山此處則轉為「自由無礙」之意。披毛戴角之沙門墮，又作類墮，即投身迷界以救度眾生，不拘聖教位，亦不受沙門形式束縛，超越此限，而隨順境遇；不斷聲色之隨類墮，略稱隨墮，意指不執六塵，並超越知覺，而得自由無礙境界；不受食之尊貴墮者，蓋食為本分之事，本分乃本來面目、成佛當體；知有此本分之事，而不取不求，忘卻如此尊貴事、本分事，而得自由無礙之境界，名為尊貴墮。

〔二〕「為壞和合相故，應取食」者，佛家認為一切飲食皆由色、香、味等和合而成。比丘於飲食之間，亦當觀想萬法皆亦因緣和合，本不長久，故云：「為壞和合相故。」

〔三〕《維摩經》曰一段，見《維摩詰所說經》卷一〈弟子品第三〉。

〔四〕又曰「須菩提」一段，同注三。

〔五〕眾數，意即數度往返五趣輪迴者，乃外道十六知見之一，即「我」之異名，或單指「人」之意。

〔六〕又曰「謗諸佛」一段，同注三。

〔七〕六祖（六三八—七一三），即慧能，又作惠能。唐代僧，祖籍范陽（河北），俗姓盧，生於南海新興（廣東）。據《六祖法寶壇經．行由品》載，其父早亡，家貧，常採薪汲水以奉寡母。一日負薪至市，聞客讀誦《金剛經》，心即開悟，時五祖弘忍住蘄州（湖北）黃梅之東禪院，法門甚盛。乃前往拜謁，五祖試問其所來及欲求何物，答曰：「弟子是嶺南新州百姓，遠來禮師，惟求作佛，不求餘物。」五祖謂：「汝是嶺南人，又是獦獠，若為堪作佛？」慧能對曰：「人雖有南北，佛性本無南北，獦獠身與和尚不同，佛性有何差別？」五祖驚異其稟性非凡，遂使入碓房舂米，歷八月。一日，五祖令眾人各述一偈以傳衣授法，上座神秀遂於壁廊書偈曰：「身是菩提樹，心如明鏡臺，時時勤拂拭，勿使惹塵埃。」慧能聞知此偈未見本性，遂請人代於壁間亦書一偈曰：「菩提本無樹，明鏡亦非臺，本來無一物，何處惹塵埃？」五祖聞之，識其為真能傳大法者，乃夜召入室，潛授衣法，並遣其連夜南歸，隱於四會、懷集之間。儀鳳元年（六七六）至南海，遇印宗法師於法性寺，遂依之出家，受具足戒。翌年，移住於韶陽曹溪寶林寺，弘揚「直指人心，見性成佛」之頓悟法門。與神秀於北方所倡之漸悟法門相對，史稱「南頓北漸」、「南能北秀」。其弟子法海將其教說匯編成書，名《六祖法寶壇經》，盛行於世。後應刺史韋據之請，於大梵寺樹立法幢；未久歸曹溪，弘布大法，道俗歸崇。又曾捨宅為國恩寺，先天元年（七一二），命門人於寺內建報恩塔。翌年七月，歸返國恩寺，八月示寂，世壽七十六。嗣法弟子四十餘人中，以荷澤神會、南陽慧忠、永嘉玄覺、青原行思、南嶽懷讓等最著，開後世臨濟、曹洞等五家七宗之禪。遺錄有《六祖壇經》一卷、〈金剛經口訣〉等。《六祖壇經》初由法海集錄語要，後人多所節略，未能見其全貌。元代德異乃探求諸方，得其全文。至元二十八年（一二九一），宗寶重新校對三種異本，正其訛誤，詳其節略，增補弟子之請益機緣而予印行。參閱《佛祖統紀》卷二十九、《宋高僧傳》卷八、《景德傳燈錄》卷五、《五燈會元》卷一、《釋氏稽古略》卷三、《傳法正宗記》卷六。

〔八〕南泉普願（七四八—八三四），唐代僧。鄭州新鄭（河南開封新鄭）人，俗姓王。十歲受業於大隗山大慧，苦節篤勵，勤勉奮發。大曆七年（七七二），就嵩山會善寺暠律師受具足戒，研習法礪律師所唱創之相部律宗。未久，遊諸講肆，聽《楞伽》、《華嚴》等經，又通達《中論》、《百論》、《十二門論》之玄義。後參謁江西馬祖道一，有所省悟。貞元十一年（七九五），於池陽南泉山建禪宇，三十餘年不出山。太和（八二七—八三五）初，應眾請出山。由是學徒雲集，法道大揚。太和八年十二月二十五日示寂，世壽八十七。世稱南泉普願。有《語錄》一卷傳世。參閱《宋高僧傳》卷十一、《景德傳燈錄》卷八、《聯燈會要》卷四、《五燈會元》卷四、《佛祖歷代通載》卷二十二、《禪宗正脈》卷三。

〔九〕黧奴白牯，禪林用語。黧奴，又作狸奴、貍奴，貓類；白牯，白牛，均係無知之動物。禪宗多用以喻根機卑劣、不解佛法之人。《景德傳燈錄》卷十〈池州甘贄行者〉：「於南泉設粥云：『請和尚念誦。』南泉云：『甘贄行者設粥，請大眾為狸奴白牯念摩訶般若波羅蜜。』甘乃禮拜，便出去。」

〔十〕南泉一偈，見《五燈會元》卷四。

28. 真空不壞靈智性，妙用恆常無作功

唐．萬回和尚〔一〕偈曰：「明暗兩忘〔一本云黑白兩忘〕開佛眼，不繫一法出蓮叢。真空不壞靈智性，妙用恆常無作功。聖智本來成佛道，寂光非照自圓通。」〔二〕

傳曰：《首楞嚴》曰：「緣見因明，暗成無見，不明自發，則諸暗相永不能昏。」〔三〕夫不因明塵而自發，不為暗塵之所昏，則佛眼開矣。又曰：「餘塵尚諸學，明極即如來。」〔四〕夫以纖塵未盡，則未至等妙，所以貴不繫一法也。佛眼既開，則不受一法，然寂光非照。故首山〔五〕臨終偈曰：「白銀世界金色身，情與無情共一真。明暗盡時俱不照，日輪午後示全身。」〔六〕果午後泊然而化，黑白兩忘之效也。

【注文】

〔一〕萬回和尚（六三二—七一二），唐代僧，虢州閿鄉人（河南靈寶西北）。回幼時致兄書六千里外，朝往暮回，因號萬回。高宗時得度，武后垂拱四年，召入內道場，賜錦衣。長安二年，玄宗在藩邸，嘗私謁回，回撫其背曰：「五十年太平天子，可自愛。」中宗神龍二年，賜回號法雲公。睿宗景雲二年十月，詔回入宮，館於集賢院，令宮人給侍之。十二月忽求閿鄉河水，左右不可得，回曰：「穴堂前地可得也。」飲水畢，湛然而逝，世壽八十歲（《佛祖歷代通載》作七十四歲）。參閱《宋高僧傳》卷十八、《佛祖歷代通載》卷十二、《六學僧傳》卷三十、《神僧傳》卷七。

〔二〕萬回和尚一偈，見《宗鏡錄》卷十九〈答佛性與一切眾生共有〉。

〔三〕《首楞嚴》曰一段，《楞嚴經》卷四，佛告阿難云：「如彼世人聚見於眼，若令急合，暗相現前，六根黯然，頭足相類。彼人以手循體外繞，彼雖不見，頭、足一辯，知覺是同。緣見因明，暗成無見，不明自發，則諸暗相永不能昏。根、塵既銷，云何覺明不成圓妙？」

〔四〕「餘塵尚諸學」一偈，《楞嚴經》卷六偈頌云：「要以一機抽，息機歸寂然。諸幻成無性，六根亦如是。元依一精明，分成六和合。一處成休復，六用皆不成。塵垢應念銷，成圓明淨妙。餘塵尚諸學，明極即如來。」

〔五〕首山，即念法華，見第四條注三。

〔六〕首山臨終一偈，見《景德傳燈錄》卷十三〈汝州首山省念禪師〉。

29. 以分別故，墮三惡道

《淨業障經》曰：「佛告比丘：『一切諸法，本性清淨。然諸凡夫愚小無智，於無有法不知如故，妄生分別，以分別故，墮三惡道〔一〕。』」〔二〕

傳曰：如言「以分別故，墮三惡道」，則不分別，遂成無上佛果乎？曰不分別，則機關木偶耳，非能得道也。《維摩經》曰：「無我無造無受者，善惡之業亦不忘」〔三〕者，遮凡夫愚小墮增益損減謗，而密示無生之妙也。永嘉〔四〕曰：「誰無念？誰無生？若實無生無不生，喚取機關木人問，求佛施功早晚成。」〔五〕又曰：「了即業障本來空，未了應須償夙債。」〔六〕今推其效，以盡其執情，世間法：殺人者死，而怒波覆舟，舟人皆死，不聞水與風有罪。出世間法先論因果，故曰：「假使百千劫，所作業不忘。」〔七〕

而埜火燒山林，禽蟲皆死，而火亦速滅，不聞火受三惡道苦，可深思之。

【注文】

〔一〕三惡道，指地獄、餓鬼、畜生三惡趣。又作三塗、三途、三惡，乃眾生造作惡行所感得之痛苦世界。

〔二〕《淨業障經》曰一段，見《佛說淨業障經》卷一。

〔三〕《維摩經》一偈，見《維摩詰所說經》卷一〈佛國品第一〉。

〔四〕永嘉，見第五條注一。

〔五〕永嘉曰一段，見〈永嘉大師證道歌〉。

〔六〕「了即業障本來空」一偈，同注五。

〔七〕「所作業不忘」一句，「忘」當作「亡」。《根本說一切有部毘奈耶》卷六〈斷人命學處第三〉云：「假令經百劫，所作業不亡。因緣會遇時，果報還自受。」《大寶積經》卷五十七〈佛說入胎藏會第十四之二〉亦作「亡」。

30. 雪峰三句

雪峰禪師〔一〕函蓋乾坤句，截斷眾流句，隨波逐浪句。〔二〕

傳曰：宗師約法，以定綱宗，以簡偏邪，如雪峰三句。玄沙〔三〕嘗言之曰：「是汝諸人見有嶮惡，見有大蟲、刀、劍諸事來逼汝身命，便生無限怖畏。恰如世間畫師，自畫作地獄變相，畫大蟲、刀、劍了，好好地看著，卻自生怕怖，亦不是別人與汝為過，汝如今欲免此幻惑麼？但識取金剛眼睛，若識得，不曾教有纖塵可得露現，何處更有虎狼刀劍，解嗋嚇得汝。直至釋迦，如是伎倆，亦覓出頭處不得。所以我向汝道：沙門眼，把定世界，函蓋乾坤，不漏絲髮，何處更有一物為汝知見？如是出脫，如是奇特，何不究取？」〔四〕此函蓋乾坤句也；又曰：「鐘中無鼓響，鼓中無鐘聲。鐘鼓不交參，句句無前後。如壯士展臂，不借他力；如師子游行，豈求伴侶？」〔五〕此截斷眾流句也；又曰：「大唐國內宗乘〔六〕，未有一人舉倡。設有一人舉倡，盡大地人失卻性命，無孔鐵鎚〔七〕相似，一時亡鋒結舌去。汝諸人賴我不惜身命，共汝顛倒知見，隨汝狂意，方有申問處。我若不共汝與麼知聞去，汝向什麼處得見我？」〔八〕此隨波逐浪句也。

【注文】

〔一〕雪峰禪師（八二二—九〇八），即雪峰義存。唐代僧。泉州（福建）南安人，俗姓曾，號雪峰。九歲請出家未准，十二歲從父遊蒲田玉澗寺，拜慶玄律師為師，留為童侍。十七歲落髮，謁芙蓉山常照大師。唐宣宗中興佛教後，歷遊吳、楚、梁、宋、燕、秦，於幽州（河北）寶刹寺受具足戒。後至武陵德山（湖南常德）參謁宣鑒，承其法系。唐懿宗咸通六年（八六五）歸芙蓉山，十一年登福州象骨山，立庵興法。其山為閩、越勝景，未冬先雪，盛夏尚寒，故有雪峰之稱。寺初成，緇素雲集，眾每逾千五百人，僖宗賜號真覺大師，並紫袈裟一襲。開平二年五月入寂，世壽八十七。其法嗣以雲門文偃為最著，乃雲門宗之祖。參閱《宋高僧傳》卷十二、《景德傳燈錄》卷十六、《五燈會元》卷七。

〔二〕函蓋乾坤句，截斷眾流句，隨波逐浪句，此雪峰義存法嗣雲門文偃用以接化學人之三種語句。《五家宗旨纂要》卷下載：「雲門示眾云：『函蓋乾坤、目機銖兩、不涉萬緣，作麼生承當？』眾無語，自代云：『一鏃破三關。』」。「函蓋乾坤」意指絕對真理充塞天地，函蓋宇宙；「目機銖兩」乃言為斷除學人之煩惱妄想，應超越語言文字，於內心頓悟；「不涉萬緣」則為對參學者應機說法，活潑無礙之化導。後雲門之法嗣德山緣密承此三句之意，改其語為「函蓋乾坤」、「截斷眾流」、「隨波逐浪」，名為德山三句，廣為雲門宗所用，喚作「雲門劍」、「吹毛劍」。案：本條可與第八十七條「雲門宗有三句，謂：天中函蓋、目機銖兩、不涉世緣」同參。

〔三〕玄沙師備（八三五—九〇八），唐末五代僧。福州閩縣人，俗姓謝。幼憨黠，好垂釣，常泛舟自娛。唐．咸通（八六〇—八七三）初年，年屆三十始脫塵志，投芙蓉山靈訓禪師落髮。受具足戒後，行頭陀法，終日宴坐，人稱備頭陀。與法兄雪峰義存親近若師徒，同力締構，參學者眾。偶閱《楞嚴經》，發明心地，諸方請益者如水歸海。初住梅谿普應院，未久遷玄沙山，應機接物凡三十餘載，學侶八百餘人。時有閩帥王審知，事以師禮，曲盡殷勤，並奏賜紫衣，號宗一大師。梁．開平二年示寂，世壽七十四。有《玄沙師備廣錄》三卷傳世。參閱《宋高僧傳》卷十三、《景德傳燈錄》卷十八。

〔四〕玄沙嘗言一段，見《玄沙師備禪師廣錄》卷下〈上堂云是汝諸人見有嶮惡〉。

〔五〕又曰「鐘中無鼓響」一段，同注四。

〔六〕宗乘，即各宗所弘之宗義。《景德傳燈錄》卷十八〈玄沙師備〉、《敕修百丈清規》卷二〈嗣法師忌〉，及日僧道元《普勸坐禪儀》中，則謂一宗之極致為宗乘。此處之「乘」，同於大乘、小乘、一乘、三乘之乘，意為導致開悟之乘載物。

〔七〕 無孔鐵鎚，原指無柄之鐵槌，禪林用以譬喻欲引導眾生，卻無引導之法，猶如無孔不得加柄之鐵槌，全無著手處。或喻拘泥於言教，而失開悟之機緣。

〔八〕 又曰「大唐國內宗乘」一段，同注四。

31. 作善則善現，作惡則惡現

嵩山安國師〔一〕曰：「作善則善現，作惡則惡現，真心即隱沒。」〔二〕

傳曰：所言善現者，百丈〔三〕曰：「本有之性，不可名目。本來不是凡、不是聖、不是垢淨、亦非空有、亦非善惡，若與諸染法〔四〕相應，名天人二乘界。」〔五〕所言惡現者，《搜神記》曰：「蛇千年則能斷已復續。」〔六〕《淮南子》曰：「神蛇自斷其身，而自相續。」〔七〕隋煬帝遣使於嶺南瀕海窮山求此蛇。長三尺許，色錦文而似金，熟視微黑，解食肉而不毒。人欲令自斷，則觸之令怒若不勝憤，則輒斷而為三四，若刀截焉。其皮骨之理亦有血，怒定久，乃又相就，而相連續如故。隋．著作郎鄧隆曰：「此靈蛇也，能自斷，不必千歲。」〔八〕夫天人二乘界，例能他身飛升，善念增長之力也；蛇能自斷且千歲，惡念增長之力也。

【注文】

〔一〕 嵩山安國師（一五八二—七〇九），即慧安法師。唐代僧，荊州（湖北）支江人。俗姓衛，又稱老安、道安、大安，禪宗五祖弘忍十大弟子之一。其貌端雅，不染俗塵，修學法門，無不該貫。隋．大業（六〇五—六一六）年中，會集庶民開通濟渠，饑殍相望，安以乞得之食，救濟病困。唐．貞觀（六二七—六四九）年中，於黃梅山參謁五祖，遂得心旨。武后聖曆二年（六九九）某夜，風雨交加，安為嵩山神授菩薩戒。中宗神龍二年（七〇六），帝賜紫衣，尊以師禮，延入宮中，供養三載。景龍三年，辭歸嵩嶽少林寺，是年三月八日，閉戶偃身而入寂，世壽一二八。參閱《宋高僧傳》卷十八、《景德傳燈錄》卷四、《聯燈會要》卷三、《五燈會元》卷二。

〔二〕嵩山安國師曰一段，《萬松老人評唱天童覺和尚頌古從容庵錄》卷五〈法眼質名〉云：「安國師舉《金剛經》云：『應無所住』，無所住者，不住色、不住聲、不住迷、不住悟、不住體、不住用；『而生其心』者，則是一切處，則顯一心。若住善生心則善現；若住惡生心則惡現，本心則隱沒。若無所住，十方世界，唯是一心也。」

〔三〕百丈懷海（七二〇—八一四），唐代僧。福州長樂人，俗姓王（一說姓黃）。自幼即喜遊訪寺院，年二十，從西山慧照出家，後從南嶽法朝律師受具足戒。未久至廬江（四川）研讀經藏，適逢馬祖道一在南康弘法，乃傾心依附，遂得道一印可，因與西堂智藏、南泉普願同入室，時稱三大士。後出主新吳（江西奉新）百丈山，自立禪院，制訂清規，率眾修持，實行僧團之農禪生活，嘗曰：「一日不作，一日不食。」元和九年入寂，世壽九十五。敕謚大智禪師，塔號大寶勝輪。座下以黃檗希運、溈山靈祐居首。所訂清規，世稱百丈清規，天下叢林無不奉行，為禪宗史上劃時代之功績。宋儒仿效而創立書院，元、明、清三朝，更以書院為鄉學，充作養士之所，皆出自此。參閱《敕修百丈清規》卷上〈住持章〉、《宋高僧傳》卷十、《景德傳燈錄》卷六。

〔四〕染法，染污法之略稱，又作煩惱、隨煩惱。意指與無明相應，而能染污善心、淨心之法。諸染污之法，即有罪、有覆之法，故為諸智者所訶。

〔五〕百丈曰一段，見《百丈廣錄》卷三〈問對一境如何得心如木石去〉。

〔六〕《搜神記》曰一語，《搜神記》卷十二云：「千歲之狐，起為美女；千歲之蛇，斷而復續；百年之鼠，能而相卜：數之至也。」

〔七〕《淮南子》曰一語，《淮南子》卷十六〈說山篇〉云：「神蛇能斷而復續，而不能使人勿斷也；神龜能見夢元王，而不能自出漁者之籠。」

〔八〕《搜神記》曰至鄧隆曰一段，見《太平廣記》卷四五七〈隋煬帝〉。

32. 一念緣起無生，超彼三乘權學等見

《法華經》曰：「無上兩足尊[一]，知法常無性。佛種從緣起，是故說一乘[二]。」[三]

傳曰：永明[四]曰：「緣起佛種者，報身佛，非法身佛也[五]。」[六]不知永明何所據依而為此言。經以一乘為言，則寧當分別法、報身乎？所謂是法住法位者，馬鳴[七]所言「隨順世間種種知故」[八]，世間之相既曰種種，則非以本自無性，而皆從緣起何哉？知其緣起而無生，即是佛種。所謂世間相常住者，馬鳴所言「一切法常靜，無有起相」[九]。予童子時，聞三峰艶禪師[十]誦迦葉波[十一]偈曰：「諸法從緣生，諸法從緣滅。我師大沙門，常作如是說。」[十二]心曉然愛之。既落髮，游方學道，讀棗柏[十三]《論》曰：「有作之法，難成隨緣，無作易辦。作者勞而無功，不作隨緣自就。無功之功，功不 棄；有功之功，功皆無常。多劫積修，終歸敗壞。一念緣起無生，超彼三乘權學等見。」[十四]於是頓見迦葉波說偈之意。

維摩謂文殊師利曰：「不來相而來，不見相而見。」文殊師利曰：「如是，居士！若來已更不來，若去已更不去。所以者何？來者無所從來，去者無所至去，可見者更不可見。」〔十五〕與《法華》同旨也。

【注文】

〔一〕兩足尊，梵名 Dvipadottama，巴利名 Dvipada-settha。又作無上兩足尊、二足尊。為佛之尊號，因佛具足三十二相、八十種好，成就盡智、無生智等無漏之無學法，及十力、四無畏等諸不共法，故此尊號有二義，即：一者於天、人之中，所有兩足生類中之最尊貴者；二者以兩足喻為權實、戒定、福慧、解行等，佛即具足此兩足，而遊行法界，無所障礙。

〔二〕一乘，即佛乘。「乘」乃載運之義，佛說一乘之法，為令眾生依此修行，出離生死苦海，運至涅槃彼岸。佛之出世，意欲直說《法華》，蓋因眾生根機不等，於是先說三乘之法而調熟之，於一乘道分別說三，後至《法華》時，會三乘之小行，歸廣大之一乘。

〔三〕《法華經》曰一偈，見《妙法蓮華經》卷一〈方便品第二〉。

〔四〕永明，見第十一條注二。

〔五〕佛有「報身」、「法身」、「應化身」三身。報身者，即酬報因位無量願行之報果，為萬德圓滿之佛身。亦即菩薩初發心修習，至十地之行滿足，酬報此等願行之果身，名為報身。如阿彌陀佛、藥師如來、盧舍那佛等，皆為報身佛；法身者，意指佛所說之正法、佛所得之無漏法，及佛之自性真如如來藏。大乘則除此之外，別以佛之自性真如淨法界，名為法身，謂法身即無漏無為、無生無滅；應化身則指自真體變現之身貌。

〔六〕永明曰一段，《宗鏡錄》卷四十八云：「問：『佛種從緣起者，即是熏習義。約法、報、化三身中，是何佛種從緣起？』答：『是報身佛。由熏成故，以智為種。法身是無為斷惑所顯，不從種子生。以法報具足，能起化現，即化身是法報之用。唯報佛性，即是一切眾生聞熏種子。』」

〔七〕馬鳴菩薩（約一〇〇—一六〇），梵名 Acvaghosa，《景德傳燈錄》載其為西天第十二祖，佛教詩人。中印度舍衛國娑枳多城人，與貴霜王朝迦膩色迦王相善。出身婆羅門家族，初習外道法，後與脅尊者對論，深有所感而皈依佛門，受菩薩稱號。博學三藏，明達內外典，著《佛所行讚》（梵 Buddhacarita），演說佛陀事蹟。復以難陀故事（難陀斷卻美妻之愛著，最後成為大乘佛教徒）為經緯，襯托以美詩，即《孫陀羅難陀詩》（梵 Saundarananda-kavya）。其它著作有《大乘莊嚴經論》、《金剛針論》、《犍椎梵讚》等。後秦鳩摩羅什譯《馬鳴菩薩傳》一卷，述其生平事蹟。參閱《馬鳴菩薩傳》、《雜寶藏經》卷七、《付法藏因緣傳》卷五。

〔八〕「隨順世間種種知故」者，《大乘起信論》云：「無明義者，名為智礙，能障世間自然業智故。此義云何？以依染心能見能現，妄取境界，違平等性故。以一切法常靜，無有起相，無明不覺，妄與法違故，不能得隨順世間一切境界種種智故。」

〔九〕馬鳴「所言一切法常靜」，同注八。

〔十〕三峰艷禪師，生平不詳。惠洪幼時曾依其為童子。《續傳燈錄》卷二十二〈筠州清涼德洪禪師〉云：「禪師字覺範，郡之新昌喻氏子，年十四，父母併月而歿，去依三峰靚禪師為童子。」惠洪《冷齋夜話》卷六有〈靚禪師化人題壁〉一則。

〔十一〕迦葉波，梵名 Ka^s/yapa，又作迦葉、迦攝、迦攝波，譯曰飲光，參閱第四條注九。

〔十二〕迦葉波偈，見《大乘集菩薩學論》卷二十五〈念三寶品第十八〉。

〔十三〕棗柏，見第十七條注一。

〔十四〕棗柏《論》曰一段，見《新華嚴經論》卷一〈淨土莊嚴別〉。

〔十五〕維摩謂文殊師利一段，見《維摩詰所說經》卷二〈文殊師利問疾品第五〉。

33. 但起無明，空成倒想

清涼國師〔一〕答復禮法師〔二〕所問〈真妄偈〉曰：「本淨本不覺，由茲妄念起。能迷非所迷，安得長相似。」〔三〕

傳曰：圓覺會上，金剛藏菩薩所問世界始終生滅，前後有無之故，而世尊先令息滅妄心，淨諸業障。菩薩所問：「一切眾生，本性清淨，云何染汙？」而世尊但曰：「為有我、人、眾生，及與壽命。」終不明告其所以然。〔四〕清涼言「本淨本不覺」，則含其無性之旨，深得世尊法施之式。何以知之？《大經疏》曰：「一切法有二：一是所迷，謂緣起不實，故如幻也；緣成，故無性也。二是能迷，謂遍計無物〔五〕，故如空也；妄計，故無相也。」〔六〕「又以不覺，故不知有，以不信，故不承當，但起無明，空成倒想耳。」〔七〕

【注文】

〔一〕清涼國師（七三八—八三九），唐代僧，華嚴宗第四祖。越州山陰（浙江紹興）人，俗姓夏侯，字大休，號清涼國師、華嚴菩薩、華嚴疏主。十一歲依寶林寺霈禪師出家，十四歲得度。乾元元年（七五八）以後依潤州（江蘇）棲霞寺醴律師學相部律，又依本州曇一律師學南山律，詣金陵玄壁學鳩摩羅什所譯《三論》。後謁牛頭山惟忠、徑山道欽等，究學南宗禪法；復見慧雲，學北宗禪法。此外並兼通《吠陀》、五明、祕咒儀軌、經、傳、子、史之學，而尤重法藏之教學。大曆十一年，遊五臺山、峨嵋山，後返居五臺山大華嚴寺，專修方等懺法。嘗講《華嚴》宗旨於大華嚴寺、崇福寺、名震京國，聲達帝聽。貞元十二年（七九六）應德宗之召入長安，與罽賓三藏般若共譯烏荼國王貢獻之《四十華嚴經》。進之於朝，奉敕奏對《華嚴》要義，帝大悅，賜紫袍及教授和尚之號；貞元十五年德宗聖誕，召入內殿，闡揚《華嚴》宗旨，帝朗然覺悟，謂「能以聖法清涼朕心」，遂賜號清涼國師。開成四年示寂，世壽一〇二（一說元和年中示寂，壽七十餘）。身歷九朝，先後為七帝講經，弟子有宗密、僧叡、法印、寂光，其他得法者凡百餘人。著作頗多，有《大方廣佛華嚴經疏》六十卷、《隨疏演義鈔》九十卷、《華嚴經綱要》三卷、《五蘊觀》、《三聖圓融觀門》等三十多種。參閱《宋高僧傳》卷五、《釋門正統》卷八、《佛祖統紀》卷二十九、《佛祖歷代通載》卷十八至卷二十、《釋氏稽古略》卷三、《六學僧傳》卷六、《指月錄》卷二、《禪苑蒙求》卷中。

〔二〕復禮法師，唐代僧。京兆（陝西）人，俗姓皇甫，生卒年不詳。年少出家，住於大興善寺。曾隨地婆訶羅、實叉難陀等譯出經典。高宗永隆二年（六八一），太子文學權無二對佛教提十條質疑，於是撰〈十門辯惑論〉答之，權無二遂折服，而為其弟子。另著〈真妄頌〉，以論真心、妄心之別，並徵當代諸師作答。參閱《宋高僧傳》卷十七。

〔三〕案：清涼國師答復禮法師「本淨本不覺，由茲妄念起。能迷非所迷，安得長相似。」前二句係宗密所作。《宗鏡錄》卷五云：「故復禮法師問天下學士〈真妄偈〉云：『真法性本淨，妄念何由起。從真有妄生，此妄安可止。無初即無末，有終應有始。無始而無終，長懷懵茲理。願為開玄妙，析之出生死。』澄觀和尚答云：『迷真妄念生，悟真妄則止。能迷非所迷，安得全相似。從來未曾悟，故說妄無始。知妄本自真，方是恒常理。分別心未亡，何由出生死。』……復禮正問此義，諸師所答，但說無垢染耳。唯觀和尚所答，約真如不變，不礙隨緣，方為契當。今宗密試答曰：『本淨本不覺，由斯妄念起。知真妄即空，知空妄即止。』」查惠洪《林間錄》卷上載記，亦與《宗鏡錄》同，故知此處記誦誤。

〔四〕金剛藏菩薩所問世界始終生滅一段，見一卷本《大方廣圓覺修多羅了義經》。

〔五〕遍計無物者，唯識宗主張凡夫於妄情上，遍計依他起性之法，乃產生「實有我」、「實有法」之妄執性，名為遍記所執性。由此一妄執性所現之相，僅能存於妄情中，而不存於實理之中，故稱「情有理無」之法、「體性都無」之法。此種分別計度之妄執性，乃周遍於一切境者，故以「遍計」名之。

〔六〕《大經疏》曰一段，見《大方廣佛華嚴經疏》卷六。

〔七〕「又以不覺」一段，見《宗鏡錄》卷二十〈答智論云眾生心性〉。

34. 自疑當斷

柬柏〔一〕曰：「〈十定品〉法門，其定名入剎那際，〔二〕如三乘〔三〕說，八十生滅為一剎那；八十剎那為一念，此明三乘說。如此一乘〔四〕，但以剎那是極短促，思慮不及之故，終不別論有生滅。明如來出世，始終不離剎那際。」〔五〕「為一乘道理情解，有以情解者，疑網不除，且信佛語，自疑不斷。」〔六〕

傳曰：溈山〔七〕問香嚴〔八〕曰：「我不問汝經論義理種種知見，汝但向父母未生前道取一句。」香嚴曰：「和尚替我道。」溈山曰：「道得即是我三昧，於汝何益！」於是香嚴泣辭溈山，曰：「畫餅不可充飢，今生不復學識，且作箇長行粥飯僧。」遂去止南陽，菴以休息焉。久之，一日糞除瓦礫擊竹，笑曰：「溈山大慈，恩踰父母。當日若為我說卻，何處有今日！」如香嚴，乃可稱自疑已斷。〔九〕

【注文】

〔一〕棗柏，見第十七條注一。

〔二〕〈十定品〉法門，其定名入刹那際者，《大方廣佛華嚴經》卷四十二〈十定品〉云：「佛子：『菩薩摩訶薩，雖能於定，一念入出，而亦不廢長時在定，亦無所著。雖於境界，無所依住，而亦不捨一切所緣。雖善入刹那際，而為利益一切眾生，現佛神通，無有厭足。』」

〔三〕三乘，見第二十六條注七。

〔四〕一乘，見第三十二條注二。

〔五〕棗柏曰一段，見《新華嚴經論》卷八〈第八會在普光明殿〉。

〔六〕「為一乘道理情解」一段，見《新華嚴經論》卷四。

〔七〕溈山，見第四條注十三。

〔八〕香嚴智閑（？—八九八），唐代僧。青州（山東益都）人，生年不詳。初從百丈懷海出家，後謁溈山靈祐禪師，不契，泣涕辭去。偶於山中芟草，聞瓦礫擊竹作聲，廓然有省，乃悟溈山祕旨，因嗣其法（參見第四條注五）。住於鄧州（河南）香嚴山，化法大行，淨侶千餘人，後世稱為香嚴禪師。生性嚴謹，語喜簡直，有偈頌二百餘首，諸方盛行，後敕謚襲燈大師。參閱《景德傳燈錄》卷十一、《宋高僧傳》卷十三。

〔九〕溈山問香嚴一事，見《潭州溈山靈祐禪師語錄》卷一〈師一日問香嚴〉。

35. 一切聖賢皆以無為法而有差別

雲居宏覺禪師〔一〕。僧問：「如何是沙門所重？」宏覺曰：「心識不到處。」〔二〕

傳曰：洞上〔三〕宗旨，語忌十成〔四〕。十欲犯，犯則謂之觸諱，如〈五位〉〔五〕曰：「但能不觸當今諱，也勝前朝斷舌才。」〔六〕宏覺蓋洞山〔七〕之高弟也，而所答之語如此，豈非觸諱乎？曰：「東坡最能為譬，嘗曰：『以吾之所知，推至其所不知。嬰兒生而導之言，稍長而教之書。口必至於忘聲而後能言，手必至於忘筆而後能書，此吾之所知也。口不能忘聲，則語言難於屬文；手不能忘筆，則字畫難於刻雕。及其相忘之至，則形容心術，酬酢萬物之變，忽然而不自知也。』〔八〕夫不犯諱，忌十成者，法也。宏覺不忘法，何以能識宗？《金剛般若》曰：『一切賢聖皆以無為法〔九〕而有差別。』〔十〕覺以之。」

【注文】

〔一〕雲居宏覺禪師（？—九〇二），唐代僧，又作雲居弘覺，世稱雲居道膺禪師。幽州（河北）薊門玉田人，俗姓王。幼伶俐，年二十五，於范陽（河北涿縣）延壽寺受具足戒。初修小乘戒律，後參學洞山良价，並嗣其法。一日，洞山問：「大闡提人殺父、害母、出佛身血、破和合僧，如是種種，孝養何在？」答曰：「始得孝養。」洞山因而許之為門下弟子之領袖。初住三峰庵，後入洪州（江西）雲居山，宣揚大法，住三十餘年，道遍天下，徒眾多至一千五百人。天復二年一月三日示寂，敕謚弘覺禪師。參閱《景德傳燈錄》卷十七、《祖堂集》卷八、《宋高僧傳卷》十二。

〔二〕僧問「如何是沙門所重」一段，見《景德傳燈錄》卷十七〈洪州雲居道膺禪師〉。

〔三〕洞上，係洞山良价所倡之禪宗，亦用以指曹洞宗。因相對於末師末流而言，故稱洞上。

〔四〕語忌十成，《人天眼目》卷三〈洞山功勳五位(并頌)〉云：「『如何是共功？』師曰：『不得色。』又曰：『素粉難沈跡，長安不久居』（大慧云：『共功，謂法與境敵。答不得色，乃法與境不得成一色，正用時是顯無用底，無用即用也。若作一色，是十成死語。洞山宗旨，語忌十成。故曰不得色，乃活語也。』）」

〔五〕〈五位〉，即〈洞山五位頌〉。一般認為係由洞山頌出，然〈洞山五位顯訣〉編者慧霞則謂：「先曹山本寂禪師逐位頌并註別揀。」依其意，則頌應為曹山所作。五位者，即：正中偏、偏中正、正中來、偏中至、兼中到。所謂「正」，為兩儀中之陰，即意味靜、體、空、理、平等、絕對、本覺、真如等；「偏」則為陽，意味動、用、色、事、差別、相對、不覺、生滅等。即說偏正回互，而生正、中、偏等五位之別，以顯示法之德用自在，此乃開悟過程之五階段。

〔六〕〈五位〉曰一偈，〈洞山五位頌〉云：「正中偏，三更初夜月明前，莫怪相逢不相識，隱隱猶懷舊日嫌。偏中正，失曉老婆逢古鏡，分明覿面別無真，休更迷頭猶認影。正中來，無中有路隔塵埃，但能不觸當今諱，也勝前朝斷舌才。兼中至，兩刃交鋒不須避，好手猶如火裏蓮，宛然自有沖天志。兼中到，不落有無誰敢和？人人盡欲出常流，折合還歸炭裏坐。」所謂「正中來」者，蓋此一階段不再知覺身心之存在，二者皆泯滅無餘，即本體已達無念之境，應萬象之差別，變現出沒自在之妙用。其頌曰：「無中有路隔塵埃，但能不觸當今諱，也勝前朝斷舌才。」首句之「無中」為正位，「有路」為來偏，即空無物之「體」、「相」回互，能成色相、有相之活路，以示佛、凡尚隔之相；次句謂其正位之「說有說無」皆不中，若背觸之則失其本意；末句則謂不觸之功是為天真，在於潛行密用之隱微間，以顯示有語中之無語、無語中之有語，即指無始之本覺佛性如來藏心之意。

〔七〕洞山（八〇七—八六九），曹洞宗之祖。唐代越州會稽（浙江會稽）人，俗姓俞。幼從師誦《般若心經》，以無根、塵之義問其師，其師駭然，即指往五洩山禮靈默禪師披剃。年二十一，詣嵩山受具足戒，尋謁南泉普願，深領其旨。又訪溈山靈祐，參「無情說法」之公案，不契。受指示詣雲巖曇晟，問「無情說法」之義，辭歸時，涉水睹影，大悟前旨。後嗣雲巖之法，於江西洞山弘揚佛法，倡五位君臣說，門風頗振。世壽六十三，法臘四十二，敕謚悟本禪師。其嗣法弟子有雲居道膺、曹山本寂、龍牙居遁、華嚴休靜、青林師虔等二十餘人。與本寂法系合稱曹洞宗。著有〈寶鏡三昧歌〉、〈玄中銘〉、《洞山語錄》等。參閱《瑞州洞山良价禪師語錄》、《宋高僧傳》卷十二、《景德傳燈錄》卷十五。

〔八〕東坡曰一段，見《東坡全集》卷三十〈虔州崇慶禪院新經藏記〉。

〔九〕無為法，係指離因緣造作之法，《四十二章經》云：「解無為法，名曰沙門。」

〔十〕《金剛般若》曰一語，見一卷本《金剛般若波羅蜜經》。

36. 稟明於心，不假外也

提婆〔一〕曰：「稟明於心，不假外也。」〔二〕

傳曰：提婆菩薩，博識強記，才辯絕倫，名震五天〔三〕，然猶以人不信用其言為憂。天竺有大自在天人〔四〕，身真金色，高二丈，人有所求，皆如所願。提婆造廟見之，萬眾隨入，像果瞬視若怒，提婆曰：「神則神矣，何其小哉！正當以威靈感人，智德化物。而假金為軀，玻璃為目以妖世，非所望也。」即梯其肩，鑿出目睛，觀者疑之，曰：「大自在天乃為一小婆羅門所折困耶？」提婆曉人曰：「神明遠大，故以近事試我。我得其心，故敢爾也。」於是辦供。是夜大自在天降以受之曰：「汝得我心，人得我形。汝以心供，人以質饋。知而敬我者汝；畏而誣我者人。然汝供甚美，但乏我所欲。」提婆曰：「神須何物？」大自在天人曰：「我缺左目，能施我乎？」提婆笑，即出自己目與之，愈出而愈不竭。自旦及暮，出目睛數萬，神讚曰：「善哉摩衲〔五〕！真上施也，欲何所求？」提婆曰：「我稟明於心，不假外也。」〔六〕予嘗笑提婆顛倒，既曰「稟明於心，不假外也」，則亦安用求神，欲人信用其言乎？方曰「不假於外」而求神，如醉夫謂人曰「吾平生不解飲也」。

【注文】

〔一〕提婆，梵名 Kana-deva，意譯作單眼提婆，又稱聖提婆、聖天，《景德傳燈錄》載其為禪宗西天第十五祖。三世紀時人，南天竺婆羅門出身，或謂執師子國人。博識淵覽、才辯絕倫。初謁龍樹，龍樹令弟子以滿鉢水置於前，提婆即以一針投入水中，兩人欣然契合。出家為龍樹弟子，以智辯著稱，後遊歷印度各地，大振破邪之劍，調伏外道，度人百餘萬。後以構怨，為外教之徒所刺，遺偈：「諸法本空，無我我所；無有能害，亦無受者。」著有《百論》二卷、《廣百論本》一卷等。參閱《寶林傳》卷三、《祖堂集》卷一、《景德傳燈錄》卷二、《提婆菩薩傳》、《佛祖歷代通載》卷五、《付法藏因緣傳》卷六、《出三藏記集》卷十二。

〔二〕提婆曰一語，見《提婆菩薩傳》。

〔三〕五天，即五天竺。中古時期，印度分東、西、南、北、中五域，名五天竺，又稱五印度，略稱五天、五印、五竺。《大唐西域記》卷二云：「五印度之境，周九萬餘里，三垂大海，北背雪山。北廣南狹，形如半月，畫野區分七十餘國。」

〔四〕大自在天人，梵名 Mahecvara，巴利名 Mahissara。音譯作摩醯首羅、莫醯伊濕伐羅，又作自在天、自在天王、天主。傳說為嚕捺羅天（梵 Rudra）之忿怒身，因其居住地之不同，又有商羯羅（梵 Camkara）、伊舍那（梵 Icana）等異名。此天原為婆羅門教之主神濕婆，謂此天乃一切萬物之主宰者，又司暴風雷電，凡人間所受之苦樂悲喜，悉與此天之苦樂悲喜相一致。故此天喜時，一切眾生均得安樂；此天瞋時，則眾魔現，國土荒亂，一切眾生均隨其受苦；若世界毀滅時，一切萬物將歸入大自在天中。此蓋為大自在天神格之表現；然除殺傷、暴惡等性格之外，此天亦具有救護、治療之性格，而以吉祥神之面貌出現。初時，此天與那羅延天同列於梵天之下。其後，其神位漸次升高，而成最高神格。其體常住，遍滿宇宙，而有「以虛空為頭，以地為身」之泛神論之神格。參閱第一條注六「摩醯首羅」。

〔五〕摩衲，梵語 manava 或 manavaka。又作摩納縛迦、摩納婆、摩那婆。意譯為儒童、少年、仁童子、年少、年少淨行、淨持。又特指婆羅門之青年而言。

〔六〕提婆鑿大自在天人目一事，見《提婆菩薩傳》。

37. 從緣薦得相應疾，就體消停得力遲

曹山本寂禪師〔一〕偈曰：「從緣薦得相應疾，就體消停得力遲。瞥起本來無處所，吾師暫說不思議。」〔二〕

傳曰：予以是觀之，千聖皆稱此一念之心起時了不可得，是真不思議也。離則決定無別殊勝，故如是了知，豈不疾乎？《華嚴經》曰：「以少方便，疾成菩提。」〔三〕曰：然則學者何為而不信耶？曰：如竹林善會禪師〔四〕為道吾〔五〕發之，以見船子〔六〕，言下省悟，既去而回顧，船子笑曰：「這漢疑我別有也。」於是覆其舟。〔七〕蓋信力尚微，未大通透故耳。

【注文】

〔一〕曹山本寂禪師，見第二十六條注一。

〔二〕曹山偈曰，見《撫州曹山本寂禪師語錄》卷上〈示學人偈曰〉。

〔三〕《華嚴經》曰一段，《大方廣佛華嚴經》卷四十三〈離世間品第三十三之一〉云：「佛子！此《經》出生一切菩薩諸行功德深妙義華，深入智慧，攝一切法門。遠離世間、聲聞、緣覺一切眾生所不共法，悉能普照一切法門，長養善根，度脫眾生。是故菩薩摩訶薩，應一心聽受，護持此經。若菩薩摩訶薩，受持此經，則能出生一切諸願，以少方便，疾得阿耨多羅三藐三菩提。」

〔四〕案：竹林善會應改為鶴林善會。善會禪師（八〇五—八八一），唐代禪僧。廣州峴亭人，俗姓廖，九歲於潭州（湖南長沙）龍牙山剃度，二十歲受具足戒。未久，往江陵，專研經論，又至禪會處參學。初住潤州京口（江蘇鎮江）之鶴林寺，時值關南道吾來，與之相互問答，大有所得，即依道吾之勸，赴秀州（江蘇）華亭縣，參謁船子德誠，師資道契，遂嗣其法。唐懿宗咸通十一年（八七〇），居湖南澧州之夾山，大揚禪風。僖宗中和元年十一月七日示寂，世壽七十七，敕諡傳明大師。參閱《景德傳燈錄》卷十五、《聯燈會要》卷二十一、《佛祖歷代通載》卷十七、卷二十四、《五燈會元》卷五、《釋氏稽古略》卷三、《五燈嚴統》卷五。

〔五〕道吾（七六九—八三五），唐代僧。豫章（江西）海昏人，俗姓張，世稱道吾圓智，《五燈會元》卷五謂之宗智。幼時依涅槃和尚出家，後投藥山惟儼門下，得其心印而嗣其法。歷訪諸山，至潭州（湖南長沙）道吾山，大振禪風。唐．太和九年示寂，世壽六十七，諡號修一大師。參閱《祖堂集》卷五、《聯燈會要》卷十九、《景德傳燈錄》卷十四。

〔六〕船子和尚，唐代禪僧。生卒年不詳，名德誠，隨侍藥山惟儼三十年，並嗣其法。後至華亭，泛小舟隨緣接化往來之人，世稱船子和尚。傳法予夾山善會後，自覆舟而逝。其傳法於夾山善會之因緣，禪林名為「船子得鱗」。鱗者，係指有金色鱗之魚，喻眾中之大力者。船子雖得藥山之法，然以性好山水，而致日久仍無嗣法弟子以報師恩，後因道吾而得夾山善會，善會並從師之問答，教示而得開悟，後蒙印可，成為嗣法弟子。參閱《祖堂集》卷五、《景德傳燈錄》卷十四、《釋氏稽古略》卷三。

〔七〕善會見船子一事，見《景德傳燈錄》卷十四〈華亭船子和尚〉。

【寂音尊者智證傳卷之四】

38. 龍女轉身成佛

《法華經》曰：「爾時龍女有一寶珠，價值三千大千世界，持以上佛，佛即受之。龍女謂智積菩薩、尊者舍利弗言：『我獻寶珠，世尊納受，是事疾不？』答言：『甚疾。』女言：『以汝神力，觀我成佛，復速於此。』當時眾會，皆見龍女忽然之間，變成男子，具菩薩行。即往南方無垢世界，坐寶蓮華，成等正覺。」〔一〕

傳曰：棗柏曰：「此義如《華嚴經》所說即不然，但使自無情見，大智踰明，萬法體真，無轉變相。如《維摩經》舍利弗謂天女曰：『何故不轉女身？』天女謂舍利弗：『我十二年來求女身相了不可得，當何所轉？』〔二〕菴提遮女謂舍利弗：『自男生我女，當知萬法，本自體如，有何可轉？』〔三〕如〈入法界品〉善財童子善知識，文殊、普賢、比丘、比丘尼、長者、童子、優婆夷、童女、仙人、外道，五十三人，各各自具菩薩行，自具佛法，隨諸眾生，見身不同，不云有轉。若以法眼觀，無俗不真；若以世間肉眼觀，無真不俗。以《法華經》對權教〔四〕三根〔五〕，見未盡者令我信種，且將女相速轉成佛，令生奇特，方始發心，趣真知見，不堪本法，而起善根。此明且引三權令歸一實，又破彼時劫定執三僧祇〔六〕，令於剎那，證三世性。本來一際，無始無終，稱法平等。裂三乘之見網，撤菩薩之草菴，令歸法界之門，入佛真實之宅。故令龍女成佛，明非過去久修。年始八歲，又表今非舊學。轉女時分，不踰剎那；具行佛果，無虧毫念。法本如是，自體無時，權學三根，自將見隔。迷自實法，反稱為他；

不知躬己，本事如斯。全處宅中，猶懷滯見，云何界外，懸指僧祇。此見不離，定乖永劫。回心見謝，方始舊居。何如今時，滅諸見業，徒煩多劫，苦困方回。如《華嚴經》法界緣起門，明凡聖一真，猶存見隔，見存即凡，情亡即佛。稱性緣起，俯仰進退，屈伸謙敬，皆菩薩行，無有一法可轉變相，有生住滅，故不同龍女轉身成佛。」[七]予以謂龍旁生[八]；女有五障[九]；八歲非久積功力；忽然之頃，非歷塵劫，乃化而成佛者，超越諸趣[十]，脫離業果，凌跨十世，猛利成就之象也。不欲正言，故以象示，意使學者自悟耳。便以為實法，較兩經而優劣之，其可哉？然則方等深經，有正言之者乎？曰：「《首楞嚴》曰：『金剛王寶覺，彈指超無學[十一]。』[十二]《華嚴》曰：『超諸方便成十力[十三]』[十四]是也。」

【注文】

〔一〕《法華經》曰一段，見《妙法蓮華經》卷四〈提婆達多品第十二〉。

〔二〕舍利弗謂天女一段，見《維摩詰所說經》卷二〈觀眾生品第七〉。

〔三〕菴提遮女謂舍利弗一段，《佛說長者女菴提遮師子吼了義經》卷一云：「舍利弗復問其女曰：『汝之智慧辯才若此，佛所稱歎，我等聲聞之所不及，云何不能離是女身色相？』其女答曰：『我欲問大德，即隨意答我。大德！今現是男不？』舍利弗言：『我雖色是男，而心非男也。』其女言：『大德！我亦如是。如大德所言，雖在女相，其心即非女也。』……爾時菴提遮以偈頌曰：『若心得久離，畢竟不生見。誰為作女人，於色起不淨。若論色久離，法本不自有。畢竟不曾污，將何為作惡。嗚呼今大德，徒學不能知。自男生我女，豈非妄想非。悔過於大眾，於法勿生疑。我上所言說。是佛神力持。』」

〔四〕權教，謂權假方便未了義之教。佛陀順應眾生之根機而方便說法，此乃隨他意所說者，故稱「隨他權教」，為「隨自實教」之對稱。又以權、實二教配於各宗宗旨，則俱舍、成實、法相、三論屬權教，而華嚴、天台、真言、淨土、禪則屬實教。

〔五〕三根，又作三輩。眾生根性有上、中、下三等，名為三根。《摩訶止觀》卷六下云：「下根斷惑盡，方能出假。佛於《法華》中破其取涅槃心，勸發無上道，起方便慧……。中根者斷見惑已，生死少寬，思任運斷……。上根者，初心聞慧即能體達見思即空。」

〔六〕阿僧祇，見第二十四條注一。菩薩修行成滿至於佛果，需經歷三大阿僧祇劫。

〔七〕棗柏曰一段，見《新華嚴經論》卷一〈七龍女轉身成佛別者〉。

〔八〕旁生，即指畜生。上自龍獸禽畜，下及水陸昆蟲，皆是業輪惡趣，非人、天之正道，故名旁生。

〔九〕五障，乃女身修道之五種障礙：一者不得作梵天王。梵天於因中修持善戒，得獲勝報而為天王。若女人身器欲染，則不得作梵天王；二者不得作帝釋。帝釋勇猛少欲，修持善戒，報為天主。若女人雜惡多欲，則不得作帝釋；三者不得作魔王。魔王於因位十善具足，尊敬三寶，孝奉二親，報生欲界他化自在天而作魔王。若女人輕慢嫉妒，不順正行，則不得作魔王；四者不得作轉輪聖王。轉輪聖王於因中行十善道，慈愍眾生，報作輪王。若女人無有慈愍淨行，則不得作轉輪聖王；五者不得作佛。如來行菩薩道，愍念一切，心無染著，乃得成佛。若女人之身、口、意業受情欲纏縛，則不得作佛。

〔十〕諸趣，眾生所往之國土，名為趣。諸趣，即總稱天、人、阿修羅、畜生、餓鬼、地獄等六趣。《楞伽經》卷四云：「墮生死海諸趣曠野，如汲井輪。」

〔十一〕無學，梵語acaiksa，為「有學」之對稱。雖知佛法義理，但未斷惑，尚有所學者，稱為有學。相對於此，無學意指已達佛法極致，無迷惑可斷，亦無法可學者。聲聞乘四果中之前三果為有學，第四阿羅漢果為無學，此處當指阿羅漢而言。

〔十二〕《首楞嚴》曰一偈，《楞嚴經》卷五云：「陀那微細識，習氣成暴流。真非真恐迷，我常不開演。自心取自心，非幻成幻法。不取無非幻，非幻尚不生，幻法云何立？是名妙蓮華，金剛王寶覺，如幻三摩提，彈指超無學。此阿毘達磨，十方薄伽梵，一路涅槃門。」

〔十三〕十力，梵語 daca balani，指如來十種智力，唯如來具足之，為佛陀十八不共法中之十種，又作「十神力」。謂如來證得實相之智，了達一切，無能壞，無能勝，故名為力。十力即：一、處非處智力；二、業異熟智力；三、靜慮解脫等持等至智力；四、根上下智力；五、種種勝解智力；六、種種界智力；七、遍趣行智力；八、宿住隨念智力；九、死生智力；十、漏盡智力。

〔十四〕《華嚴》曰一偈，《大方廣佛華嚴經》卷十三〈光明覺品第九〉：「爾時一切處文殊師利菩薩，各於佛所，同時發聲，說此頌言：『一念普觀無量劫，無去無來亦無住。如是了知三世事，超諸方便成十力。』」

39. 匿跡韜光，潛行密用

永明禪師〔一〕曰：「匿蹟（跡）韜光，潛行密用。」〔二〕

傳曰：明山賓困乏，貨所乘牛，既售受錢，乃謂買者曰：「此牛經患漏蹄，然療差已久，恐後脫發，無容不相語。」買者遽追取錢。〔三〕孔嵩家貧，變姓名傭於阿里。范式為牧伯，行部到新野，縣選嵩導騎迎式。式見而識之，呼嵩把臂謂曰：「非孔仲山耶？」對之嘆息，欲與之俱載而去，嵩以為先傭未竟，不肯去。〔四〕《大智度論》曰：「譬如醫師，治風狂人，望見詬罵，而醫師但欲驗其所施之術，不恤其狂。」〔五〕行人調心，亦復如是。故二祖大師〔六〕既老，出入市里，混於婬坊酒肆之間。有嘲之者，答曰：「我自調心，非干汝事。」〔七〕此韜光密用者也。

【注文】

〔一〕永明禪師，見第十一條注二。

〔二〕永明禪師曰一語，見《宗鏡錄》卷二十五〈答即心即佛〉。

〔三〕明山賓賣牛一事，見《梁書》卷二十七〈明山賓列傳〉。

〔四〕孔嵩一事，見《後漢書》卷八十一〈獨行列傳·范式〉。

〔五〕《大智度論》曰一段，《大智度論》卷十四〈初序品中〉云：「復次菩薩思惟：我初發心誓為眾生治其心病，今此眾生為瞋恚結使所病，我當治之，云何而復以之自病，應當忍辱。譬如藥師療治眾病，若鬼狂病拔刀罵詈，不識好醜。醫知鬼病，但為治之，而不瞋恚。」

〔六〕二祖大師，見第十三條注一。

〔七〕二祖大師一事，見《景德傳燈錄》卷三〈第二十九祖慧可大師〉。

40. 金剛般若三性

金剛般若三性：依他、遍計、圓成實智。〔一〕

傳曰：法華會上，一切眾生喜見菩薩，供養日月淨明德佛，身服諸華香油，滿千二百歲已，香油塗身。又以天寶衣而自纏身，灌諸香油，以神通力願，而自然身，光明遍照八十億恒河沙世界，其中諸佛同時讚言：「善哉！善哉！善男子，是真精進，是名真法供養如來。」乃至作是語已，而各默然，其身火然千二百歲，過是已後，其身乃盡者，離遍計執，證人空智之象也；作如是法供養已，命終之後，復生日月淨明德佛國中，乃至日月淨明德佛告一切眾生喜見菩薩曰：「善男子，我涅槃時到，滅盡時至，汝可安施床座，我於今夜，當般涅槃。」即以海此岸栴檀〔二〕為積，供養佛身，而以燒之。火滅已後，收取舍利，作八萬四千寶瓶，以起八萬四千塔。於是塔前，然百福莊嚴臂七萬二千歲而以供養者，離依他執，得法空智之象也。故天台〔三〕曰：「身相既盡，法執亦亡。」於時天、人、阿修羅等，見其無臂，憂惱悲哀，而作是言：「此一切眾生喜見菩薩，是我等師，教化我者，而今燒臂，身不具足。」於是菩薩於大眾中立此誓曰：「捨我兩臂，必當得佛金色之身，若實不虛，令我兩臂還復如故。」〔四〕作是誓已，自然還復者，二執〔五〕既盡，證圓成實智，然非滅絕身臂而證，故曰「還復如故」。蓋嘗深觀之，盡身相則曰千二百歲，十二緣生〔六〕所成之業趣也。盡法執則曰七萬二千歲，七識染汙，意所執持也。身相以生言之，法執以死言之，身相法執，不出於死生之域耳。

【注文】

〔一〕　依他起性、遍計所執性、圓成實性，統稱三性，又作三自性。係印度唯識學派重要主張，法相宗之根本教義。謂一切存在之本性與狀態（性相），從其有、無、假、實等立場分為三種，名為三性。「依他起性」係指依於他緣而生起一切如幻假有等現象之諸法，屬有為之法；「遍計所執性」乃凡夫於妄情上，遍計「依他起性」之法，乃產生「實有我、實有法」之妄執性。由此一妄執性所現之相，僅能存於妄情中，而不存於實理之中，故稱「情有理無」、「體性都無」之法，此種分別計度之妄執性乃周遍於一切境，故以「遍計」稱之；「圓成實性」則指真如（諸法所依之體性）具有圓滿、成就、真實等三種性質：圓滿者，諸法之相僅局限於其自身之法體，不通餘處。相對於此，真如之妙理則可周遍四處；成就者，諸法具有空、無常、無我等共相；而真如之實體常住，無生滅作用；真實者，諸法之體虛妄不真。而真如之性常住遍通。

〔二〕旃檀，梵語candana，巴利語同。又作栴檀樹、真檀樹、栴陀那樹、栴彈那樹、栴檀那樹、真檀。《本草綱目》稱為白檀、檀香。屬檀香科，常綠喬木，幹高數丈，其材芳香，可供彫刻。研根為粉末，可為檀香，或製香油，葉長約五公分，鎗鋒狀對生，房狀花。球形核果，大如豌豆，熟時呈黑色，頗富汁液，核甚堅硬，豎之有三凸陵。

〔三〕天台，即指智顗（五三八—五九七），南朝、隋代荊州華容（湖南潛江西南）人，俗姓陳，字德安，為天台宗祖師（一說三祖，即以慧文、慧思為初祖、二祖），世稱智者大師、天台大師。七歲即好往伽藍，諸僧口授〈普門品〉一遍，即誦持之。年十八，投果願寺法緒出家。未久，隨慧曠學律藏，兼通方等。後入太賢山，誦《法華》、《無量義》、《普賢觀》諸經，二旬通達其義。陳天嘉元年（五六〇），入光州（河南）大蘇山，參謁慧思，慧思為示普賢道場，講說四安樂行，遂居止之。一日，誦《法華經．藥王品》，豁然開悟。既而代慧思開講筵，更受其付囑入金陵弘傳禪法。於瓦官寺講《法華經》，從而樹立新宗義，判釋經教，奠定天台宗教觀之基礎。陳太建七年（五七五），入浙江天台山，居佛隴北建寺。及隋軍攻破金陵，乃西遊荊土。隋．開皇十一年（五九一），晉王楊廣（煬帝）累請東返，智顗無已，至揚州（江蘇江都縣）為授菩薩戒，王賜「智者」之號。其後西行，於當陽玉泉山建寺。開皇十七年，坐化於山中大石像前，世壽六十，戒臘四十。生前造大寺三十六所（一說三十五所），度僧無數，傳業弟子三十二，著名者有灌頂、智越、智璪等。著述甚豐，並建立天台一宗之解行規範，其中《法華經玄義》、《法華經文句》、《摩訶止觀》，世稱天台三大部；又《觀音玄義》、《觀音義疏》、《金光明經玄義》、《金光明經文句》、《觀無量壽佛經疏》，則稱天台五小部。其學說影響中國佛教頗鉅。參閱《續高僧傳》卷十七、《大唐內典錄》卷十、《止觀輔行傳弘決》卷一、《天台九祖》傳、《佛祖統紀》卷六、卷二十五、卷三十七、卷三十九、卷四十九。

〔四〕一切眾生喜見菩薩事，見《妙法蓮華經》卷六〈藥王菩薩本事品〉。

〔五〕二執，即我執與法執，又稱我法二執、人法二執、生法二執。我執又作人執，以不知人身為五蘊假和合，而固執此中有常一主宰之人我；法執乃不明諸法因緣而生，如幻如化，而固執法有實性者。

〔六〕十二緣生，即十二因緣，此係原始佛教之基本教義，即：無明、行、識、名色、六處、觸、受、愛、取、有、生、老死。《佛本行集經》卷三十一云：「緣無明有諸行，緣諸行有識，緣識有名色，緣名色有六入，緣六入有觸，緣觸有受，緣受有愛，緣愛有取，緣有有生，緣生有老、病、死、憂、悲、惱、等苦生。」

41. 如來明見三界之相

《法華經》曰：「如來明見三界〔一〕之相，無有生死，若退若出，亦無在世及滅度者。非實非虛，非如非異，不如三界，見於三界。如斯之事，如來明見，無有錯謬。」〔二〕

傳曰：僧問天台雲居智禪師〔三〕曰：「性即清淨，不屬有無，因何有見？」答曰：「見無所見。」僧曰：「無所見，因何更有見？」答曰：「見處亦無。」僧曰：「如是見時，是誰之見？」答曰：「無有能見者。」僧曰：「究竟其理如何？」答曰：「汝知不？妄計為有，即有能、所〔四〕，乃得名迷，隨見生解，便墮生死。明見之人即不然，終日見未嘗見，求見處體相了不可得。能、所俱絕，名為見性。」〔五〕

予以是觀能、所既絕，則無生死；生死既無，則何有三界之相？是謂明見也。

【注文】

〔一〕三界，即欲界、色界、無色界之總稱。欲界（梵 kama-dhatu），為具有婬欲、情欲、色欲、食欲等有情所居之世界；色界（梵 rupa-dhatu），色為變礙之義或示現之義，乃遠離欲界婬、食二欲而仍具有清淨色質等有情所居之世界；無色界（梵 arupya-dhatu），唯有受、想、行、識四心而無物質之有情所住之世界。此界無一物質之物，亦無身體、宮殿、國土，唯以心識住於深妙之禪定，故稱無色界。

〔二〕《法華經》曰一段，見《妙法蓮華經》卷五〈如來壽量品第十六〉。

〔三〕天台雲居智禪師，生平不詳，天台山佛窟巖惟則和尚法嗣。參閱《景德傳燈錄》卷四、《傳法正宗記》卷九、《五燈會元》卷二。

〔四〕能所，「能」與「所」之並稱。一動作之主體，名為能。其動作之客體（對象），名為所。如能見物之「眼」，名為「能見」；為眼所見之「物」，名為「所見」。又被依靠者，名「所依」；依他人者，稱「能依」。蓋「能」與「所」有相即不離之因果關係，故稱能、所一體。

〔五〕僧問天台雲居智禪師一段，見《景德傳燈錄》卷四〈天台山雲居智禪師〉。

42. 入剎那際諸佛三昧與入無量義處三昧

《華嚴．十定品》曰：「爾時，世尊在摩竭提國，阿蘭若〔一〕法菩提場中，始成正覺。於普光明殿，入剎那際諸佛三昧。以一切智自在神通力，現如來身清淨無礙。無所依止，無有攀緣，住奢摩他[二]，最極寂靜，具大威德，無所染著。能令見者，悉得開悟，隨宜出興，不失於時，恒住一相，所謂無相。」[三]

傳曰：《法華經》曰：「世尊結加趺坐[四]，入於無量義處三昧[五]，身心不動。而彌勒菩薩曰：『今佛入於三昧，是不可思議。』」[六]以是觀之，則所言無量者，非多多無數量之謂也。苟為數量之量，則不應言處，蓋無念礙之量耳。何以知之？以前文曰：「說大乘經，名無量義，教菩薩法，佛所護念。」[七]不言處也，推〈十定品〉所示入剎那際諸佛三昧同旨。至於隨宜出興，不失於時，則善用其心者也。

【注文】

〔一〕阿蘭若，梵語 aranya，巴利語 arabba 之音譯。又作阿練茹、阿練若、阿蘭那、阿蘭攘、阿蘭拏，略稱蘭若、練若。譯為山林、荒野。意指適合出家人修行與居住之僻靜場所。又譯為遠離處、寂靜處、最閑處、無諍處，即距離聚落一俱盧舍而適於修行之空閒處。

〔二〕奢摩他，梵語 Samatha 之音譯，又作舍摩他、奢摩陀、舍摩陀。禪定七名之一，譯曰止、寂靜、能滅等，即攝心住於緣，離散亂也。《大乘義章》卷十三云：「奢摩他，此翻名止，攝心住緣，目之止。」慧琳《音義》卷十八云：「奢摩他，唐云止。」慧苑《音義》卷上云：「奢摩他，此云止息，亦曰寂靜。謂正定離沈掉也。」

〔三〕《華嚴・十定品》曰一段，見《大方廣佛華嚴經》卷四十〈十定品第二十七之一〉。

〔四〕結加趺坐，梵語 nyasidat-paryavkam abhujya，坐法之一，又作結加趺坐、結跏跗坐、跏趺正坐、跏趺坐、加趺坐、跏坐、結坐。即互交二足，結跏安坐。諸坐法中，結伽趺坐最為安穩而不易疲倦。又稱交一足為半跏趺坐；稱交二足為全跏坐。全跏坐為圓滿安坐之相，諸佛皆依此法而坐，故又稱如來坐、佛坐。

〔五〕無量義處三昧，梵語 anantanirdecapratisthana-samadhi。係指佛陀欲說《法華經》時所入之三昧。無量乃三乘、五乘等無量法門，即無量義；義處乃無量義之依處，即實相。生出無量法義依處之實相無相三昧，名為無量義處三昧。佛陀既已說無量義之後，將說實相，則於中間入此三昧，依所出之無量義，故為無量義經之三昧；依所歸之義處，則為《法華經》之三昧。

〔六〕《法華經》曰一段，見《妙法蓮華經》卷一〈序品第一〉。

〔七〕「說大乘經名無量義」一段，同注六。

43. 真實空與真實不空

《起信論》曰：「真實空者：從本以來，一切染法〔一〕不相應故；離一切法差別相故；無有虛妄分別心故。應知真如非有相、非無相、非有無相、非非有無相、非一相、非異相，略說以一切眾生妄分別心所不能觸，故立為空。據實道理，妄念非有，空性亦空。以所遮是無，能遮亦無故。言真實不空者，由妄念空無故，即顯真心，常恒不變，清淨圓滿，故名不空，亦無不空相。以非妄念心所行故，唯離念智之所證故。」〔二〕

傳曰：予觀江西馬祖〔三〕而下諸奇衲，如汾州南泉〔四〕、歸宗百丈〔五〕，皆冠絕一時。然說法與諸祖議論冥契者，百丈又冠諸衲，嘗曰：「但了諸法不自生，皆從自己一念妄想，顛倒取相而有。知心與境不相到，當處解脫。一一諸法，當處寂滅，當處道場。本有之性，不可名目。本來不是凡、不是聖、不是垢淨、亦非空有、亦非善惡。若與諸染法相應，名天、人二乘界。若垢淨心盡，不住繫縛，不住解脫，無一切有為無為，縛脫平等心量，處於生死，其心自在，畢竟不與諸虛妄、塵勞、蘊〔六〕界〔七〕、生死，諸入〔八〕和合。迥然無計，一切不拘。去留無礙，往來生死，如門開相似。」〔九〕此論與馬鳴〔十〕所示無所優劣，然深信而親證者，首山念法華〔十一〕、舜峰欽禪師〔十二〕尤昭著者也。〔十三〕

【注文】

〔一〕染法，染污法之略稱，又作煩惱、隨煩惱。或依所緣之諸法而名為不善、有覆法。意指與無明相應，而能染污善心、淨心之法，故為諸智者所訶。《大乘義章》謂「染法聚」為諸煩惱、惡業、業果等之統稱，而與「淨法聚」相對。

〔二〕《起信論》曰一段，見一卷本《大乘起信論》。

〔三〕江西馬祖（七〇九—七八八），唐代禪僧，南嶽懷讓法嗣。漢州（四川廣漢）人，俗姓馬，世稱馬大師、馬祖，名道一。容貌奇異，牛行虎視，引舌過鼻，足下有二輪紋。依資州（四川）唐和尚剃染，就渝州（四川重慶）圓律師受具足戒。開元年間，就懷讓習曹溪禪法，言下領旨，密受心法。初止於建陽佛跡嶺，未久，遷至臨川之南康、龔公二山。大曆四年（七六九），駐錫鍾陵（江西進賢）開元寺。是時學者雲集，化緣大盛。馬祖以「平常心是道」、「即心是佛」大弘禪風，入室弟子有百丈懷海、南泉普願、大梅法常等一百三十九人。馬祖創叢林以安禪侶，由是宗門益盛。貞元四年正月示寂，世壽八十，唐憲宗諡其號為大寂禪師。參閱《宋高僧傳》卷十、《景德傳燈錄》卷六、《傳法正宗記》卷七、《五燈會元》卷三。

〔四〕汾州南泉，見第二十七條注八。

〔五〕歸宗百丈，見第三十一條注三。

〔六〕蘊，梵語 skandha，巴利語 khandha，音譯塞建陀。舊譯為陰、眾，乃積集之義，謂眾多物事聚集一處，乃指有為法而言，如五根、五境等諸色（物質）聚集，即稱為色蘊。

〔七〕界，梵語 dhatu 之意譯。音譯馱都，含有層、根基、要素、基礎、種族諸義。

〔八〕入，梵語、巴利語 ayatana 之舊譯，新譯為「處」。根、境相涉入而生識名為「入」，如「十二入」，新譯作「十二處」。

〔九〕百丈嘗曰一段，見《宗鏡錄》卷七十八〈答一切諸法本不自言是非垢淨〉。

〔十〕馬鳴，見第三十二條注七。

〔十一〕首山念法華，見第四條注三。

〔十二〕案：舜峰欽禪師，即雙峰竟欽和尚，「舜」字當為筆誤，文偃門下另有舜峰韶禪師。雙峰欽禪師又稱慧真廣悟禪師，益州（四川成都）人，受業於峨眉洞溪山黑水寺。預雲門法席，密承指喻，創建雙峰寺，後受敕額雙峰山興福禪寺。太平興國二年三月，戒門人曰：「吾不久去世，汝可就本山頂預修墳塔。」至五月二十三日工畢。曰：「後日子時行矣。」及期，會雲門爽和尚，溫門舜峰長老等七人夜話。侍者報三更，索香焚之，合掌而逝。參閱《景德傳燈錄》卷二十二。

〔十三〕首山省念、雙峰竟欽皆能預知時至，一說偈而安坐入寂；一焚香合掌而化，此適如百丈所謂其心自在，去留無礙，惠洪故云然。

44. 應無所住而生其心

《金剛般若經》曰：「須菩提，諸菩薩摩訶薩應如是生清淨心：不應住色生心，不應住聲、香、味、觸、法生心，應無所住而生其心。」〔一〕

傳曰：《楞伽經》曰：「一切法不生，我說剎那義。」〔二〕夫言法本不生足矣，安用復名剎那義乎？《法華經》曰：「諸法空〔三〕為座。」〔四〕夫言諸法空足矣，安用復稱座乎？曰：但言「諸法本不生」，與言「諸法空」者，即是斷滅見〔五〕，故以不生而言剎那，諸法空而言座也。所言「應無所住而生其心」，蓋三世如來法施〔六〕之式也。

【注文】

〔一〕《金剛般若經》曰一段，見一卷本《金剛般若波羅蜜經》。

〔二〕《楞伽經》曰一段，《楞伽阿跋多羅寶經》卷四〈一切佛語心品之四〉云：「空無常剎那，愚夫妄想作。如河燈種子，而作剎那想。剎那息煩亂，寂靜離所作。一切法不生，我說剎那義。物生則有滅，不為愚者說。」

〔三〕法空，即指諸法之自性為空，又作法無我。

〔四〕《法華經》曰一語，《妙法蓮華經》卷四〈法師品第十〉云：「若人說此經，應入如來室。著於如來衣，而坐如來座。處眾無所畏，廣為分別說。大慈悲為室，柔和忍辱衣。諸法空為座，處此為說法。」

〔五〕斷滅見，又作斷見。即主張眾生死後完全斷滅，為印度外道所執六十二見中，依後際（未來）而起之分別見。計有七種斷滅，故又名為七種斷滅論、七斷滅論。即謂此四大、六入父母所生之身為無常，死後終歸於斷滅。復謂生於欲界天、色界天、無色界空無邊處、識無邊處、無所有處、非想非非想處等六處，則報盡之時皆歸於斷滅。

〔六〕　法施，梵語 dharma-decana，巴利語 dhamma-desana。指宣說教法，利益眾生。

45. 離取捨之心

永嘉尊者〔一〕曰：「取不得，捨不得，不可得中只麼得。」〔二〕

傳曰：可以取，則法身有剩；可以捨，則虛空可逃。離是取捨之心，則如絮毬百衲，置之閒處，天寒歲晚，有時而得用也。莊周非能知此者也，而其言有可觀，曰：「黃帝遊於赤水之北，登崑崙之丘南望，遺其玄珠。使智索之而不得，使离婁索之而不得，乃因罔象而得之，黃帝曰：『異哉！罔象乃可得之。』」〔三〕問曰：「莊周既曰非能知之，則其語何其似之親耶？」曰：「牛乳驢乳，其色俱白。牛乳則能出生酥酪，至於驢乳，裂之則成滓穢。然不識牛乳者，指驢乳似之，故予不廢莊周之論也。」

【注文】

〔一〕　永嘉尊者，見第五條注一。

〔二〕　永嘉尊者曰一段，見〈永嘉證道歌〉。

〔三〕　案：離婁原作離朱；罔象原作象罔，《莊子．天地》云：「黃帝遊乎赤水之北，登乎崑崙之丘而南望，還歸，遺其玄珠。使知索之而不得，使離朱索之而不得，使喫詬索之而不得也。乃使象罔，象罔得之，黃帝曰：『異哉！象罔乃可以得之乎！』」。

46. 前境若無心亦無，罪福如幻起亦滅

毘舍浮佛偈曰：「假借四大以為身，心本無生因境有。前境若無心亦無，罪福如幻起亦滅。」[一]

傳曰：《首楞嚴》曰：「由塵發知，因根有相。相見無性，猶如交蘆[二]。」[三]夫知由前塵而發者，所謂見分也；相因眼根而有者，所謂相分也。相、見俱無有性者，心境互生，各無自體。心不自立故，由塵發知；境不自生故，因根有相。二虛相倚故，猶若交蘆。《維摩經》曰：「無我無造無受者，善惡之業亦不亡。」[四]予政和元年十月謫海外，明年三月館於瓊州之開元寺儼師院。海上無經籍，壁間有此偈，日夕研味，頓入無生，身心超然自得也。

【注文】

〔一〕毘舍浮佛偈曰，見《景德傳燈錄》卷一〈毗舍浮佛〉。

〔二〕交蘆，喻一切現象皆為因緣生，實無自性，如蘆草交相依存，而得豎立。《雜阿含經》卷十二云：「譬如三蘆，立於空地，展轉相依，而得豎立。若去其一，二亦不立；若去其二，一亦不立，展轉相依，而得豎立。識、緣、名、色，亦復如是，展轉相依，而得生長。」

〔三〕《首楞嚴》曰一段，見《大佛頂首楞嚴經》卷五。

〔四〕《維摩經》曰一段，見《維摩詰所說經》卷一〈佛國品第一〉。

47. 業引心而受形，心隨業而作境

復禮法師〔一〕曰：「觀業者，業因心起，心為業用。業引心而受形，心隨業而作境。然則因業受身，身還造業；從心作境，境復生心。若影隨形而曲直，猶響隨聲而大小矣。」〔二〕

傳曰：《廣百論》偈曰：「眼中無色識，識中無色眼。色內二俱無，何能令見色。」〔三〕僧靈潤〔四〕嘗修此觀曰：「捨外塵〔五〕邪執，得意言分別；捨唯識〔六〕想，得真法界。前觀無相，捨外塵相；後觀無生，捨唯識想。」嘗與法侶登山游覽，埜〔七〕火四合，眾皆奔散。潤獨安步顧陟，謂法侶曰：「心外無火，火實自心。謂火可逃，寧能免火？」及火至潤，而潛（熸）然息滅。〔八〕

【注文】

〔一〕復禮法師，見第三十三條注二。

〔二〕復禮法師曰一段，見《宗鏡錄》卷一〇〇〈復禮法師云〉。

〔三〕《廣百論》偈曰，見《廣百論本》卷一〈破根境品第五〉。

〔四〕靈潤，唐代僧，河東虞鄉（山西永濟）人，俗姓梁，生卒年不詳。少從大興善寺靈璨出家。後聽道奘講《攝大乘論》，受具足戒。大業元年（六〇五），忽染風疾，乃生厭俗歸閑之心，遂往玉山習頭陀行。大業中，以煬帝禁僧離寺之令，返大興善寺西院，講《涅槃》等經。十年，奉召入鴻臚館教授三韓僧徒。不久亂起，走避藍田化感寺，潛隱十五年。貞觀八年（六三四），敕入弘福寺任譯席證義，翻譯新典。後有他僧因事奉敕還俗，潤及諸大德聯名求免，帝怒，貶於南裔之地。未幾，復召還弘福寺，後不知所終。前後講《涅槃經》七十餘遍、《攝大乘論》三十餘遍，並各著有義疏等。參閱《續高僧傳》卷十五。

〔五〕外塵，自認識作用而言，為六根（眼、耳、鼻、舌、身、意）所攝取之對象，即色、聲、香、味、觸、法等六塵，又名六境。凡夫以為六塵皆在內心之外，故稱外塵。《大乘百法明門論疏》卷一云：「領納外塵覺苦知樂，如是取境，名之為受。」

〔六〕唯識，梵語 vijbapti-matrata，音譯毘若底摩呾喇多。識，即心之本體，離識變現之外無任何實在，故名唯識。

〔七〕埜，音也，古「野」字。

〔八〕「靈潤嘗修此觀」一段，見《續高僧傳》卷十五〈唐京師弘福寺釋靈潤傳〉。

48. 三界若空華，塵消覺圓淨

《楞伽經》偈曰：「由自心執著，心似外境轉。彼所見非有，是故說唯心。」〔一〕

傳曰：曹谿六祖〔二〕隱晦時號盧居士，嘗客廣州精舍。夜經行〔三〕，聞兩僧論風旛之義，一曰「風動」，一曰「旛動」。六祖前曰：「肯使流俗輒預高論否？正以風旛非動，仁者心動耳。」〔四〕法空禪師〔五〕深居五臺山，每夜必聞有聲，名曰「空禪」，法空患之，久而自悟曰：「皆我自心之境，安有外聲哉？」以法遣之，自後遂絕。〔六〕夫言彼所見非有者，以風旛相待，無有定屬。以無定屬，緣生則名無生。六祖所示見境既爾，則空禪所悟聞塵亦然。《首楞嚴》曰：「見聞如幻翳，三界若空華。聞復翳根除，塵消覺圓淨。淨極光通達，寂照含虛空。卻來觀世間，猶如夢中事」〔七〕者，詎不信夫。

【注文】

〔一〕案：本段所引《楞伽經》一偈，係出《成唯識論》卷二引《入楞伽經》偈頌。《楞伽經》漢譯本有三種，皆收於《大正藏》第十六冊：（一）即南朝時期求那跋陀羅譯，又稱四卷《楞伽經》、宋譯《楞伽經》。（二）北魏菩提流支譯十卷《入楞伽經》。又稱十卷《楞伽經》、魏譯《楞伽經》。（三）唐．實叉難陀譯七卷《大乘入楞伽經》。又稱七卷《楞伽經》、唐譯《楞伽經》。而惠洪當是引自《宗鏡錄》。《宗鏡錄》此偈凡三見，或稱出自《入楞伽經》（見卷六十）；或稱出《楞伽經》（見卷四）。

〔二〕曹谿六祖，見第二十七條注七。

〔三〕經行，梵語 cavkramana，巴利語 cavkamana。意指於一定場所，往復回旋行走。常於食後、疲時，或坐禪昏沈瞌睡，即起而經行。

〔四〕六祖夜經行，聞兩僧論風旛一事，《景德傳燈錄》卷五云：「至儀鳳元年丙子正月八日，屆南海，遇印宗法師於法性寺講《涅槃經》。師寓止廊廡間，暮夜風颺刹幡，聞二僧對論。一云幡動，一云風動，往復酬答，未曾契理。師曰：『可容俗流輒預高論否？直以風幡非動，動自心耳。』印宗竊聆此語，竦然異之。翌日邀師入室，徵風幡之義，師具以理告。」又《六祖大師法寶壇經．行由品》云：「一日思惟，時當弘法，不可終遯。遂出至廣州法性寺。值印宗法師講《涅槃經》，時有風吹旛動，一僧曰：『風動。』一僧曰：『旛動。』議論不已，惠能進曰：『不是風動，不是旛動，仁者心動。』一眾駭然。」

〔五〕法空禪師，生卒年不詳。隋末任雁門郡府鷹擊郎將，時年四十，欻自生厭離，見妻子家宅，如牢獄桎梏。志慕佛法之情無已，於是裹糧負襆，獨詣五臺山，飢則餐松皮柏末，寒則入穴苫覆。專思經中要偈，亦無所參問。時賊寇交起，追擊攸歸，府司郡官所在追掩，將至禁所，正念不語，志逾慷慨，跏坐不動，不食不息，已經五日，守令以下莫不驚愕，因放之，任其所往。一坐三十餘載，禽獸以為親鄰。妻子尋獲，欲致糧粒，空曰：「吾厭俗為道，以解脫為先，自今以往，願為善知識，非爾纏縛，吾何解之。更不須相見」於是遂絕。參閱《續高僧傳》卷二十五。

〔六〕法空禪師深居五臺山一事，亦見《宗鏡錄》卷九十八〈高僧釋法空〉。

〔七〕《首楞嚴》曰一段，見《大佛頂首楞嚴經》卷六。

【寂音尊者智證傳卷之五】

49. 心智路絕，不思議故

《華嚴經》曰：「佛子！如來以一切譬喻說種種事，無有譬喻能喻此法。何以故？心智路絕，不思議故。」〔一〕

傳曰：杜順和尚〔二〕，文殊師利菩薩之化身也，作〈法身偈〉曰：「懷州牛喫禾，益州馬腹脹。天下覓醫人，灸豬左膊上。」〔三〕傅大士〔四〕，彌勒菩薩之化身也，亦作〈法身偈〉曰：「空手把鋤頭，步行騎水牛。人從橋上過，橋流水不流。」〔五〕過去古佛開示之語如此，而學者望之，如壁立萬仞，非手足攀攬之境。幽州盤山積禪師〔六〕曰：「若言即心即佛，今時未入玄微；若言非心非佛，猶是指蹤之極則。向上一路，千聖不傳，學者勞形，如猿捉月。」〔七〕積公迨（殆）庶幾知此乎！

【注文】

〔一〕《華嚴經》曰一段，見《大方廣佛華嚴經》卷五十二〈如來出現品第三十七之一〉。

〔二〕杜順和尚（五五七—六四〇），華嚴宗初祖，唐代僧，雍州萬年（陝西長安）人。俗姓杜，十八歲出家，法號法順。師事因聖寺道珍，受習定業，後住於終南山，宣揚華嚴教綱。其言教多貶抑浮詞，彰顯正理，路見神樹鬼廟必焚除之。唐太宗聞其德風，引入宮內禮遇之。復遊歷郡國，勸念阿彌陀佛，並撰〈五悔文〉讚詠淨土。貞觀十四年於南郊義善寺示寂，世壽八十四。後人尊為華嚴宗第一祖，世稱文殊化身、帝心尊者、燉煌菩薩。著有《華嚴五教止觀》、《華嚴法界觀門》、《十門實相觀》、〈會諸宗別見頌〉等各一卷。參閱〈終南山杜順禪師緣起〉、《續高僧傳》卷二十五、《華嚴經傳記》卷三、卷四、《佛祖統紀》

卷二十九、卷三十九。

〔三〕杜順和尚〈法身偈〉，見《碧巖錄》卷十，第九十六則。

〔四〕傅大士（四九七—五六九），梁朝禪宗著名尊宿。東陽烏傷（浙江義烏）人，字玄風，號善慧。又稱善慧大士、魚行大士、傅大士、雙林大士、東陽大士、烏傷居士，與寶誌合稱「梁代二大士」。嘗與里人共捕魚，每得魚則盛於竹籠，沈入深水，並謂：「欲去者去，欲止者留。」時人以之為愚。年十六，娶劉氏女妙光，生普建、普成二子。年二十四，於沂水取魚，適逢胡僧嵩頭陀（名達摩），遂棄魚具，入烏傷縣松山雙檮樹下結庵，自號雙林樹下當來解脫善慧大士，自稱由兜率天宮來說法。日常營作，夜歸行道，苦行七年，自謂得首楞嚴定，並能通儒、道典籍。學徒漸集，眾皆虔誠精進，不惜身命。梁·大通六年（五三四）遣弟子傅暀上書致武帝，獻上中下三善之策。召入禁闥，講經重雲殿，帝親臨聽之，眾見帝至皆起，唯傅翕獨坐不動，群臣詰之，傅翕言：「法地若動，一切不安。」禪林傳為佳話。家居徒眾甚多，講說不輟，每率徒眾焚指燃臂供佛。嘗營齋轉《法華經》二十一遍，屢設無遮會，並於會稽鑄寶王像十尊。為便於讀大藏經，建有輪藏，令眾轉之，可得大利益，故後世所作輪藏皆安置其父子三人之像。陳·太建元年四月入寂，世壽七十三。弟子葬於雙林山頂，號彌勒下生。撰有〈心王銘〉、〈還源詩〉、《語錄》等。參閱《善慧大士語錄》、《續高僧傳》卷二十五、《景德傳燈錄》卷二十七、卷三十、《五燈會元》卷二、《神僧傳》卷四。

〔五〕傅大士〈法身偈〉，見《景德傳燈錄》卷二十七〈善慧大士〉。

〔六〕盤山寶積禪師，唐代僧，馬祖道一法嗣，生平不詳。居幽州（河北）盤山，宣揚宗風，故世稱盤山寶積，諡號凝寂大師。參閱《祖堂集》卷十五、《景德傳燈錄》卷七、《聯燈會要》卷四、《五燈會元》卷三。

〔七〕幽州盤山積禪師曰一段，《祖堂集》卷十五、《景德傳燈錄》卷七〈盤山寶積禪師〉云：「師上堂示眾曰：『心若無事，萬象（一作萬法）不生。意絕（一作境絕）玄機，纖塵何立。道本無體，因道而立名。道本無名，因名而得號。若言即心即佛，今時未入玄微；若言非心非佛，猶是指蹤之極則。向上一路，千聖不傳，學者勞形，如猿捉影。』」

50. 無性之妙，佛祖所祕

《楞伽經》曰：「前聖所知，轉相傳授，妄想無性。」〔一〕

傳曰：無性之妙，佛祖所祕，蓋嘗密演，未嘗顯說，何以知之？《圓覺》曰：「圓覺自性，非性性有；循諸性起，無取無證。」〔二〕《維摩》曰：「不生不滅，是無常義。」〔三〕〈十地品〉曰：「以不了第一義故，號為無明。」〔四〕《起信》曰：「以不如實知真如法一故，不覺而有妄念。」〔五〕夫言「非性性有」，不生滅而無常，及不了知，皆以無性故也。而其言皆遮之者，欲學者自悟，此予所謂密演者也。今則明告無性，是謂顯說。

【注文】

〔一〕《楞伽經》曰一段，見《楞伽阿跋多羅寶經》卷二〈一切佛語心品之二〉。

〔二〕《圓覺》曰一段，見一卷本《大方廣圓覺修多羅了義經》。

〔三〕《維摩》曰一段，見《維摩詰所說經》卷一〈弟子品第三〉。

〔四〕〈十地品〉曰一段，見《大方廣佛華嚴經》卷二十五〈第六地〉。

〔五〕《起信》曰一段，見一卷本《大乘起信論》。

51. 入如來室，著如來衣，坐如來座

《法華經》曰：「入如來室，著如來衣，坐如來座，爾乃應為四眾〔一〕廣說斯經。如來室者，一切眾生中大慈悲心是；如來衣者，柔和忍辱心是；如來座者，一切法空是。安住是中，然後以不懈怠心，為諸菩薩及四眾廣說是《法華經》。」〔二〕

傳曰：室者，常寢處；衣者，常被服；座者，常休息。故知傳佛心宗者，常寢處於慈悲，被服於忍辱，休息於法空，故曰「安住是中」也。永明〔三〕曰：「食肉者斷大慈悲種」〔四〕，不可不慎。太平興國中，建陽僧辯聰游五臺山寺。寺之上座僧老，為眾輕易，聰獨敬事之。將還京師，老僧付聰書，使於城北尋勃賀投之。聰辭去，竊發而觀，無他詞，但曰：「度眾生畢，蚤來蚤來。若更強住，卻恐造業。」聰大驚，復緘封之。既至於廣濟河側，聞小兒呼勃賀，聰問勃賀何在，小兒指大豬，豬項弗金環，臥街西牆下。聰扣牆問屠誰氏，曰：「趙生家也。」問此豬何名勃賀，曰：「唯食勃荷〔五〕，故里中小兒以名之。吾日烹千百豬，豬奔佚難驅。以此豬引導之，則纍纍就死，畜之十五年矣。」聰以書投之，勃賀急食，忽然人立而化。〔六〕

【注文】

〔一〕 四眾，見第二十四條注四。

〔二〕 《法華經》曰一段，見《妙法蓮華經》卷四〈法師品第十〉。

〔三〕 永明，見十一條注二。

〔四〕據《大般泥洹經》卷三；北本、南本《大般涅槃經》卷四皆云：「食肉者斷大慈種。」

〔五〕勃荷，即薄荷。

〔六〕辯聰尋勃賀一事，《山西通志》卷二三〇引錢易《洞微志》作便聰，《紺珠集》卷十二、《說郛》卷三十九下、《韻府群玉》卷十五等皆與之同；《天中記》卷五十四則作辨聰。《洞微志》今已不傳，諸類書敘勃賀一事，皆無如《智證傳》之詳。

52. 維摩臥疾心不起

《維摩經》曰：「居士即以神力空其室內，除去所有及諸侍者，唯置一床，以疾而臥。」〔一〕

傳曰：百丈大智禪師〔二〕曰：「夫學道人，若遇種種苦樂，稱意、不稱意事，心無退屈，不念一切名聞利養，不貪一切功德利益，不為世間諸法所滯礙。唯無親無愛，苦樂平懷，麤衣遮寒，糲食活命，兀兀如愚，如聾如瘂，稍有相應分。」〔三〕黃蘗運禪師〔四〕曰：「唯置一床，寢疾而臥者，心不起也。如人臥疾，攀緣俱息，妄想歇滅，即是菩提。」〔五〕耆域〔六〕以晉惠帝時至洛陽，萬僧為作禮，斂眉曰：「汝等衣服華飾，皆違法制，非佛意也。」〔七〕漢．范曄〔八〕有言曰：「事苦，則矜全之情薄；生厚，故安存之慮深。登高不懼者，胥靡之人也；坐不垂堂者，千金之子也。」〔九〕

【注文】

〔一〕《維摩經》曰一段，見《維摩詰所說經》卷二〈文殊師利問疾品第五〉。

〔二〕百丈大智禪師，見第三十一條注三。

〔三〕百丈大智禪師曰一段，見《百丈廣錄》卷三〈夫學道人〉。

〔四〕黃蘗運禪師，見第四條注十一。

〔五〕黃蘗運禪師曰一段，見《黃蘗斷際禪師宛陵錄》卷一〈上堂云即心是佛〉。

〔六〕耆域，天竺人，晉惠帝末年抵洛陽。時有衡陽太守滕永文，因病寄居滿水寺，經年不癒，兩腳彎曲，不能起行。耆域即以楊柳拂淨水，以手搦起永文兩足，即時病癒，復得步行。其餘應病與藥，或以咒願治病，或令枯樹回生等靈異不計其數。後還西域，不知所終。參閱《梁高僧傳》卷九、《法苑珠林》卷六十一。

〔七〕耆域斂眉一事，見《梁高僧傳》卷九、《法苑珠林》卷二十八。

〔八〕案：范曄（三九八—四四五），字蔚宗，南朝劉宋順陽人。曾任尚書吏部郎，元嘉初為宣城太守，後遷左衛將軍、太子詹事，掌管禁旅，並參與機要，著有《後漢書》。元嘉二十二年，因涉孔熙先等謀立彭城王案受戮，事見《宋書》卷六十九〈范曄傳〉。《智證傳》作漢代，誤。

〔九〕范曄之語，見《後漢書》卷六十上〈馬融列傳〉。

53. 靜極妙而靈知

《大涅槃經》曰：「所言二諦〔一〕，其實是一，方便說二。如人醉未吐，見日月轉，謂有轉日及不轉日。醒人但見不轉，不見於轉。轉二為麤，不轉為妙。」〔二〕

傳曰：三藏全是轉之二，如彼醉者，大乘經帶一轉二，而說不轉之一也。《起信》曰：「以一切法本來唯心，實無於念，而有妄心。不覺起念，見諸境界，故說無明。」[三]以此義例，轉二為麤也。又曰：「心性不起，即是大智慧光明義例。」不轉為妙也。洞山清稟禪師[四]唯宴坐[五]，一日呼侍者下法堂，謂曳木者無損墄砌。侍者出視無有，還白：「寂無人跡。」稟又使求之，侍者臨簷俯視，乃群蟻曳蜻蜓翼緣墄階而上，蓋靜極妙而靈知也。

【注文】

〔一〕二諦，係指真諦與俗諦，並稱真、俗二諦。「諦」謂真實不虛之理。真諦，梵語 paramartha-satya，巴利語 paramattha-sacca，又作勝義諦、第一義諦，即出世間之真理；俗諦，梵 samvrti-satya，巴利語 sammuti-sacca，又作世俗諦、世諦，即世間之真理。

〔二〕《大涅槃經》曰一段，南本《大般涅槃經》云：「爾時佛告諸比丘言：『諦聽諦聽，汝向所引醉人喻者，但知文字，未達其義。何等為義？如彼醉人見上日月，實非迴轉，生迴轉想。眾生亦爾，為諸煩惱無明所覆，生顛倒心……。如彼醉人，於非轉處，而生轉想。』」

〔三〕《起信》曰一段，見一卷本《大乘起信論》。

〔四〕洞山清稟禪師，生卒年不詳。泉州（福建）仙遊人，俗姓李。幼禮中峰院鴻諡為師，年十六，於福州太平寺受戒。後於韶陽禮祖塔，迴造雲門，雲門問曰：「今日離什麼處？」曰：「慧林。」雲門舉拄杖曰：「慧林大師恁麼去，汝見麼？」曰：「深領此問。」雲門顧左右，微笑而已。自此入室印悟。參閱《景德傳燈錄》卷二十三〈筠州洞山普利院第八世住清稟禪師〉。

〔五〕宴坐，又作燕坐，即安身正坐之意，意指坐禪。《瑜伽師地論》卷二十三〈十三聲聞地〉云：「覺寤瑜伽者，謂如說言於晝日分經行宴坐，從順障法淨修其心。」

54. 超諸方便成十力

《華嚴經》曰：「一念普觀無量劫，無去無來亦無住。如是了知三世事，超諸方便成十力〔一〕。」〔二〕

傳曰：棗柏〔三〕曰：「世尊在摩竭提國阿蘭若〔四〕法菩提場中始成正覺。於普光明殿入刹那際三昧。明以法界身為定體，無三世性故。從兜率天下降神，及入涅槃，四十九年住世，轉一切法輪，總不出刹那際。以此三昧圓通始終，非三世古今故。如是敘致，以總言之，一切過去、現在、未來諸佛，皆盡一智成佛；并眾生生死，亦不移刹那際。但眾生妄計有年歲長短，如佛所說，即生即死，皆不移時。」〔五〕夫隨情言說，無有實義，以濟迷倒，謂之方便。若出情之法則不然，但入刹那際三昧，即成無上覺道。

【注文】

〔一〕十力，梵語 daca balani，十種智力之總稱。（一）指如來十力，唯如來具足之十種智力。如來證得實相之智，了達一切，無能壞，無能勝，故稱為力。十力者：一、處非處智力，謂如來於一切因緣果報審實能知，如作善業，即知定得樂報，稱為知是處；若作惡業，得受樂報無有是處，稱為知非處。如是種種，皆悉遍知；二、業異熟智力，謂如來於一切眾生過去、未來、現在三世業緣果報生處，皆悉遍知；三、靜慮解脫等持等至智力，謂如來於諸禪定自在無礙，其淺深次第如實遍知；四、根上下智力，謂如來於諸眾生根性勝劣、得果大小皆實遍知；五、種種勝解智力，謂如來於諸眾生種種欲樂善惡不同，如實遍知；六、種種界智力，謂如來於世間眾生種種界分不同，如實遍知；七、遍趣行智力，謂如來於六道有漏行所至處、涅槃無漏行所至處如實遍知；八、宿住隨念智力，即如實了知過去世種種事之力；如來於種種宿命，一世乃至百千萬世，一劫乃至百千萬劫，死此生彼，死彼生此，姓名飲食、苦樂壽命，如實遍知；九、死生智力，謂如來藉天眼如實了知眾生死生之時，與未來生之善惡趣，乃至美醜貧富等善惡業緣；十、漏盡智力，謂如來於一切惑餘習氣分永斷不生，如實遍知。（二）菩薩十力者，乃十迴向中，第九無縛無著解脫迴向位之菩薩所具足之十種作用，十者即：深心力（直心力）、增上深心力（深心力）、方便力、智力（智慧力）、願力、行力、乘力、神變力（遊戲神通力）、菩提力、轉法輪力。

〔二〕《華嚴經》曰一段，見《大方廣佛華嚴經》卷十三〈光明覺品第九〉。

〔三〕棗柏，見第十七條注一。

〔四〕阿蘭若，見第四十二條注一。

〔五〕棗柏曰一段，見《新華嚴經論》卷八〈三明分其序分者〉。

55. 了茲名不實，長馭白牛車

《解深密經》曰：「翳眼人如遍計〔一〕，現青黃如依他〔二〕，淨眼如圓成〔三〕。」〔四〕

傳曰：分別性如蛇，依他性如藤。若人緣四塵相〔五〕分析此藤，但見四相，不見別藤，但見色、香、味、觸相故。藤非實有，以離四塵外，無別有藤。所以偈曰：「於藤起蛇知，見藤則無境。若知藤分已，藤知如蛇知。」〔六〕若知藤之性分〔七〕是空，則例如藤上妄生蛇想。〔八〕故傅大士〔九〕偈曰：「妄計因成執，迷繩為是蛇。心疑生暗鬼，眼病見空花。一境雖無異，三人乃見差。了茲名不實，長馭白牛車。」

【注文】

〔一〕遍計，見第四十條注一。

〔二〕依他，見第四十條注一。

〔三〕圓成，見第四十條注一。

〔四〕《解深密經》曰一段，見《解深密經》卷一〈心意識相品第三〉。

〔五〕四塵，又作四微，指色塵、香塵、味塵、觸塵。塵，梵語 artha，新譯作境，為垢染眾生心之義。色塵者，即指青、黃等顯色，及長、短、方、圓等形色；香塵者，指好、惡等之氣味；味塵者，指甘、醋等之味；觸塵者，指能造之地、水、火、風四大，及滑、澀等之性。

〔六〕「於藤起蛇知」一偈，見一卷本《解捲論》。

〔七〕性分，係指諸法差別之自性。《摩訶止觀》卷五云：「界名界別，亦名性分。」

〔八〕案：以上皆見《宗鏡錄》卷五十九〈答此三性中，幾法是假，幾法是實〉。

〔九〕傅大士，見第四十九條注四。

56. 取一切眾生如己身故，而亦不取眾生相

《起信論》曰：「以取一切眾生如己身故，而亦不取眾生相，此以何義？謂如實知一切眾生及與己

身，真如平等，無別異故。以有如是大方便智，除滅無明，見本法身，自然而有不思議業種種之用，即與真如等，遍一切處。」〔一〕

傳曰：若真能敬重自己佛性，即於一切眾生，以交神之道見之，何以故？以我與眾生無差別故。比丘辰巳之間齋者，以與眾生接，不得不齋。〔二〕《易．同人》卦曰：「文明以健，中正而應，君子也。」文明，禮也，粲然與物接而健達之；中正，德也，介然與物辯而應從之。與物接而達，與物辯而從，此君子所以同人之際，不可得而親疏也。龍興宗靖禪師〔三〕初參雪峰〔四〕，宗承印可，乃自誓充飯頭〔五〕。服勞餘十載，嘗於眾堂中，袒一膊釘簾，雪峰覩而記曰：「汝向後住持有千僧，其中無一人衲子也。」靖悔過，辭歸台州，住六通院。錢王請居龍興寺，有眾千餘，唯三學〔六〕講誦之徒，果如雪峰所誌。〔七〕

【注文】

〔一〕《起信論》曰一段，見一卷本《大乘起信論》。

〔二〕比丘辰巳之間齋者，《林間錄》卷上云：「王文公曰：『佛與比丘辰巳間應供，名為齋者，與眾生接，不可不齋。』」

〔三〕龍興宗靖禪師，生年不詳，台州（浙江臨海縣）人。初參雪峰，密承宗印，後住六通院，錢王命居龍興寺，後特加禮，延請入府，以始住院署六通大師。顯德元年甲寅季冬月示滅。壽八十四，塔于大慈山。參閱《景德傳燈錄》卷十九。

〔四〕雪峰，見第三十條注一。

〔五〕飯頭，禪宗叢林之職稱，為十務之一，隸屬典座之下，掌理大眾粥齋之人。舉凡酌量僧眾之人數、檢看米穀之精粗、分別水漿之清濁、撙節菜蔬之多寡、顧慮柴薪之有無，乃至炊具之洗滌、餿淹之處理等，皆在職役範圍之內。

〔六〕三學，梵語 tisrah ciksah，巴利語 tisso sikkha。乃學佛者所必修之戒、定、慧三學，又作三勝學。

〔七〕宗靖禪師初參雪峰一段，見《景德傳燈錄》卷十九〈杭州龍興宗靖禪師〉。

57. 一切聖人不同凡夫情執知見

《楞伽經》曰：「佛告大慧：『為世間以彼惑亂，諸聖亦現，而非顛倒。大慧，如春時燄、火輪、垂髮、乾闥婆城〔一〕、幻夢、鏡像、世間顛倒，非明智也，然非不現。』」〔二〕

傳曰：《涅槃經》曰：「迦葉菩薩白佛言：『世尊！若以因此煩惱之想，生於倒想，一切聖人實有倒想而無煩惱，是義云何？』佛言：『善男子，云何聖人而有倒想？』迦葉菩薩言：『世尊！一切聖人，牛作牛想，亦說是牛；馬作馬想，亦說是馬。男女、大小、舍宅、車乘、去來亦爾，是名倒想。』『善男子，一切凡夫有二種想：一者世流布想，二者著想。一切聖人唯有世流布想，無有著想。一切凡夫惡覺觀故，於世流布生於著想。一切聖人善覺觀故，於世流布不生著想。是故凡夫名為倒想，聖人雖知，不名倒想。』」〔三〕蓋境本自空，何須壞相？而心虛自照，豈假緣生乎？以是一切聖人，不同凡夫能所〔四〕情執知見也。《廣博嚴經》曰：「佛令阿難遍告諸比丘，使集聽法。阿難承佛慈旨，報已復還佛所，而白佛言：『是諸比丘言：「我等見祇陀林中，大水盈滿，大光普照，房舍園林，悉不復現。以是事故，悉來不得。」』佛告阿難：『彼諸比丘於非水中而作水想，不唯於非水中而作水想，亦於非色中而作色想；非受、想、行、識中而作受、想、行、識想。』」〔五〕此所謂以彼惑亂，惡覺觀故，於世流布生於著想也。

【注文】

〔一〕乾闥婆城，梵語 gandharva-nagara，又作揵闥婆城、健達縛城、巘達縛城，略作婆城、乾達城、乾城，意譯尋香城。傳相為乾闥婆神於空中所化現之城郭、樓閣、山川、林野等，經典常用此喻不實之法。又西域樂人亦名乾闥婆，彼樂人常以幻術幻作城郭，是亦稱為「乾闥婆城」。《大智度論》卷六云：「可眼見，無有實，是名揵闥婆城。」

〔二〕《楞伽經》曰一段，見《楞伽阿跋多羅寶經》卷二〈一切佛語心品之二〉。

〔三〕《涅槃經》曰一段，見南本《大般涅槃經》卷三十四。

〔四〕能所，見第四十一條注四。

〔五〕《廣博嚴經》曰一段，見《佛說廣博嚴淨不退轉輪經》卷一。

58. 智入三世而無來往

《華嚴經》曰：「智入三世而無來往。」〔一〕

傳曰：棗柏〔二〕曰：「此華藏世界海，明此教法一念三世故。一念者，為無念也，無念即無三世古今等法，以明法身無念，一切眾生妄念三世多劫之法，不離無念之中。以是義故，此華藏世界所有莊嚴境界，能現諸佛業、眾生三世所行行業因果，總現其中。或過去業現未來中，或未來業現過去中，或過去、未來業現現在中，或現在業現過去、未來中。如百千明鏡俱懸，四面前後影像，互相徹故，為法界之體性無時故，妄計三世之業，頓現無時法中。故《經》曰：『佛子！汝應觀察，剎種威神力。未來諸國土，如夢悉令現。十方諸世界，過去國土海。咸於一剎〔三〕中，現像猶如化。三世一切佛，及以其國土。於一剎種中，一切悉觀見。』〔四〕乃作偈曰：「三世無有時，妄計三世法。以真無妄想，一念現三世。三世無時者，亦無有一念。計著三世法，總現無時中。了達無時法，一念成正覺。」〔五〕《西域記》曰：「有隱士廬深山中，得神術，能黃金瓦礫，但未能馭風騎氣耳。久之，有授以飛昇法者，當袐壇使烈士抱長劍立壇隅，屏息達旦，隱士乃自誦秘咒，然後當仙去。隱士後得烈士，傾意待之，烈士願效力為報，隱士曰：『但欲汝為我一夕不語耳。』烈士許諾曰：『死且不辭，矧不語乎！』於是依法行事。將曉矣，烈士忽大叫，空中火墮，煙焰蓬勃，隱士引之蒼黃入水以避，讓之曰：『誡子無聲，乃驚叫何也？』烈士曰：『受命之後，昏然如夢。見昔所事主人，責以不語，欲不利。我以受恩深厚，終不答，遂為所殺。托生南印土大婆羅門家，追惟厚恩，自少及壯，終以默然。俄生一子，其妻曰：『汝若不語，即殺此兒。』自念事已隔生，不忍令殺。因止之，遂發言。』隱士曰：『魔所嬈也。』遂激恚而死。」〔六〕

【注文】

〔一〕《華嚴經》曰一語，《大方廣佛華嚴經》卷一〈世主妙嚴品〉云：「爾時世尊，處于此座，於一切法，成最正覺。智入三世，悉皆平等。其身充滿，一切世間；其音普順，十方國土。譬如虛空，具含眾像，於諸境界，無所分別。」

〔二〕棗柏，見第十七條注一。

〔三〕剎，見第四條注十五。

〔四〕棗柏曰一段，見《新華嚴經論》卷十三〈六釋華藏世界純雜無礙者〉。

〔五〕「三世無有時」一偈，見《大方廣佛華嚴經》卷十〈華藏世界品第五之一〉。

〔六〕《西域記》曰一事，參閱《大唐西域記》卷七〈施鹿林東行二三里至窣堵波〉。

【寂音尊者智證傳卷之六】

59. 日用不隔絲毫

〈參同契〉曰：「當明中有暗，勿以暗相遇。當暗中有明，勿以明相覩。明暗各相對，比如前後步。萬物自有功，當言用及處。」〔一〕

傳曰：萬物若有功，則所言當至其處，如鉗取物，如日舒光，如呼火則口吻為所燒；明暗若有功，則如人行步，舉左足即右足隨之，以明暗無體性，萬物無功動，故為是論也。《寶積經》曰：「佛言：『譬如然燈，一切黑暗，皆自無有。無所從來，去無所至。非東方來，去亦不至。南西北方，四維上下，不從彼來，去亦不至。』」〔二〕而此燈明，無有是念：我能滅暗；但因燈明，法自無暗。明暗俱空，無作無取。《首楞嚴》曰：「譬如虛空，體非諸相，而不礙彼諸相發揮。」〔三〕蓋於日用不隔絲毫。

【注文】

〔一〕〈參同契〉曰一偈，見《景德傳燈錄》卷三十〈南嶽石頭和尚參同契〉。

〔二〕《寶積經》曰一段，見《大寶積經》卷一一二〈普明菩薩會〉。

〔三〕《楞嚴經》曰 一段，見《大佛頂首楞嚴經》卷四。

60. 隨順覺性

《圓覺經》曰：「居一切時，不起妄念。於諸妄心，亦不息滅。住妄想境，不加了知。於無了知，不辯真實。彼諸眾生，聞是法門，信解受持，不生驚畏，是則名為隨順覺性。」〔一〕

傳曰：此一段義，敘五性〔二〕差別，然前文必結曰「此名凡夫隨順覺性」、「此名菩薩未入地者隨順覺性」、「此名菩薩已入地者隨順覺性」、「此名如來隨順覺性」，至於此則曰「隨順覺性」而已，何也？曰：世尊之意，欲學者出情離見。非特此經，如《法華經》曰：「如此種種羊車、鹿車、牛車今在門外，及其安隱得出，則各賜諸子等一大車。」〔三〕夫未出火宅，則三車有羊、鹿、牛之名。既出矣，即沒其牛名，但曰大車，亦此意也歟。瑯琊覺禪師〔四〕嘗問講僧曰：「如何居一切時，不起妄念？」對曰：「起即是病。」又問：「如何是於諸妄心，亦不息滅？」對曰：「息即是病。」又問：「如何是住妄想境，不加了知？」對曰：「知即是病。」又問：「如何是於無了知，不辯真實」對曰：「辯即是病。」覺公笑曰：「汝識藥矣，然未識藥中之忌也。」寶覺禪師〔五〕則為之偈曰：「黃花熳熳，翠竹珊珊。江南地暖，塞北春寒。遊人去後無消息，留得雲山到老看。」〔六〕

【注文】

〔一〕《圓覺經》曰一段，見一卷本《大方廣圓覺修多羅了義經》。

〔二〕五性，係法相宗所立，一切眾生機類，分為五性，而定成佛不成佛。一、定性聲聞，即可開阿羅漢果之無漏種子者；二、定性緣覺，即可開辟支佛果之無漏種子者；三、定性菩薩，即可開佛果之無漏種子者；

四、不定性，此中復有四種：菩薩聲聞不定、菩薩緣覺不定、聲聞緣覺不定、聲聞緣覺菩薩不定；五、無性，即無三乘之無漏種子，但有可開人天果之有漏種子者。

〔三〕《法華經》曰一段，《妙法蓮華經》卷二〈譬喻品〉云：「舍利弗！若國邑聚落有大長者，其年衰邁，財富無量，多有田宅及諸僮僕。其家廣大，唯有一門，多諸人眾，一百二百乃至五百人，止住其中。堂閣朽故，牆壁隤落，柱根腐敗，梁棟傾危，周匝俱時欻然火起，焚燒舍宅。長者諸子，若十、二十或至三十，在此宅中。長者見是大火，從四面起，即大驚怖，而作是念：我雖能於此所燒之門安隱得出，而諸子等，於火宅內，樂著嬉戲，不覺、不知、不驚、不怖，火來逼身，苦痛切己，心不厭患，無求出意……爾時長者即作是念：此舍已為大火所燒，我及諸子，若不時出，必為所焚。我今當設方便，令諸子等，得免斯害。父知諸子先心各有所好，種種珍玩奇異之物，情必樂著，而告之言：『汝等所可玩好，希有難得，汝若不取，後必憂悔。如此種種羊車、鹿車、牛車，今在門外，可以遊戲。汝等於此火宅，宜速出來，隨汝所欲，皆當與汝。』爾時諸子聞父所說珍玩之物，適其願故，心各勇銳，互相推排，競共馳走，爭出火宅。」

〔四〕瑯琊（琊）覺禪師，北宋僧，西洛人，名慧覺。弱冠時，父為衡陽太守，因疾而歿於任地，扶靈柩自衡陽歸洛，過澧州（湖南）藥山古寺，宛若宿居於此，遂緣此出家。復遊方參學，得法於汾陽善昭禪師，後住滁州（安徽）瑯琊山，大振臨濟宗風，號廣照禪師，世稱瑯琊慧覺，淮南地區多蒙其遺化。其時明州（浙江）雪竇重顯禪師則唱雲門法道，時人稱為「二甘露門」。參閱《釋氏稽古略》卷四、《續傳燈錄卷》三、《五燈會元》卷十二、《五燈嚴統》卷十二、《禪宗正脈》卷十二。

〔五〕寶覺禪師，見第十七條注八。

〔六〕寶覺禪師一偈，《禪林類聚》卷八〈圓覺經佛謂清淨慧菩薩〉作：「黃花漠漠，翠竹珊珊。嶺南地暖，塞北地寒。遊人去後無消息，留得溪山到老看。」

61. 正中妙挾，挾路通宗，通塗挾帶

洞山悟本禪師〔一〕所立：正中妙挾，挾路通宗，通塗挾帶。〔二〕

傳曰：百丈曰：「依文解義，三世佛冤。離經一字，即同魔說。」〔三〕故教外宗旨，其所開示，必曰「藉教」；如言妙挾，則曰「正中」；如言挾路，則曰「通宗」；如言挾帶，則曰「通塗」，蓋本一挾帶，而加妙字耳。然挾帶之語，必有根本，大乘所緣緣義曰：「言是帶己相者，帶與己相各有二義。言帶有二義者：一者挾帶，即能緣心，親挾境體而緣；二者變帶，即能緣心變，起相分而緣也。」〔四〕曹山〔五〕見杜順〈法身頌〉〔六〕，曰：「我意不欲與麼道」，乃自作之曰：「渠本不是我，我本不是渠。渠無我即死，我無渠即餘。渠如我是佛，我如渠即驢。不食空王〔七〕俸，何假鴈傳書。我說橫身倡，君看背上毛。乍如謠白雪，猶恐是巴歌。」〔八〕予觀曹山之語皆妙挾也，語不挾帶，則如能緣之心不挾境體，則是渠無我，我無渠。血脈斷緣，世流布想耳，非宗旨也。

【注文】

〔一〕洞山悟本禪師，見第三十五條注七。

〔二〕洞山悟本禪師所立正中妙挾，挾路通宗，通塗挾帶，見《筠州洞山悟本禪師語錄》卷一〈寶鏡三昧歌〉：「正中妙挾，敲唱雙舉。通宗通塗，挾帶挾路。」惠洪於《智證傳》末，附評〈寶鏡三昧〉則云：「妙挾，語忌十成；雙舉，語有清濁；通宗，自受用三昧，機不昧終始；通塗，他受用三昧，賓主音信相通，血脈不斷。」

〔三〕百丈曰一段，《百丈懷海禪師語錄》：「問：『依經解義，三世佛冤。離經一字，如同魔說時如何？』師云：『固守動靜，三世佛冤，此外別求，如同魔說。』」

〔四〕大乘所緣緣義曰一段，《宗鏡錄》卷七十一云：「所緣緣者，謂是心之所慮處故，名為所緣。只此所緣境，又有牽心令生，是心之所託故。復說名緣，即所緣為緣，名所緣緣。緣是體，所緣是用，六識之中，所緣即緣，持業釋也。今先立正義者，汝鞠多師，不解我大乘所緣緣義，只如我大乘言，是帶己相者，帶與己相各有二義。言帶有二義者：一者挾帶，即能緣心，親挾境體而緣；二者變帶，即能緣心，變起相分而緣。」

〔五〕曹山，見第二十六條注一。

〔六〕杜順，見第四十九條注二；〈法身頌〉，見第四十九條「傳曰」。

〔七〕空王，乃諸佛之別名，以諸佛親證諸法空性，寂靜無礙，聖果無匹，故名空王。

〔八〕曹山〈法身偈〉，見《曹山本寂禪師語錄》卷一〈師讀杜順傳大士所作法身偈〉。

62. 和合不可見，是故無塵法

《破色心論》曰：「云何得知諸佛如來依此義故，說有色等一切諸入，而非實有色等諸入。又以識等能取境界，以是義故，不得說言無色等入。答曰：偈言：『彼一非可見，多亦不可見。和合不可見，是故無塵法。』」〔一〕

傳曰：無著菩薩〔二〕曰：「此義不然。何以故？有三義故無色等入。何等為三？一者為實有一微塵，如彼外道衛世師〔三〕等，虛妄分別，離於頭目身分等外，實有神我。微塵亦爾，言有神我而不可得見，離色香等實有不耶？二者為實有多微塵，差別可見不耶？三者為多微塵和合可見不耶？此明何義？若實有彼一微塵者，則不可見。如彼外道衛世師等虛妄分別，離於頭目身分等外，有一神我不可得見。微塵亦爾，離色、香等不可得見，是故無一實塵可見。是故偈言『彼一非可見』故；若實有多微塵差別者，應一一微塵歷然可見，而不可見，以是義故，多塵差別，亦不可見，是故偈言『多亦不可見』故；若多微塵和合可見者，此亦不然，何以故？以一微塵實無有物，云何和合？是故不成，是故偈言『和合不可見，是故無塵法』。」〔四〕《中觀論》偈曰：「諸法不自生，亦不從他生。不共不無因，是故說無生。」〔五〕以此偈意，觀前無塵之論，曉然如視白黑矣。

【注文】

〔一〕《破色心論》曰一段，見一卷本《唯識論》。

〔二〕無著菩薩，梵名 Asavga，音譯阿僧伽，又名無障礙。北印度健馱邏國人，四、五世紀時，大乘佛教瑜伽行派創始者之一。父名憍尸迦（梵 Kaucika），為國師婆羅門。有兄弟三人，皆稱婆藪槃豆（梵 Vasubandhu）。初於小乘薩婆多部（說一切有部）出家，因思惟空義，不能得入，欲自殺，時東毘提訶（梵 Videha）有賓頭羅（梵 Pindola）前來為說小乘空觀。初聞悟入，然對此猶不滿意，乃以神通往兜率天從彌勒菩薩受大乘空觀，歸來如說思惟，遂達大乘空觀。後又數往兜率天學《瑜伽師地論》，並集眾宣說之。由是大乘瑜伽法門傳至四方。又撰論疏釋諸大乘經。其弟世親（一作天親）本習小乘，後依其勸，遂歸大乘，並竭力舉揚大乘教義。著有《金剛般若論》、《順中論》、《攝大乘論》、《大乘阿毘達磨雜集論》、〈顯揚聖教論頌〉、〈六門教授習定論頌〉等。參閱《金剛仙論》卷十、《瑜伽師地論釋》、《大唐西域記》卷五、《南海寄歸內法傳》卷四、《往五天竺國傳》。

〔三〕衛世師，係指衛世師學派。二世紀頃，印度婆羅門教有六家學派，即：彌曼差學派（Mimamsa）、吠檀多學派（Vedanta）、僧佉學派（Samkhya）、瑜伽學派（Yoga）、衛世師學派（Vaicesika）、尼柔學派（Naiyayika）。

〔四〕案：《破色心論》即《唯識論》之別名，係無著之弟天親菩薩所造，《智證傳》誤。此可與第九十九條互參。

〔五〕《中觀論》一偈，見《中論》卷一〈觀因緣品第一〉。

63. 了達無生

《百門義海》曰：「達無生者，為塵是心緣，心為塵因，因緣和合，幻相方生。由從緣生，必無自性，何以故？今塵不自緣，起待於心；心不自心，必待於緣。由相待故，則無定屬，以無定屬，緣生則名無生，非去緣生說無生也。論曰：『因不自生，緣生故生。緣不自生，因生故色。』今因緣生，方得名生，了生無性，方是無生。然生與無生，互成互奪，奪即無生，成即緣生。由即成即奪，是故生時無生，如是了者，名達無生也。」〔一〕

傳曰：僧伽難提尊者〔二〕至摩提國，見伽耶舍多尊者〔三〕。時伽耶方為童子，既與薙落，聞風吹殿銅鈴聲，僧伽難提問曰：「鈴鳴耶？風鳴耶？」伽耶舍多曰：「非風非鈴，我心鳴耳。」曰：「心復誰乎？」伽耶舍多曰：「俱寂靜故。」於是僧伽難提尊者曰：「善哉！善哉！繼吾道者，非子而誰！」即付法，偈曰：「心地本無生，因地從緣起。緣種不相妨，華果亦復爾。」其後伽耶舍多至大月氏國見鳩摩羅多，付法作偈曰：「有種有心地，因緣能發萌。於緣不相礙，當生生不生。」〔四〕

【注文】

〔一〕案：《百門義海》係棗柏大士李通玄所著，本段出自賢首法藏《華嚴經義海百門．緣生會寂門第一》，《智證傳》誤。惠洪混淆《義海百門》為《百門義海》，可參見第七十七條注二。

〔二〕僧伽難提尊者，梵名 Samghanandi，又作僧迦那提、僧佉難提，西天付法第十六祖（或作十七祖）。室羅閥城寶莊嚴王之子，生而能言，常讚佛事。七歲即厭世而依禪利多出家，十九年間未曾懈怠。《付法藏因緣傳》卷六載其曾以一偈探試一羅漢謂：「轉輪種中生，非佛非羅漢，不受後世有，亦非辟支佛。」羅漢不解，升天以問彌勒菩薩，彌勒遂告羅漢：「世人以泥團置於輪上，埏埴成瓦，如是瓦者，豈與諸聖同至後世？」羅漢遂得開解，返閻浮提，宣說該事。西漢昭帝十三年（西元前七四年）攀樹而化。參閱《景德傳燈錄》卷二、《傳法正宗記》卷三、《佛祖統紀》卷五、《佛祖歷代通載》卷五。

〔三〕伽耶舍多尊者，約西元前一世紀印度摩提國人，又稱僧佉耶舍，西天付法第十八祖（或作第十七祖）。母夢大神持一圓鏡，因而有娠，七日後誕生，肌體晶瑩，自然香潔。幼好閑靜，言語舉止異於尋常童子。一日，手持圓鏡出遊，遇十七祖難提尊者得度，受具足戒。活躍於大月氏國，後由鳩摩羅多嗣其法。西漢成帝永始四年入滅。參閱《寶林傳》卷四、《景德傳燈錄》卷二。

〔四〕僧伽難提尊者與伽耶舍多尊者事，見《景德傳燈錄》卷二〈第十七祖僧伽難提〉。

64. 若無所得，澹然清淨，攀緣永絕

《維摩經》曰：「何謂病本？謂有攀緣〔一〕，從有攀緣，則為病本。何所攀緣？謂之三界。云何斷攀緣？以無所得，若無所得，則無攀緣。」〔二〕

傳曰：《瑜伽師地論》曰：「如經言，清淨行苾芻〔三〕，於時時間，正作意思惟五相〔四〕，乃至廣說方便，勤修增上心者，乃得名為清淨行。諸惡不善，欲等尋思，及親里等所有尋思，皆於此行為障礙故。」〔五〕唐方士邢和璞，嘗與房琯游。至夏口佛祠，和璞使人钁於古松之下，得大甕。甕中有畫一軸，展視之，乃婁師德永禪師像也。和璞謂琯曰：「能憶此乎？」琯罔然不知。和璞令靜默少頃，琯忽自見其身為永禪師也。〔六〕溈山祐禪師〔七〕住山久，自乃知前身嘗為越州村寺，誦《法華經》僧也。

【注文】

〔一〕攀緣，梵語alambana，攀取緣慮之意，意指心執著於某一對象之作用。眾生妄想緣取三界諸法，此乃一切煩惱之根源。凡人妄想微動，即攀緣諸法；妄想既有所攀緣，則善惡已分；善惡既分，則憎愛並熾，由是內煩眾結，外生萬疾，此皆攀緣作用所致者。

〔二〕《維摩經》曰一段，見《維摩詰所說經》卷二〈文殊師利問疾品〉。

〔三〕苾芻，梵語bhiksu，巴利語bhikkhu，又作比丘、備芻，意譯乞士、除士、薰士、破煩惱、除饉、怖魔等。為佛教教團五眾（或七眾）之一。即出家入道，受具足戒之男子。苾芻以無所營於生計，悉賴乞食而清淨活命，故稱乞士。除六情之飢，斷貪欲染，而以善法薰修，故稱除士、除饉、薰士。修養善道而破煩惱，故稱破煩惱。以盡形壽受持淨戒，故又稱淨持戒。以必入涅槃，使魔畏怖，故稱怖魔。

〔四〕　五相，指天人之五衰相。六趣中之天人於臨終時，顯現衣裳垢膩、頭上花萎、身體臭穢、腋下汗出、不樂本座等五種衰相。

〔五〕　《瑜伽師地論》曰一段，見《瑜伽師地論》卷一三〈本地分中三摩呬多地第六之三〉。

〔六〕　和璞得婁師德所繪永禪師像一事，見《佛祖統紀》卷四十一、卷五十三。

〔七〕　溈山祐禪師，見第四條注十三。

65. 不得成佛道與皆已成佛道

《法華經》曰：「大通智勝佛，十劫坐道場。佛法不現前，不得成佛道。」〔一〕

傳曰：《經》蓋嘗言：「若人散亂心，入於塔廟中。一稱南無佛，皆已成佛道。」〔二〕豈一部之經，首尾自相違戾？曰：予論此經，蓋皆象也。聖人非不欲正言，以有不可勝言者，唯象為能盡其意。佛意以智身不可以三昧〔三〕處求故也，以智體無所住、無所依故。若生想念願樂見之，即如所應現，無有處所依止故。猶如空谷響，但有應物之音，若呼之即應，無有處所可得故。《華嚴經》曰：「有欲見普賢身及座者，但生想念是也。」〔四〕夫於散亂心時，一念佛號，便得覺道；但生想念，即見普賢。而十劫在定，謂佛法不現；遍會推求，謂普賢不見，非鈍根所知之境也。

【注文】

〔一〕　《法華經》曰一段，見《妙法蓮華經》卷三〈化城喻品〉。

〔二〕「若人散亂心」一偈，見《妙法蓮華經》卷一〈方便品第二〉。

〔三〕三昧，梵語 samadhi 之音譯，巴利語同，又作三摩地、三摩提、三摩帝。意譯為等持、定、正定、定意、調直定、正心行處等。即將心定於一處（或一境）之安定狀態。又俗語形容妙處、極致、蘊奧、訣竅等，皆以三昧稱之，蓋即套用佛教用語而轉意者，然已與原義迥然有別。

〔四〕《華嚴經》曰一段，《大方廣佛華嚴經》卷四十〈十定品〉云：「爾時佛告普眼菩薩及諸眾會言：『諸佛子！汝等宜更禮敬普賢，慇懃求請。又應專至，觀察十方，想普賢身，現在其前。如是思惟，周遍法界，深心信解，厭離一切。』」

66. 應觀是色作無相想

《大法炬陀羅尼經》曰：「復次應觀是色作無相想。云何觀色作無相想？當知此色生滅輪轉，念念不停。毗舍佉〔一〕，如是色相，不可眼見，當知彼是意識境界，唯意所知，是故不可以眼得見。」〔二〕

傳曰：護法菩薩〔三〕曰：「五識唯緣實五塵境，不緣假法，以任運而緣。不作行解，不帶名言，是現量故。如眼識緣青、黃、赤、白等實色之時，其長短方圓之假色，雖不離青、黃、赤、白等實色之上，然眼識但緣實，不緣假也。既不緣假，則是意識作長、短、方、圓之心而緣也。蓋五識之初念，與明了意識緣五塵境之時，唯是現量，得五塵之實色。若後念分別意識起時，即是行解心中，作長、短、方、圓之色而緣，是比量心緣也。」〔四〕故《經》曰：「當知彼是意識境界，唯意所知，是故不可以眼得見。」〔五〕奉先慧超禪師〔六〕每曰：「大眾！見聞覺知，只可一度。」〔七〕其有得於此乎！

【注文】

〔一〕毗舍佉，佛陀弟子名。

〔二〕《大法炬陀羅尼經》曰一段，見《大法炬陀羅尼經》卷六〈法師相品〉。

〔三〕護法菩薩，梵名 Dharmapala，唯識十大論師之一。六世紀時人，為南印度達羅毘荼國（梵 Dravida）大臣之子。本與王女有婚約，然於婚日落髮出家。精通大小乘教學，於摩揭陀國那爛陀寺廣布教化，學徒數千人。二十九歲退隱大菩提寺，專事著述。三十二歲示寂。著有《大乘廣百論釋論》、《成唯識寶生論》、《觀所緣論釋》等。又玄奘編譯之《成唯識論》十卷，係以護法之釋論為中心，另合糅其他九位論師之著作而成。參閱《大唐西域記》卷五、卷九、《大慈恩寺三藏法師傳》卷三、《南海寄歸內法傳》卷四。

〔四〕護法菩薩曰一段，見《宗鏡錄》卷五十三〈答未轉依中，前五轉識，於三量中，定是何量〉。

〔五〕「當知彼是意識境界」一段，同注二。

〔六〕奉先慧超禪師，即法施策真，生年不詳，慧超為其本名。曹州（河南）人，俗姓魏。升淨慧之堂，先住廬山歸宗寺，後居金陵奉先寺，未幾復遷止報恩道場，太平興國四年歸寂。參閱《景德傳燈錄》卷二十五。

〔七〕慧超禪師曰一段，見《景德傳燈錄》卷二十五〈廬山歸宗寺法施禪師策真〉。

67. 五蘊皆空

《般若波羅蜜多心經》曰：「照見五蘊〔一〕皆空，度一切苦厄。」〔二〕

傳曰：《華嚴》十萬偈，而〈十地品〉第六地唯論十二緣生〔三〕。十二緣生者，三苦〔四〕已成之軀是也。《首楞嚴》十卷，披剝根境詳矣，而其終特言五蘊，亦三苦已成之軀是也。佛意若曰：「吾之法妙，不出眾生日用，使學者於凡夫身實證耳。」如與阿難微細推檢陰入界處一一皆空，非因、非緣、非自然性。夫非因，即是不自生也；非緣，即是不他生也。既不自生，又不因他，則安有和合？即是不共生也；非自然性，即是非無因生也。四句無生，界從何有也？永嘉〔五〕曰：「明識一念之中五陰者，謂歷歷分明，即是識陰；領納在心，即是受陰；心緣此理，即是想陰；行用此理，即是行陰；穢汙真性，即是色陰。此五陰者，舉體即是一念，一念者，舉體全是五陰。歷歷見在一念之中，無有主宰，即是人空慧；見如幻化，即是法空慧。」〔六〕予觀永嘉之談五蘊，如駭雞犀之枕〔七〕，四面視之，其形常正，蓋無師自然智所成就也。

【注文】

〔一〕五蘊，參閱第二十條注二。

〔二〕《般若波羅蜜多心經》曰一語，見一卷本《般若波羅蜜多心經》。

〔三〕〈十地品〉論十二緣生者，《大方廣佛華嚴經》卷二十五〈第六地〉云：「一切凡夫，常隨邪念，行邪妄道。愚癡所盲，貪著於我，習起三行：罪行、福行、不動行。以是行故，起有漏心種子；有漏有取心故，起生死身。所謂業為地，識為種子，無明覆蔽，愛水為潤，我心溉灌種種諸見，令得增長，生名色芽。因名色故生諸根；諸根合故有觸；從觸生受；樂受故生愛；愛增長故有取；取因緣故有有；於有起五陰身名為生；五陰變名為老；五陰滅名為死。老死因緣，有憂悲熱惱，眾苦聚集，是十二因緣。」

〔四〕三苦，係唯識宗所立：一者所取苦，又作取苦。於遍計所執性上，執持實我、實法，遂於能取之心感苦；二者事相苦，又作相苦。於依他起性上，見苦苦、壞苦、行苦等三相；三者和合苦，於圓成實性上取苦之義，即真如與一切有漏有為之苦相和合，故稱苦，然其體實無。

〔五〕永嘉，見第五條注一。

〔六〕永嘉曰一段，見一卷本《永嘉禪宗集》。本文由「微細推檢」至「即是法空慧」，亦見於《宗鏡錄》卷六十九。

〔七〕駭雞犀，《抱朴子．內篇》卷十七云：「又通天犀有一赤理如綖，自本徹末，以角盛米，置雞群中，雞欲啄之，未至數寸，即驚卻退，故南人或名通天犀為駭雞犀。以此犀角登涉著穀積上，百鳥不敢集，大霧重露之夜，以置中庭，終不沾濡也。」犀角可以為枕，《續高僧傳》卷十七〈南嶽衡山釋慧思傳〉云：「大都督吳明徹敬重之，至奉以犀枕。」

68. 若離於念，名為得入

《起信論》曰：「當知一切法不可說、不可念故，名為真如。問曰：『若如是義者，諸眾生等，云何隨順，而能得入？』答曰：『若知一切法，雖說，無有能說、可說；雖念，亦無能念、可念，是名隨順。若離於念，名為得入。』」〔一〕

傳曰：以方便觀，其說并念，皆無能所〔二〕，謂之隨順；而觀行深久，妄念自離，則契彼無念真理，謂之得入。夫言若離於念，名為得入，而論者曰：「方便觀法，久自離念者，為鈍根說也。」據佛祖本意，即不如是。予聞雲門偃禪師〔三〕初扣陳尊宿〔四〕之門，尊宿開門，把住曰：「道！道！速道！速道！」偃擬議，尊宿托開曰：「秦時𨍏轢鑽〔五〕。」雲門於是大悟於言下。〔六〕如雲門可名得入也。

【注文】

〔一〕《起信論》曰一段，見一卷本《大乘起信論》。

〔二〕能所，見第四十一條注四。

〔三〕雲門文偃（八六四—九四九），唐末五代僧，雲門宗之祖。浙江嘉興人，俗姓張，法名文偃。幼懷出塵之志，從嘉興空王寺志澄出家。未久，至毘陵壇受具足戒。遍覽諸經，深究《四分律》。後至睦州（浙江建德）參學於道明門下。經數載，盡得其道。又謁雪峰義存，依住三年，受其宗印。後歷叩諸方，參究玄要，聲名漸著。後梁乾化元年（九一一），至曹溪（廣東）禮六祖塔，後投於靈樹如敏會下，如敏推為首座。貞明四年（九一八）如敏示寂，偃嗣其法席，主持靈樹寺。同光元年（九二三），於雲門山創建光泰禪院，道風愈顯，海眾雲集，法化四播。後漢隱帝乾祐元年（九四八），南漢王劉龑敕賜匡真禪師。世壽八十六，僧臘六十六。北宋乾德四年（九六六），太祖復追謚大慈雲匡真弘明禪師。機鋒險峻，門風殊絕，世稱雲門文偃。有《廣錄》三卷、《語錄》一卷行世。參閱《雲門山光泰禪院匡真大師行錄》、《景德傳燈錄》卷十九、《禪林僧寶傳》卷二、《五燈會元》卷十五、《釋氏稽古略》卷三、《佛祖綱目》卷三十四、《釋氏疑年錄》卷五。

〔四〕陳尊宿（七八〇—八七八）唐代僧，黃檗希運法嗣，又名道蹤、睦州道明禪師。江南人，俗姓陳。居睦州（浙江）龍興寺，晦跡藏用。常織蒲鞋，密置於道上，鬻之以奉母。歲久，人知之，有陳蒲鞋之稱。學人來叩問，則隨問隨答，詞語銳不可當。由是四方歸慕，號為陳尊宿。嘗接引遊方修行中之雲門文偃，而以痛罵「秦時𨍏轢鑽」，傳為禪林佳話。唐．乾符四年示寂，世壽九十八。參閱《景德傳燈錄》卷十二、《五燈會元》卷四。

〔五〕𨍏轢鑽，為一需藉車拉轉，以使鑽物之大錐。秦始皇建阿房宮（一說萬里長城）時，曾造巨大之錐，其後此大錐已無用（一說年代久遠，鑽頭腐蝕無刃），禪林遂以「秦時𨍏轢鑽」喻機鋒遲鈍或無用之人。

〔六〕雲門扣陳尊宿之門一段，見《匡真禪師廣錄》卷下〈遊方遺錄〉。此可與第八十七條互參。

69. 直中還有曲，種麻還得粟

黃龍寶覺禪師〔一〕作〈老黃龍〔二〕生日偈〉曰：「昔人去時是今日，今日依前人不來。今既不來昔不往，白雲流水空悠哉。誰云秤尺平？直中還有曲。誰云物理齊？種麻還得粟。可憐馳逐天下人，六六元來三十六。」〔三〕

傳曰：《法華經》曰：「時富長者於師子座〔四〕，見子便識，心大懽喜，即作是念：『我財物庫藏，今有所付。我常思念此子，無由見之，而忽自來，甚適我願。我雖年朽，猶故貪惜。』即遣傍人急追將還。爾時使者疾走往捉，窮子驚愕，稱怨大喚：『我不相犯，何為見捉？』使者執之愈急，強牽將還。于時窮子自念：『無罪而被囚執，此必定死。』轉更惶怖，悶絕躃地。」〔五〕又常不輕菩薩「不專讀誦經典，但行禮拜，乃至遠見四眾〔六〕，亦復故往禮拜讚歎，而作是言：『我不敢輕於汝等，汝等皆當作佛。』

四眾之中，有生瞋恚，心不淨者，惡口罵詈言：『是無智比丘，從何所來？自言我不輕汝，而與我等授記，當得作佛，我等不用如是虛妄授記。』如此經歷多年，常被罵詈，不生瞋恚，常作是言：『汝當作佛。』說是語時，眾人或以杖木瓦石而打擲之，避走遠住，猶高聲唱言：『我不敢輕於汝等，汝等皆當作佛。』」〔七〕夫窮子追之即躃地；常不輕直告之，即被捶罵，是二者，不知直中有曲，種麻得粟者也。

【注文】

〔一〕黃龍寶覺禪師，見第十七條注八。

〔二〕老黃龍（一〇〇二—一〇六九），即黃龍慧南禪師。宋代僧，臨濟宗黃龍派之祖。信州玉山（江西上饒）人，俗姓章。少習儒業，博通經史，十一歲從定水院智鑾出家，十九歲受具足戒。遍參棲賢澄諟、雲峰文悅、石霜楚圓等諸宿，皆蒙器許。後於同安院開堂說法，四眾歸趨。未久移至歸宗寺，因堂宇遭火，全寺盡毀，遂蒙冤坐獄，吏者百端求隙，猶怡然引咎，久而後赦，乃退居黃檗，於溪上築積翠庵，四方接踵而至。受請至黃龍山崇恩院，大振宗風，遍及湖南、湖北、江西、閩、粵等地，蔚成黃龍派。每以公案廣度四眾，嘗設「佛手」、「驢腳」、「生緣」三轉語以勘驗學人，三十餘年鮮有契其旨者，世稱「黃龍三關」。住黃龍時，法席鼎盛，門下之晦堂祖心、寶峰克文、泐潭洪英等皆馳名禪林。宋神宗熙寧二年入寂，世壽六十八。徽宗大觀四年（一一一〇），追諡普覺禪師，有《黃龍南禪師語錄》、《語要》、《書尺集》等各一卷行世。參閱《續傳燈錄》卷七、《禪宗正脈》卷十七、《五燈嚴統》卷十七、《釋氏稽古略》卷四。

〔三〕寶覺禪師作〈老黃龍生日偈〉，見《寶覺祖心禪師語錄．先師圓寂日》；又見《禪林僧寶傳》卷二十五，文字略有差異。

〔四〕師子座，見第十七條注六。
〔五〕《法華經》曰一段，見《妙法蓮華經》卷二〈信解品第四〉。
〔六〕四眾，見第二十四條注四。
〔七〕常不輕菩薩一段，見《妙法蓮華經》卷六〈常不輕菩薩品第二十〉。

【寂音尊者智證傳卷之七】

70. 起唯諸緣起，滅唯諸緣滅

《金剛三昧經》偈曰：「法從分別生，還從分別滅。滅是諸分別，是法非生滅。」〔一〕

傳曰：《中觀論》曰：「無物從緣起，無物從緣滅。起唯諸緣起，滅唯諸緣滅。」〔二〕以是知色生時，但是空生；色滅時，但是空滅。譬如畫水成文，未嘗生滅。玄沙〔三〕曰：「鐘中無鼓響，鼓中無鐘聲。鐘鼓不交參，句句無前後。」〔四〕此真緣起無生之旨也。

【注文】

〔一〕《金剛三昧經》一偈，見《金剛三昧經》卷一〈如來藏品〉。

〔二〕案：今本《中觀論》不見此偈，而見於唐．波羅頗蜜多羅譯《般若燈論釋》卷四〈釋觀五陰品〉引《楞伽經》偈。《宗鏡錄》卷四十四云：「《中觀論》偈云：『無物從緣起，無物從緣滅。起唯諸緣起，滅唯諸緣滅。』」則惠洪或據永明此段而論。

〔三〕玄沙，見第三十條注三。

〔四〕玄沙曰一段，見《福州玄沙宗一禪師語錄》卷上。

71. 觀方知彼去，去者不至方

《肇論》曰：「觀方知彼去，去者不至方。」〔一〕

傳曰〔二〕：此明三時無去來，以辯不遷也。如人初在東方立，即名未去，故未去不得名為去。若動一步離本處，反望東方名已去，故已去不得名為去。或入（惑人）便轉計〔三〕云：「動處則有去，此中有去時。非已去未去，是故去時去。」〔四〕龍勝〔五〕所論，正破此執，曰：「若有已去未去，則有去時；若無已去未去，則無去時。」故偈曰：「離已去未去，去時亦無去。」〔六〕如因兩邊短，有中間長；若無邊短，即無中間長也，於是以偈斷之曰：「已去無有去，未去無有去。離已去未去，去時亦無去。」〔七〕

【注文】

〔一〕《肇論》曰一段，見《肇論．物不遷論》。

〔二〕案：傳曰以下，出自《宗鏡錄》卷三十三〈但當見性自斷狐疑〉；然文字已精鍊加工，茲錄於下：「故《鈔》云『觀方知彼去，去者不至方』者，明三時無去來，以辯不遷也。如人初在東方，卓立不動，則名未去。未去故，未去不得名為去。若動一步，離本立處，反望本立處，名已去。已去故，已去不得名為去。惑人便轉計云：『動處則有去，此中有去時。非已去未去，是故去時去。』龍樹便以相待破云：『若有已去未去，則有去時；若無已去未去，則無去時。』故偈云：『離已去未去，去時亦無去。』如因兩邊短，有中間長；若無兩邊短，即無中間長也。青目即以相違破，何者？去時者，謂半去半未去，名曰去時，則一法中有二墮相違，去義不成，是故去時亦無去。故偈云：『已去無有去，未去亦無去。離已去未去，去時亦無去也。』」

〔三〕案：「或入」當作「惑人」。轉計，因明用語。「計」即計度分別之義，或指計度分別所立之宗義。於因明對論中，若宗義為對方所難，因而遂轉變其宗義，名為轉計。

〔四〕「動處則有去」一偈，見《中論》卷一〈觀因緣品〉。

〔五〕龍勝，梵名Nagarjuna，音譯那伽閼剌樹那、那伽阿周陀那。印度大乘佛教中觀學派創始人，又稱龍猛、龍樹。二、三世紀時人，為南印度婆羅門種姓出身。自幼穎悟，學《四吠陀》、天文、地理、圖緯祕藏，及諸道術等，無不通曉。曾與契友三人修得隱身術，隱身至王宮侵凌女眷。事敗露，友人皆為王所斬，僅其一人身免，以此事緣，遂悟愛欲乃眾苦之本，即入山詣佛塔，並出家受戒。出家後，廣習三藏，然未能饜足。復至北印雪山（喜馬拉雅山），遇一老比丘授以大乘經典，雖知實義，仍未通利。又以曾摧破外道論師之義，故生邪慢之心，而自制新戒、著新衣，靜處於一水晶房中。時有大龍菩薩，見而愍之，遂引入龍宮，授以大乘經典，遂得教理。此後大力弘法，廣注大乘經典，樹立大乘教學體系，而般若性空學說遂廣布印土。晚年住於南印度黑峰山，門弟子有提婆等。參閱《龍樹菩薩傳》、《付法藏因緣傳》卷五、《法苑珠林》卷三十八、《傳法正宗記》卷三、《佛祖統紀》卷五、《華嚴經傳記》卷五。

〔六〕「離已去未去」一偈，見《中論》卷一〈觀去來品〉。

〔七〕「已去無有去」一偈，同注六。「未去無有去」原作「未去亦無去」。

72.《法華經》象以盡意

《法華經》偈曰：「狐狼野干〔一〕，咀嚼踐蹋，嚌齧死屍，骨肉狼籍。」〔二〕

傳曰：狐貪而疑，狼貪而狠，野干貪而痴。疑則痴之別，狠則瞋之別，即三毒〔三〕雜相也。咀嚼踐蹋，言於不淨之境，味著不厭，蹈籍不離也；嚌齧死屍，骨肉狼籍，言於無常之身，計較不捨，紛亂不攝也。予論此經皆象，象以盡意，欲眾生深觀自悟耳。

【注文】

〔一〕野干，梵語 crgala，音譯悉伽羅，狐之一種。

〔二〕《法華經》偈曰一段，見《妙法蓮華經》卷二〈譬喻品〉。

〔三〕三毒，又作三火、三垢，即貪欲、瞋恚、愚癡三種煩惱。一切煩惱本通稱為毒，然此三種煩惱通攝三界，係毒害眾生出世善心中之最甚者，能令有情長劫受苦而不得出離，是名為三毒。此三毒又為身、口、意等三惡行之根源，故又稱三不善根，為根本煩惱之首。

73. 凡見自心，皆無分別

《入楞伽經》曰：「諸法無法體，我說唯是心。不見於無心，而起於分別。」〔一〕

傳曰：以此偈觀之，則凡見自心者，皆無分別矣，而可乎？曰：如世幻師，幻作男女牛馬，而觀者皆生著想。獨幻師無著想，了是自心所生故。又如良馬見物輒驚，獨見自影而無所驚，知從身所出故。以是義故，知雖分別，不礙明見自心也。

【注文】

〔一〕《入楞伽經》一偈，見《入楞伽經》卷十〈總品第十八之二〉。

74. 提無生法之綱領

《瑜伽師地論》：「勝義伽陀〔一〕者，如經言：『都無有主宰，及作者受者。諸法亦無用，而用轉非無。唯十二有支〔二〕，蘊處界流轉。審思此一切，眾生不可得。於內及於外，是一切皆空。其能修空者，亦常無所有。我我定非有，由顛倒妄計。有情我皆無，唯有因法有。諸行皆剎那，住尚無況用。即說彼生起，為用為作者。眼不能見色，耳不能聞聲。鼻不能齅香，舌不能嘗味。身不能覺觸，意不能知法。於此亦無能，住持驅役者。法不能生他，亦不能自生。眾緣有故生，非故新新有。法不能滅他，亦不能自滅。眾緣有故生，生已自然滅。由二品為依，是生便可得。恆於境放逸，又復邪升進。愚癡之所漂，彼逐（遂）邪升進。諸貪愛所引，於境常放逸。由有因諸法，眾苦亦復然。根本二惑〔三〕故，十二支分二。自無能作用，亦不由他作。非餘能有作，而作用非無。非內亦非外，非二種中間。由行未生故，有時而可得。設諸行已生，由此故無得。未來無有相，過去可分別。分別曾所更，非曾亦分別。行雖無有始，然有始可得。諸色如聚沫，諸受類浮泡。諸想同陽燄，諸行喻芭蕉。諸識猶幻事，日親〔四〕之所說。』」〔五〕

傳曰：彌勒菩薩曰：「此中依補特伽羅〔六〕無我勝義，宣說如是勝義伽陀，為欲對治增益、損滅二邊執故。於所攝受，說為主宰；於諸業用，說為作者；於諸果報，說為受者。如是半頌，遮遣別義所分別我，諸法亦無用者，遮遣即法所分別我，由此遠離增益邊執，而用轉非無者，顯法有性，由此遠離損減邊執。用有三種：一主宰用、二作者用、三受者用。因此用故，假立主宰、作者、受者。」〔七〕所言二品者，無明乃至受，愛乃至老死也。無明至受者，有因諸法者也；愛至老死者，有因眾苦者也。然予觀所言，即說彼生起為用、為作者，乃是提無生法〔八〕之綱領也。

【注文】

〔一〕勝義伽陀，「勝義」，梵語 paramartha，巴利語 paramattha，又作第一義、真實。指勝於世間世俗義之最勝真實道理。即無相之所行，不可言說，絕諸表示，息諸諍論，超越一切尋思之境相；「伽陀」，梵語 gatha，巴利語同。為九部教之一，十二部經之一，又作伽他、偈佗、偈。意譯諷誦、諷頌、造頌、偈頌、頌、孤起頌、不重頌偈。係由語根 gai 而形成之名詞。gai 有「謠」之意，故「伽陀」一詞，廣義指歌謠、聖歌，狹義則指於教說之段落或經文之末，以句聯結而成之韻文，內容不一定與前後文相關。

〔二〕十二支，梵語 dvadacavga，十二支緣起之略稱，即十二因緣。見第四十條注六。

〔三〕二惑，其義有二：一、見惑與修惑。見者，推度之義，以邪推度而起之迷情名為見惑，如我見、邊見等，是為見道所斷之惑；修惑，又作思惑，乃思慮世間事物而起之惑，如貪、瞋、癡等，為修道所斷之惑。二、理惑與事惑。藏、通二教，以見惑為迷於無常、無我等四諦之理者，是為理惑。修惑為迷於色聲等之世法事相者，是為事惑。別、圓二教則總歸一切之妄惑為三：根本無明能覆中道之理，是為理惑；塵沙能障菩提，覆俗諦之法，見思能障涅槃，覆真諦之法，二者皆為事惑。

〔四〕日親，梵名 Vasubandhu，音譯婆藪槃豆、筏蘇槃豆、筏蘇畔徒、婆藪槃頭、婆修槃頭，又作世親、天親。古印度大乘佛教瑜伽行派創始人之一。四五世紀頃北印度健馱邏國富婁沙富羅城人，乃國師婆羅門憍尸迦第二子。與其兄無著（梵 Asavga）初於薩婆多部（有部）出家，無著直入大乘，世親卻入經量部，立志改善有部教義，遂入迦濕彌羅國習《大毘婆沙論》。四年後歸國，為眾講《毘婆沙》，並作《阿毘達磨俱舍論》。初抨擊大乘佛教，謂大乘非佛所說。後因無著方便開示，始悟大乘之理，轉而弘揚大乘要義。其論著與注釋之典籍甚多，奠定大乘佛教瑜伽派之基礎。重要著述有《俱舍論》三十卷、《攝大乘論釋》十五卷、《十地經論》十二卷、《金剛般若波羅蜜經論》、《廣百論》、《菩提心論》、《三十唯識論頌》、《大乘百法明門論》、《無量壽經優波提舍》等四十多種。

〔五〕引《瑜伽師地論》一段，見《瑜伽師地論》卷十六〈思所成地十一之一〉。

〔六〕補特伽羅，梵語 pudgala，又作富特伽羅、弗伽羅、福伽羅。譯為人、眾生、數取趣、眾數者。意即數度往返五趣輪迴者，乃外道十六知見之一，即「我」之異名。或單指人之意。佛教主張無我說，故不承認有生死主體之真實補特伽羅（勝義之補特伽羅），但為解說權便之故，而將人假名為補特伽羅（世俗之補特伽羅）。

〔七〕彌勒菩薩曰一段，同注五。

〔八〕無生法，「無生」又作「無起」，謂諸法之實相無生滅，亦皆無實體，是空，故無生滅變化可言。凡夫迷此無生之理，起生滅之煩惱，因而有流轉生死；「無生法」即真如之理，涅槃之體，以彼遠離生滅故也。《大智度論》卷四十一〈勸學品第八〉云：「復次依止生滅智慧故，得離顛倒；離生滅智慧故，不生不滅，是名無生法。」

75. 用處不換機

玄沙〔一〕有用處不換機句。〔二〕

傳曰：夫以言逐言，以理遣理，皆世流布想〔三〕，非能見道。《楞伽經》曰「如楔出楔。」〔四〕如玄沙嘗曰：「學者當用處不換機。」而雖老於叢林者，亦莫識此語，可嘆也！玄沙嘗食荔支，問眾曰：「這箇荔支得與麼紅？這箇荔支得與麼赤？你諸人且作麼生？若道一色，又是儱侗〔五〕；若道是眾色，只成箇斷常。你諸人且作麼生？」彥瑫曰：「也只和尚自分別。」玄沙曰：「這儱侗愚癡，有什麼交涉？」沖機曰：「都來只是一色。」玄沙曰：「總與麼儱侗，有什麼了時？」乃回顧問皎然：「汝作麼生道？」皎然曰：「不可不識荔支。」玄沙曰：「只是荔支。」又曰：「汝諸人如許多時在我這裏，總與麼說話。不辯緇素，不識吉凶，我比來向汝道用處不換機，因什麼只管對話，有什麼交涉？」〔六〕道巘禪師〔七〕曰：「先聖憫汝顛倒馳逐，將一句子解落汝。知是這般事，掉放閒處，自著些筋力，卻於機語上答出話頭，將作禪道，非唯自賺〔八〕，亦乃賺他。」

【注文】

〔一〕玄沙，見第三十條注三。

〔二〕玄沙有用處不換機句，參閱《玄沙師備禪師廣錄》卷中〈王令公送荔枝上師〉。

〔三〕世流布想，參閱第五十七條傳曰引《涅槃經》。

〔四〕《楞伽經》曰一語，見《楞伽經》卷二〈一切佛語心品之二〉云：「如是識種子，動轉見境界。愚夫妄想生，如為翳所翳。於無始生死，計著攝受性。如逆楔出楔，捨離貪攝受。」楔者，物有罅隙，入物以補其缺曰「楔」，原謂欲填補孔穴，需以大小與孔穴相若之楔子打入，以期相應而允當。《瑜伽師地論》

卷六十七〈修所成慧地〉云：「云何除去修？謂如有一由三摩地所行影像諸相作意故，如楔出楔，方便除遣，棄於自性諸相。」

〔五〕儱侗，未成熟之意。禪林有「冬瓜直儱侗」一語，意指冬瓜雖直，但未成熟；喻為人之素性雖良好，猶未經歷練雕琢。

〔六〕玄沙嘗食荔支一段，同注二。

〔七〕道巘禪師（？—九九九），宋代僧，俗姓劉，廬州人（安徽合肥）。初參侍慧覺和尚，便領悟微言，即於湖南大光山剃度。既化緣彌盛，於是受請止昇州（江蘇）長慶禪苑，著有《楞嚴經說文》。參閱《景德傳燈錄》卷十二、《聯燈錄》卷十、《五燈會元》卷四、《五燈嚴統》卷四、《楞嚴指掌疏懸示》。

〔八〕賺，乃誑騙之意。自賺賺他，即自欺欺人。

76. 如是自性，如幻如夢，如影如像，悉不成就

《華嚴經》曰：「如是自性，如幻如夢，如影如像，悉不成就。」〔一〕

傳曰：以真如之性，法爾隨緣，雖即隨緣，法爾歸性。以隨緣時，似有顯現，如觀幻法，不有而有；如觀夢境，不見而見；如觀水中之影，非出非入；如觀鏡中之像，不內不外。以無性隨緣，故理不成就；以隨緣無性，故事不成就。理事不成，則一切法俱不成也。〔二〕六祖〔三〕為至（志）徹禪師〔四〕說常、無常義曰：「無常者，即佛性也。有常者，善惡一切諸法分別心也。」徹曰：「如和尚所說，大違經文也。」六祖曰：「吾傳佛心宗，豈違佛經。」徹曰：「經說佛性是常，和尚卻言無常。善、惡諸

法，乃至菩提心皆是無常，和尚卻言是常，此豈不相違，令學人轉加疑惑？」六祖曰：「汝知不？佛性若常，更說什麼善惡諸法，乃至窮劫無有一人發菩提心者？故吾說無常，正是佛說真常之道也。又一切諸法若無常者，即物物皆有自性容受死生，而真常性有不遍之處。故吾說常者，正是佛說真無常義也。佛比為凡夫外道執於邪常，諸二乘人於常計無常，共成八倒〔五〕，故於涅槃了義教中破偏見，而說真常、真樂、真我、真淨也。汝今依言背義，以斷滅無常，及確定死常，而錯解佛之圓妙最後微言。縱覽千遍，有何所益？」於是至徹大悟於言下。〔六〕

【注文】

〔一〕《華嚴經》曰一段，見《大方廣佛華嚴經》卷七十九〈入法界品〉。

〔二〕案：「以真如之性」至「則一切法俱不成也」一段，見《宗鏡錄》卷三十八〈答地人云一切解惑真妄〉。

〔三〕六祖，見第二十七條注七。

〔四〕「至徹」宜作「志徹」。志徹禪師，唐代僧。江西人，俗姓張，生卒年不詳。初名行昌，又稱江西志徹，為禪宗六祖慧能法嗣。幼具任俠之志，北宗神秀之門徒嫉惡慧能，遂令徹前往行刺，反受慧能感化，並出家入慧能門下。後徹悟涅槃了義，慧能於是命名為志徹。參閱《景德傳燈錄》卷五、《嘉泰普燈錄》卷三、《五燈會元》卷二。

〔五〕八倒，即八顛倒。係指凡夫、二乘所迷執之八種顛倒。凡夫執有為生滅之法為常、樂、我、淨，二乘行者執無為涅槃之法為非常、非樂、非我、非淨，故又名為凡小八倒。八者計：一、常顛倒，於世間無常之法而起常見；二、樂顛倒，世間五欲之樂皆為招苦之因，凡夫不明此理，妄計為樂；三、我顛倒，此身皆因四大假合而成，本無有我，凡夫不明此理，於自身中強生主宰，妄計為我；四、淨顛倒，已身他身，具有五種不淨，凡夫不明此理，妄生貪著，執以為淨；五、無常顛倒，於如來常住法身，妄計有生滅變異之相；六、無樂顛倒，於涅槃清淨之樂而計無樂；七、無我顛倒，於佛性真我之中，妄計無我；八、無淨顛倒，如來常住之身，非雜食身，非煩惱身，非血肉身，非筋骨纏裹之身，二乘不明此理，故計為不淨。

〔六〕 六祖為志徹禪師說常、無常義一段，見《六祖大師法寶壇經．頓漸品》。

77. 法光明能治三種黑暗

《瑜伽師地論》曰：「法光明能治三種黑暗，由不如實知諸法故，於去來今多生疑惑，於佛法等亦復如是，此中無明及疑，俱名黑暗。又證觀察，能治昏沈睡眠黑暗，以能顯了諸法性故。」〔一〕

傳曰：《百門義海》曰：「顯光明者，為見塵法界真如理事之時，顯了分明，此是智慧光明照也。若無智光明，理事不顯，但見法時，即是光明。由積智功圓，是故放一光明，則法界無不顯示。常觀察一切法界，是為放光明照一切也。」〔二〕藏公〔三〕可謂能如實知諸法也。彌勒菩薩教令學者曰：「睡當累足，作光明想。」〔四〕《寶積經》曰：「法光明門，而能出生諸法理趣善巧方便。亦能出生一切法印，能入一切法印之門。於一切法所應作者，能了能入；於法光明，能得能說，以法光明隨順趣入諸法明門。」〔五〕

【注文】

〔一〕《瑜伽師地論》曰一段，見《瑜伽師地論》卷十一〈三摩呬多地第六〉。

〔二〕案：《百門義海》係棗柏大士李通玄作，今已亡佚，本段所引，見賢首法藏《華嚴經義海百門．體用顯露門第五》，惠洪誤。考《宗鏡錄》卷二十四云：「如《義海》云：『顯光明者，謂見塵法界真如事理之時……。』」《智證傳》所引經句多出《宗鏡錄》，惠洪必誤以《義海》為《百門義海》之簡稱，前於第六十三條已然見之；又自下文言「藏公可謂能如實知諸法也」，其誤以法藏之《華嚴經義海百門》為《百門義海》明矣。

〔三〕藏公，即賢首法藏，見第七條注二。

〔四〕「睡當累足，作光明想」，乃《瑜珈師地論》之意，非《瑜珈師地論》原文。佛律，比丘寢時，皆兩足相疊，右脅而臥，名獅子臥，謂比丘之臥法如獅子。《中阿含經》卷八〈侍者經〉云：「阿難！汝臥當如師子臥法……。獸王師子晝為食行，行已入窟。若欲眠時，足足相累，伸尾在後，右脅而臥。」《大乘寶雲經》卷五〈安樂行品〉云：「若消息時，右脅而臥，上下累腳，袈裟覆身。正念專心，作光明想。」《根本薩婆多部律攝》卷十二：「凡眠臥時，若有難緣，無餘床席，應疊嗢呾羅僧伽為四重而臥其上，以僧伽胝疊安頭下。或用覆身安呾婆娑，以充內服。凡臥息時，右脅著床，兩足重壘。身不動搖，作光明想。」

〔五〕《寶積經》曰一段，見《大寶積經》卷二十五〈被甲莊嚴會〉。

78. 惺惺寂寂是

永嘉〔一〕偈曰：「惺惺寂寂是，無記寂寂非。寂寂惺惺是，亂想惺惺非。」〔二〕

傳曰：六祖〔三〕嘗謂眾曰：「吾有一物，無頭無尾，無名無字，無背無面，諸人還識不？」神會〔四〕者出曰：「是諸佛之本源，神會之佛性。」祖曰：「向汝道無名無字，汝便喚作本源佛性，他日汝但作知解宗徒。」〔五〕又嘗令道明〔六〕安坐，曰：「不思善、不思惡，正當與麼時，阿那箇是明上座本來面目？」而道明乃悟旨。〔七〕自是觀之，祖師未嘗肯以是法印人，而永嘉顯告曰「惺惺寂寂是」，則過矣，而不可以不辯。幽州盤山寶積禪師〔八〕知此意有所垂示，則曰：「心月孤明，光吞萬境。光非照境，境亦非存。光境俱忘，復是何物？」〔九〕至於騰騰〔十〕作〈一鉢歌〉曰：「萬代金輪聖王子，只這真如靈覺是。菩提樹下度眾生，度盡眾生出生死。不死不生真丈夫，無形無相大毗盧。塵勞滅盡真如在，一顆圓明無價珠。」〔十一〕騰騰殆可以嗣永嘉也。

【注文】

〔一〕永嘉，見第五條注一。

〔二〕永嘉一偈，《禪宗永嘉集》卷一〈奢摩他頌第四〉云：「復次若一念相應之時，須識六種料簡：一識病、二識藥、三識對治、四識過生、五識是非、六識正助。第一病者有二種：一緣慮，二無記。緣慮者，善惡二念也。雖復差殊，俱非解脫，是故總束名為緣慮。無記者雖不緣善惡等事，然俱非真心，但是昏住，此二種名為病。第二藥者，亦有二種：一寂寂，二惺惺。寂寂謂不念外境善惡等事，惺惺謂不生昏住無記等相，此二種名為藥。第三對治者，以寂寂治緣慮，以惺惺治昏住。用此二藥，對彼二病，故名對治。第四過生者，謂寂寂久生昏住，惺惺久生緣慮，因藥發病，故云過生。第五識是非者，寂寂不惺惺，此乃昏住；惺惺不寂寂，此乃緣慮。不惺惺不寂寂，此乃非但緣慮，亦乃入昏而住。亦寂寂亦惺惺，非唯歷歷，兼復寂寂，此乃還源之妙性也。此四句者，前三句非，後一句是，故云識是非也。第六正助者，以惺惺為正，以寂寂為助。此之二事，體不相離，猶如病者，因杖而行，以行為正，以杖為助。……又曰：亂想是病，無記亦病。寂寂是藥，惺惺亦藥。寂寂破亂想，惺惺治無記。寂寂生無記，惺惺生亂想。寂寂雖能治亂想，而復還生無記。惺惺雖能治無記，而復還生亂想。故曰：『惺惺寂寂是，無記寂寂非。寂寂惺惺是，亂想惺惺非。』」

〔三〕六祖，見第二十七條注七。

〔四〕神會（六六八—七六〇），唐代禪僧，荷澤宗之祖，襄陽（湖北襄陽）人，俗姓高。幼學《五經》、《老莊》、諸史，後投國昌寺顥元出家。諷誦群經，易如反掌。年十三，參謁六祖慧能。慧能示寂後，參訪四方，跋涉千里。開元八年（七二〇）奉敕配住南陽龍興寺，大揚禪法，人稱南陽和尚。六祖入滅後二十年間，曹溪之頓旨沈廢，兩京之間皆宗神秀，由普寂等續樹法幢。神會初至洛陽，欲振六祖之風，乃於開元二十年（七三二）設無遮大會於河南滑臺大雲寺，與山東崇遠論戰，指斥神秀一門「師承是傍，法門是漸」，欲立南宗之傳承與宗旨。並於天寶四年（七四五）著《顯宗記》，定南北頓、漸兩門，即以南能為頓宗，北秀為漸教，於是南宗日盛而北宗大衰。安史之亂起，兩京板蕩，時大府各置戒壇度僧，聚香火錢，以充軍需。請會主壇度之事，所獲財帛悉充軍需。亂平後，肅宗詔入宮內供養，並建造禪宇於荷澤寺中，詔請住之，世稱荷澤大師。上元元年入寂，世壽九十三（另一說乾元元年（七五八）示寂，世壽七十五），敕謚真宗大師。參閱《六祖大師法寶壇經》、《圓覺經大疏鈔》卷三下、《宋高僧傳》卷八、《景德傳燈錄》卷五。

〔五〕六祖謂眾一段，見《六祖大師法寶壇經．頓漸品》。

〔六〕道明，唐代僧，生卒年不詳，又作惠明、慧明。鄱陽（江西）人，俗姓陳，為陳宣帝之孫。曾受四品將軍之爵，隸署諸衛，故有「將軍」之號。幼年於永昌寺出家，於高宗之世，投黃梅山五祖弘忍，初無證悟，後聞大鑑慧能得五祖衣缽，急追而於大庾嶺會之。承六祖慧能開示，遂得徹悟本源，故改名道明，並拜留六祖座下三年。其後居於袁州（江西）蒙山，聚徒習禪，大宣慧能之旨。參閱《曆代法寶記》、《曹溪大師別傳》、《敦煌本六祖壇經》、《祖堂集》卷二、《宋高僧傳》卷八、《景德傳燈錄》卷四、《傳法正宗記》卷六。

〔七〕道明安坐一段，見《六祖大師法寶壇經．行由品》。「阿那箇是明上座本來面目？」原應作「阿那箇是明上座本來面目。」因慧能斯時禪法較直截豁露，不似後來門人諸祖分燈，偏喜繞路說禪；惟依惠洪文意，此處仍應作問號。

〔八〕幽州盤山寶積禪師，見第四十九條注六。

〔九〕寶積禪師一偈，見《景德傳燈錄》卷七〈幽州盤山寶積禪師〉。

〔十〕騰騰，即仁儉禪師，唐代僧，生卒年不詳。嗣法嵩嶽慧安。寄居洛京福先寺，時謂之騰騰和尚。武后嘗詔入殿前，仰視天后良久，曰：「會麼？」后曰：「不會。」曰：「老僧持不語戒。」言訖而出。翌日進〈短歌〉一十九首，天后覽而嘉之，厚加賜賞，皆不受。又令寫歌辭傳布天下，敷演真理，以警時俗。參閱《景德傳燈錄》卷四、《五燈會元》卷二、《佛祖綱目》卷三十、《五燈嚴統》卷二。

〔十一〕案：〈一缽歌〉見《景德傳燈錄》卷三十，然恐非騰騰和尚作，因《景德傳燈錄》卷四既云武后令騰騰寫歌辭傳布天下，其辭並敷演真理，以警時俗；又云：「唯〈了元歌〉一首盛行於世。」今《景德傳燈錄》卷三十亦收此〈歌〉，而於此〈歌〉之後，隔〈南嶽懶瓚和尚歌〉、石頭和尚〈草庵歌〉、道吾和尚〈樂道歌〉三首，始見未署名姓之〈一缽歌〉，故知道原編著《景德傳燈錄》，初不以〈一缽歌〉作者為騰騰和尚。再據常熟瞿氏鐵琴銅劍樓藏宋本《景德傳燈錄》，及山西趙城縣廣勝寺藏宋本《傳燈玉英集》，皆未載〈一缽歌〉作者；獨元本有注曰：「別錄云：杯渡禪師作。」惟杯渡乃南朝宋僧，苟置其〈歌〉

於唐僧之後，恐有不倫，故〈一缽歌〉真實作者仍俟考。

79. 見存則凡，情忘則佛

溈山祐禪師〔一〕曰：「學道人！慎弗令心地掩染，但約莫眾苦盡，即是佛心。」

傳曰：所言眾苦者，冤憎會苦、愛別離苦、五陰重苦、乏受用苦、聲色流轉苦、求不得苦、眾生違害苦等，然皆情也。棗柏〔二〕曰：「凡聖體真，唯存見隔。見存則凡，情忘則佛。」〔三〕唯此至言，先聖不能加毫末於此矣！而深信之者，世罕見其人。如林陽瑞峰志端禪師〔四〕，其殆庶幾乎！開寶元年八月作偈曰：「明年二月二，與汝暫相棄。灰骨撒長江，勿占檀那〔五〕地。」明年正月廿八日，道俗入山，端笑迎甚歡。二月初吉，郡官俱集，連宵如市。至日，升座辭眾，有圓應長老〔六〕者出問曰：「雲愁霧慘，大眾烏乎！願賜一言，未須告別。」端垂一足，應曰：「法鏡不臨於此土，寶月又照於何方？」端曰：「非君境界。」應曰：「恁麼，則漚生漚滅還歸水，師去師來事本常。」端作噓聲，乃問四眾〔七〕曰：「世尊滅度是何時節？」眾曰：「二月十五日子時。」端曰：「吾今日午時。」言卒而化。〔八〕

【注文】

〔一〕溈山祐禪師，見第四條注十三。

〔二〕棗柏，見第十七條注一。

〔三〕棗柏曰一段，《新華嚴經論》卷一云：「凡聖一真，猶存見隔。見在即凡，情亡即佛。」

〔四〕林陽瑞峰志端禪師，宋代僧，生卒年不詳，一作智端，福州人。依本郡南澗寺受業，年二十四，謁明真大師。一日有僧問：「如何是萬象之中獨露身？」明真舉一指，其僧不薦，端於是冥契玄旨，乃入室白曰：「適來那僧問話，志端今有省處。」明真曰：「汝見什麼道理？」端亦舉一指，曰：「遮箇是什麼。」明真甚然之。後住林陽瑞峰院，世稱林陽瑞峰禪師。參閱《景德傳燈錄》卷二十二、《五燈會元》卷八、《指月錄》卷二十一、《教外別傳》卷七。

〔五〕檀那，梵語 dana，巴利語同。又作旦那、柁那、馱曩，略作檀。意譯為布施、施。即給與、施捨之意。梵漢並稱，則為檀施、檀信。檀那波底（梵 danapati），即施主、布施者。中國、日本又將檀那、檀越引中為施主之稱。

〔六〕圓應長老，即德賢法師，宋代僧，臨安人，生卒年不詳，賜號圓應。為兒時，相者曰：「他日當有官阨，唯出家可免。」父信之，令往依叔父海月，月斥之曰：「我翁孫相繼，家業始成，汝欲來此作主人耶？」遂去往天竺參淨慧，大明教觀之道，久之遂居第一座。淨慧閒居草堂，圓應繼其席，果符海月主人所記。居五年，無疾而終。參閱《佛祖統紀》卷十二。

〔七〕四眾，見第二十四條注四。

〔八〕志端禪師一事，見《景德傳燈錄》卷二十二〈福州林陽山瑞峰院志端禪師〉。

80. 覺心本性清淨

《圓覺經》曰：「淨諸業障菩薩問曰：『若此覺心，本性清淨，因何染污，使諸眾生，迷悶不入。』

而世尊但答曰：『眾生從無始來，妄想執有我、人、眾生及與壽命。』〔一〕

傳曰：秉柏〔二〕曰：「如《起信論》曰：『不思議業相者，以依智淨，能作一切勝妙境界。所謂無量功德之相，常無斷絕，隨眾生根，自然相應，種種而現，得利益故。』〔三〕又曰：『依本覺上，而起覺故。』〔四〕又曰：『依於智故，生其苦樂。』〔五〕如《起信論》廣明一切眾生迷根本智，而有世間苦樂故。為智無性故，隨緣不覺，苦樂業生；為智無性故，為苦所纏，方得自覺根本無性，眾緣無性，萬法自寂。若不覺苦時，以無性故，總不自知有性無性，如人因地而倒，因地而起。」；「問曰：『一切眾生本有不動智，何故不自應真常淨？何故隨染？』答曰：『一切眾生以此智故，而生三界者，為智無性，不能自知是智非智、善、惡、苦、樂等法。為智體無性，但隨緣現，如空谷響，應物成音。無性之智，但應緣分別，以分別故，癡愛隨起，因癡愛故，即我所〔六〕病生，有我所故，自他執業便起，因執取故，號曰末那〔七〕。以末那執取，故名為識。因識種子，生死相續。以生死故，眾苦無量。以苦無量，方求不苦之道。迷不知苦者，不能發心。知苦求真者，還是本智。會苦緣故，方能知苦。不會苦緣，不能知苦。知苦緣故，方能發心求無上道。』」〔八〕

【注文】

〔一〕《圓覺經》曰一段，見一卷本《大方廣圓覺修多羅了義經》。

〔二〕棗柏，見第十七條注一。

〔三〕《起信論》曰一段，見一卷本《大乘起信論》。

〔四〕「依本覺上，而起覺故」者，《大乘起信論》云：「本覺義者，對始覺義說。以始覺者，即同本覺。始覺義者，依本覺故，而有不覺；依不覺故，說有始覺。又以覺心源故，名究竟覺；不覺心源故，非究竟覺。此義云何？如凡夫人覺知前念起惡故，能止後念，令其不起，雖復名覺，即是不覺故。如二乘觀智初發意菩薩等，覺於念異念無異相，以捨麤分別執著相故，名相似覺。如法身菩薩等，覺於念住，念無住相，以離分別麤念相故，名隨分覺。如菩薩地盡，滿足方便，一念相應，覺心初起，心無初相。以遠離微細念故，得見心性。心即常住，名究竟覺。」

〔五〕「依於智故，生其苦樂」者，《大乘起信論》云：「復次依不覺故，生三種相，與彼不覺，相應不離。云何為三？一者無明業相，以依不覺故，心動說名為業，覺則不動，動則有苦，果不離因故；二者能見相，以依動故能見，不動則無見；三者境界相，以依能見故，境界妄現，離見則無境界。以有境界緣故，復生六種相，云何為六？一者智相，依於境界，心起分別，愛與不愛故；二者相續相，依於智故，生其苦樂，覺心起念，相應不斷故……。」

〔六〕我所，梵語 mama-kara，意指為我所有之觀念，全稱「我所有」。即我之所有、我之所屬之意。即以自身為我，謂自身以外之物皆為我所有。凡我所見所執著之五取蘊法，皆源於此「我所」觀念，《集異門足論》卷十二云：「於五取蘊等，隨觀見我或我所，從此起忍欲慧觀見。」

〔七〕末那，為梵語 manas 之音譯，意譯為意，思量之義。唯識宗立有情之心識為八，「末那識」為八識中之第七識，乃恆執第八「阿賴耶識」為「我」之染污識。為與第六意識（梵 mano-vijbana，意之識，乃依末那之識）區別，故保留其梵音。此識恆與我癡、我見、我慢、我愛等四煩惱相應，恆審「阿賴耶識」之見分為「我」、「我所」而執著，故其特質為恆審思量。

【寂音尊者智證傳卷之八】

81. 不能以智慧力破無明，至老死則不暇

《瑜伽師地論》曰：「又諸眾生，將命終時，乃至不到昏昧想位，長時所習，我愛現前。由此力故，謂我當無，便愛自身，由此建立中有生〔一〕報。若預流果〔二〕及一來果〔三〕，爾時我愛亦復現行。然此預流及一來果，於此我愛，由智慧力，數數推求，制而不著。猶如壯夫與羸劣者共相捔力，能制伏之，當知此中道理亦爾。若不還果，爾時我愛，不復現行。」〔四〕

傳曰：圭峰禪師〔五〕曰：「當以空寂為自己，勿認色身；以靈知為自心，勿隨妄念。妄念若起，都莫隨之，自然臨命終時，捨短為長，易麤為妙。學者能令此觀常在現行，則是真智慧之力也。」〔六〕今皆不然，徒循其名，輕道甚矣。唐明皇至蜀，與裴士淹論數十人無不當，至李林甫，則曰：「是子妒賢嫉能，舉無比者。」〔七〕由是知明皇知林甫之不可用而用也。知不可用而用之者，明皇有輕天下之心故也。至德宗與陸贄論盧杞，則曰：「天下皆知杞奸，而朕獨不知，何也？」〔八〕夫德宗不知杞奸者，輕道也！苟知敬道，則必自反而求天下之理。天下之理得，則奸邪安能昧之哉？明皇之輕天下，德宗之輕道，皆致大盜以亂天下。例禪者不能以智慧之力破滅無明，至老死而不暇，悲夫！

【注文】

〔一〕中有，梵語 antara-bhava，又譯中陰、中蘊、中陰有，指人自死亡至再次受生期間之識身。眾生於生死（迷界）流轉之過程，分四階段，此即四有。由身、口、意所作善惡之因，能招感六趣生死之果，因果

相續不斷，此即七有。中有即前世死之瞬間（死有）至次世受生之剎那（生有）之中間時期。此「中有身」即「識身」之存在，乃由意所生之化生身，非由精血等外緣所成，故又名為「意生身」。

〔二〕預流果，梵語 srotapanna，音譯須陀洹、窣路多阿半那。新譯預流，舊譯入流，又譯作逆流。小乘聲聞四果之第一，十八有學之一，意指預入無漏聖道之果位。聲聞乘之人斷三界之見惑已，方達違逆生死瀑流之位，名為逆流果。蓋預流之「流」，即指聖道之流。斷三界之見惑已，方預參於聖者之流，此乃聲聞乘最初之聖果，故又名為初果。

〔三〕一來果，即斯陀含果，梵語 sakrd-agamin，巴利語 sakad-agamin。又作沙羯利陀伽彌。意譯作一來、一往來，係沙門四果之第二。又分為斯陀含向與斯陀含果，即預流果（初果）之聖者進而更斷除欲界一品至五品之修惑，名為斯陀含向，或一來果向；若更斷除欲界第六品之修惑，尚須由天上至人間一度受生，方可般涅槃，至此以後，不再受生，名為斯陀含果，或一來果。以其僅餘下品之貪瞋癡，故又稱薄貪瞋癡、薄地。

〔四〕《瑜伽師地論》曰一段，見《瑜伽師地論》卷一〈本地分中意地第二之一〉。

〔五〕圭峰禪師，見第三條注一。

〔六〕圭峰禪師曰一段，見《景德傳燈錄》卷十三〈終南山圭峰宗密禪師〉。

〔七〕唐明皇論李林甫一事，見《新唐書》卷二二三上〈姦臣傳・李林甫〉。

〔八〕案：陸贄與德宗論盧杞事，《資治通鑑》卷二三〇〈德宗興元元年〉云：「盧杞雖貶官，上心庇之。贄極言杞姦邪致亂，上貌雖從，心頗不悅。」考新、舊《唐書》卷一三一〈李勉傳〉云：「帝問勉曰：『眾謂盧杞姦邪，朕顧不知，謂何？』」則此當為李勉答德宗問；然《資治通鑑》卷二三三〈德宗貞元四年〉云：「（李）泌自衰老，獨任宰相，精力耗竭，既未聽其去，乞更除一相；上曰：『朕深知卿勞苦，但未得其人耳。』上從容與泌論即位以來宰相曰：『盧杞忠清強介，人言杞姦邪，朕殊不覺其然。』泌曰：『人言杞姦邪而陛下獨不覺其姦邪，此乃杞之所以為姦邪也。（《考異》曰：《舊》李勉傳，勉對德宗已有此語，與《鄴侯家傳》述泌語略同，未知孰是，今兩存之。一本泌語之下有『與勉』二字。）』」

82. 纔生一念欲，便失五神通

《法華經》曰：「汝等莫得樂住三界火宅，勿貪麤、弊、色、聲、香、味、觸也。若貪著生愛，則為所燒。」〔一〕

傳曰：鬱頭藍弗〔二〕，以世俗智，伏下地惑〔三〕，獲非想定〔四〕，具五神通〔五〕。時君尊敬，迎入宮掖，女子接足而禮。鬱頭藍弗觸女子手，遂生貪欲，便失神通。飯食訖，徐步歸山。〔六〕故偈曰：「纔生一念欲，便失五神通。」

【注文】

〔一〕《法華經》曰一段，見《妙法蓮華經》卷二〈譬喻品第三〉。

〔二〕鬱頭藍弗，梵名 Udraka-rama-putra，巴利名 Uddaka-rama-putta。乃住於近王舍城阿蘭若林中，說非想非非想定之外道仙人。又稱鬱頭藍子、優陀羅羅摩子、鬱陀羅伽，意譯作雄傑、猛喜、極喜。釋尊出家後，先訪阿羅邏迦藍，次就此仙人求法。慧琳《音義》卷二十六云：「鬱頭藍弗，此云獺戲子，坐得非想定，獲五神通。飛入王宮，遂失定，徒步歸山。」

〔三〕下地惑，「三界」共分九地，境界優者為上地，劣者為下地，若遠離各下地之修惑，即得色界、無色界

〔四〕四禪八定中，初禪乃至非想非非想之根本地所攝之定。非想定，即無色界之「非想非非想處天定」，乃八種定中之最高者。蓋此天既得「無所有處天定」已，又知此處如癡如醉，如眠如暗，以無明覆蔽，無所覺了，無可愛樂。於是一心專精，即於非有非無，常念不捨，則無所有處定，便自謝滅。加功不已，忽然真實定發，不見有無相貌，泯然寂絕，清淨無為。三界定相中，無有過者。

〔五〕神通，梵語 abhijba，巴利語 abhibba，又作神通力、神力、通力、通等。即依修禪定而得無礙自在、不可思議之作用。有神足、天眼、天耳、他心、宿命等五種，加漏盡通，名為六神通。六神通皆以慧為本（自性），其中五神通係依修四禪而得，不唯聖者獨有，凡夫亦可得；唯漏盡通唯聖者可得。得五通之仙人，名為五通仙人。

〔六〕鬱頭藍弗一事，見《大唐西域記》卷九〈摩伽陀國下〉。

83. 第六識，動有分別，不動即等周法界

《圓覺經》曰：「譬如眼光，曉了前境，其光圓滿，得無憎愛。」〔一〕

傳曰：第六識，動有分別，不動即等周法界。五現量識等，一一根皆遍法界。眼見色時，色不可得，元來等法界。〔二〕耳、鼻、舌、身，一一亦復如是，五識現量，名曰圓成。永明〔三〕曰，初居圓成現量之中，浮塵未起；後落明了意根之地，外狀潛形〔四〕。謂是故也。〔五〕

【注文】

〔一〕《圓覺經》曰一段，見一卷本《大方廣圓覺修多羅了義經》。

〔二〕案：「第六識動有分別」至「元來等法界」一段，見《宗鏡錄》卷十七〈答成佛之旨且非時劫〉。

〔三〕永明，見第十一條注二。

〔四〕外狀潛形，指法界實相，隱蔽形跡。

〔五〕永明曰一段，係惠洪概括永明之語。《宗鏡錄》卷五十三云：「問：『五根於何教中證是現量？』答：『誠證非一。《圓覺經》云：「譬如眼光，照了前境。其光圓滿。得無憎愛。」可證五根現量，不生分別。其眼光到處，無有前後，終不捨怨取親，愛妍增醜。例如耳根不分毀讚之聲；鼻根不避香臭之氣；舌根不簡甜苦之味；身根不隔澀滑之觸，以率爾心時，不分別故。剎那流入意地，纔起尋求，便落比量，則染淨心生，取捨情起。』」

84. 若見唯一心，是則無諍訟

《楞伽經》偈曰：「乃至有所立，一切皆錯亂。若見唯一心，是則無諍訟。」[一]

傳曰：韓退之問大顛[二]師壽幾何，大顛提數珠示之曰：「晝夜一百八。」退之罔然，退問第一座[三]曰：「老和尚言晝夜一百八，意旨如何？」第一座叩齒而已。它日復見大顛，問曰：「晝夜一百八意旨如何？」大顛亦叩齒，於是退之喜曰：「乃今知佛法無二道也。嘗問首座，首座見答亦同耳。」於是大顛召第一座問之，信然，大顛杖而逐之。汾陽[四]偈曰：「解展機鋒是大顛，明知不是小因緣。一般叩

齒叢林異，出院韓公始得閑。」〔五〕

【注文】

〔一〕《楞伽經》偈曰一段，《大乘入楞伽經》卷五〈如來常無常品〉云：「遠離常無常，而現常無常。如是恒觀佛，不生於惡見。若常無常者，所集皆無益。為除分別覺，不說常無常。乃至有所立，一切皆錯亂。若見惟自心，是則無違諍。」

〔二〕大顛（七三二—八二四），唐代僧。潁川人，俗姓陳（一說楊），法號寶通，自號大顛。據《潮州府志》載，大歷年中，與藥山惟儼並師事惠照於西山。復與之遊南嶽，參謁石頭希遷，大悟宗旨，得曹溪之緒。於潮州（廣東）西幽嶺下創建靈山禪院，出入有猛虎相隨，門人傳法者千餘人。韓愈謫貶潮州時，聞大顛之名，召至，留十餘日，謂其能外形骸，以理自勝，因與往來相交，過從甚密。長慶四年，辭眾而逝，世壽九十三，著有《般若波羅蜜多心經及金剛經釋義》。又嘗自書《金剛經》千五百遍、《法華》、《維摩經》各三十部。參閱《景德傳燈錄》卷十四、《祖庭事苑》卷四、《五燈會元》卷五。

〔三〕第一座，見第七條注七。

〔四〕汾陽，見第四條注七。

〔五〕韓愈問大顛一事，見《汾陽無德禪師語錄》卷中〈韓愈侍郎問大顛〉一條。

85. 親聞、親到、親見

永明〔一〕曰：「龐居士〔二〕問馬祖〔三〕：『如水無筋骨，能勝萬斛舟時如何？』答曰：『我此間亦無水、亦無舟，討甚筋骨？』〔四〕德山〔五〕至龍潭，久嚮龍潭，及至到來，潭又不見，龍又不現。答曰：『子親到龍潭。』〔六〕陳尚書問洞山〔七〕：『五十二位菩薩中，為什麼不見妙覺？』答曰：『尚書親見妙覺。』〔八〕〔九〕

傳曰：東漢．涿郡太守張豐舉兵反，自稱無上將軍。與彭寵連兵，四年，祭遵與朱祐、耿弇、劉喜俱擊之。遵兵先至，急攻豐，豐功曹孟宏執豐降。初，豐好方術，有道士言豐當為天子，以五彩囊裹石繫豐肘，云：「石中有玉璽。」豐信之，遂反。既執當斬，猶曰：「肘石有玉璽。」遵椎破之，豐愕然就死。〔十〕晉．郗愔忠於王室，而其子超有重名，黨桓溫。愔疾溫，而不知其子與之善。超將亡，以一箱書付門生曰：「本欲焚之，恐翁年尊，必以傷愍致疾。我死後，若損眠食，可呈此箱。」愔後果哀悼，門人呈之，皆與溫往反密計，愔於是大怒曰：「小子死恨晚矣！更不復哭。」〔十一〕予曰：「張豐之愕然，郗愔之不哭，與龐公至江西，德山見龍潭，陳公到洞山，時節等耳！」

【注文】

〔一〕永明，見第十一條注二。

〔二〕龐居士（？—八〇八），即龐蘊，唐代著名在家禪者，世稱龐居士、龐翁。衡陽（湖南）人，字道玄。世代業儒，獨蘊慕內法。貞元（七八五—八〇四）初年，參謁石頭希遷，頗有領悟。復愛丹霞天然（七三九—八二四）風采，與之終生為友。亦與藥山惟儼、齊峰、百靈、松山、大梅法常、洛浦、仰山等禪林碩德頻相往來。參閱《祖堂集》卷十五、《景德傳燈錄》卷八、《五燈會元》卷三、《佛祖綱目》卷三十二、《居士傳》卷十七、《碧巖錄》第四十二則、《拈八方珠玉集》卷上。

〔三〕馬祖，見第四十三條注三。

〔四〕龐居士問馬祖一段，見《景德傳燈錄》卷六〈江西道一禪師〉。

〔五〕德山（七八二—八六五），唐代禪僧。劍南（四川）人，俗姓周，法名宣鑑。年少出家，二十歲受具足戒，於大小乘諸經貫通旨趣，因常講《金剛般若經》，時人美稱為周金剛。嘗聞南方禪法，倡言直指人心，見性成佛之說；與所學不類，欲往辯難，圖息其說。乃攜道氤《金剛經疏鈔》出蜀，至澧陽參謁龍潭信禪師，問答之間，豁然頓悟，遂焚《金剛經疏鈔》，為青原第五世。以法系之異，常以棒打為教，而有「德山棒」之稱譽。住澧陽三十年，遭武宗毀佛，乃避難獨浮山石室。大中初，應武陵（湖南）太守薛廷望堅請，始居德山，大振宗風。咸通六年十二月三日，忽告諸門徒曰：「捫空追響，勞汝心神，夢覺覺非，竟有何事？」言訖安坐而化，世壽八十四，僧臘六十五，敕謚見性大師。參閱《宋高僧傳》卷十二、《景德傳燈錄》卷十五、《祖堂集》卷五、《五燈會元》卷七。

〔六〕德山至龍潭一段，見《景德傳燈錄》卷十四〈澧州龍潭崇信禪師〉。

〔七〕洞山，見第三十五條注七。

〔八〕陳尚書問洞山一段，見《瑞州洞山良价禪師語錄》卷一〈陳尚書問〉。所謂「五十二位菩薩中，為什麼不見妙覺」者，大乘菩薩計分四十二地，五十二種階位，即十信、十住、十行、十迴向、十地、等覺、妙覺。詳細分別，諸經論所說不一，如《華嚴經》說十住、十行、十迴向、十地、佛地等四十一位；《仁王般若波羅蜜經》說十善、三賢三十心、十地、佛地等五十一位。唯《菩薩瓔珞本業經》所舉五十二位名義整足，位次無缺，故自古廣為大乘諸家採用。其中第四十二地之心名為「妙覺」，「妙覺」者，乃覺行圓滿之究竟佛果，故為佛果之別稱，又稱「妙覺地」、「寂滅心」。五十二位菩薩原有「妙覺」，故陳尚書特以「不見妙覺」之語難洞山。

〔九〕案：永明曰一段，見《宗鏡錄》卷九十二，然「龐居士問馬祖」一句，《宗鏡錄》作：「有學士問馬祖和尚」：「德山至龍潭」一句，《宗鏡錄》作：「學人問龍潭和尚」，惠洪此處皆予以補足。又「陳尚書問洞山」公案，《宗鏡錄》作：「俗官王常侍問先洞山和尚：『五十二位菩薩中，為甚麼不見妙覺菩薩？』」考之《洞山良价禪師語錄》，實非王常侍問，仍當以陳尚書為是。此知《智證傳》雖多取之《宗鏡錄》，然惠洪亦有判擇，非全盤採信。

〔十〕張豐舉兵反一事，見《後漢書》卷二十〈祭遵傳〉。

〔十一〕郗愔父子一事，見《晉書》卷六十七〈郗鑒傳〉。

86. 四賓主

臨濟宗有四賓主句，謂：賓中賓、賓中主、主中賓、主中主。〔一〕

傳曰：洞山价禪師〔二〕初游方，與密師伯〔三〕者偕行。經長沙龍山之下（今靈山也），見溪流菜葉，价回瞻峰巒深秀，謂密曰：「箇中必有隱者。」乃並谿而進十許里，有老僧癯甚，以手加額呼曰：「此間無路，汝輩何自而至？」价曰：「無路且置，菴主自何而入？」曰：「我不曾雲水。」价曰：「菴主住山幾許時？」曰：「春秋不涉。」价曰：「菴主先住耶？此山先住耶？」曰：「不知。」价曰：「為什麼不知？」曰：「我不曾人天來。」价曰：「得何道理，便住此山？」曰：「見兩箇泥牛鬥入海，直至而今無消息。」价即班密之下而拜之。問：「如何是主中賓？」曰：「青山覆白雲。」又問：「如何是主中主？」曰：「長年不出戶。」又問：「賓主相去幾何？」曰：「長江水上波。」又問：「賓主相見有何言說？」曰：「清風拂白月。」价又再拜，老僧笑視而說偈曰：「三間茆屋從來住，一道神光萬境閑。莫作是非來辨我，浮生穿鑿不相關。」於是自焚其菴，深入層峰。价曰：「此老見江西馬大師〔四〕，而傳失其名。」〔五〕价住新豐洞，從容問僧：「何者是汝主人公？」對曰：「現祗對者。」价仰而咨嗟，曰：「此所謂馬後驢前事，奈何認以為自己乎！佛法平沈，此其兆也。客中主尚未明，況主中主哉！」僧曰：「如何是主中主？」价曰：「汝自道看。」對曰：「道得只是客中主，未審如何是主中主。」价良久曰：「不辭為汝道，相續也大難。」〔六〕予觀龍山老僧之意，如蕭何之識韓信〔七〕，豈有法哉！又較洞山价公之語，如霍光之立朝，進止亦有律度〔八〕。噫！後生之不見古人之大全也，審矣！价亦以主中主為驚異，可疑也。

【注文】

〔一〕臨濟四賓主，參閱第一條注十三。

〔二〕洞山价禪師，見第三十五條注七。

〔三〕密師伯，即僧密，生卒年不詳。唐代僧，雲巖曇晟法嗣，歷親南泉、洞山，住潭州（湖南長沙）神山。參閱《景德傳燈錄》卷十五、《教外別傳》卷十四、《五燈嚴統》卷五。

〔四〕馬大師，即馬祖，見第四十三條注三。

〔五〕案：洞山价禪師初游方一事，見《筠州洞山悟本禪師語錄》卷一〈師與密師伯經由次〉及《景德傳燈錄》卷八〈潭州龍山和尚問僧〉二處。然《景德傳燈錄》止言：「洞山价和尚行腳時，迷路到山。」未言與密師伯偕行，而《洞山語錄》云：「乃共議撥草，谿行五七里間。」亦與《智證傳》作「乃並谿而進十里許」不同。此外除文中對話稍異於二本，《洞山語錄》並無老僧說偈一段。細較三本，《智證傳》似雜揉二家說法而成，故敘事最詳，尤於二書所記之外，增「价曰：『此老見江西馬大師，而傳失其名』」一段，惠洪留心教史，所言應非虛構，唯不知所據何本。

〔六〕价住新豐洞一段，見《筠州洞山悟本禪師語錄》卷一〈師問僧名什麼〉。

〔七〕蕭何識韓信，薦之於高祖劉邦，見《史記》卷九十二〈淮陰侯列傳〉。

〔八〕霍光（？—西元前六八年），西漢時人，字子孟，河東平陽（山西臨汾）人。驃騎將軍霍去病之異母弟。武帝時任奉車都尉，後昭帝年幼即位，與桑弘羊同受遺詔輔政，任大司馬大將軍，封博陸侯。昭帝崩，迎立昌邑王劉賀為帝，不久即廢，又迎立宣帝，前後執政凡二十年。史書稱其：「沈靜詳審，長財七尺三寸，白皙，疏眉目，美鬚髯。每出入下殿門，止進有常處。郎僕射竊識視之，不失尺寸，其資性端正如此。」參閱《漢書》卷六十八〈霍光傳〉。

87. 雲門三句

雲門宗有三句，謂：天中函蓋、目機銖兩、不涉世緣。〔一〕

傳曰：雲門偃禪師〔二〕初聞睦州古寺有道蹤禪師〔三〕號陳尊宿，見黃蘗運公〔四〕。往謁之，方叩戶，俄陳尊宿者出，搊住曰：「道！道！」偃愕然不知所答，於是推而去曰：「秦時䡫轢鑽〔五〕。」即闔戶，偃折一足而悟旨於言下。〔六〕既有眾，而以此三句為示者，解釋秦時䡫轢鑽之詞也。《法華經》曰：「得一切眾生語言三昧。」〔七〕而《大智論》曰：「善入音聲陀羅尼〔八〕。」〔九〕以此也。

【注文】

〔一〕雲門宗三句，見第三十條注二。

〔二〕雲門偃禪師，見第六十八條注三。

〔三〕道蹤禪師，即陳尊宿，見第六十八條注四。

〔四〕黃蘗運公，見第四條注十一。

〔五〕轆轢鑽，見第六十八條注五。

〔六〕雲門偃禪師見陳尊宿一事，見第六十八條注六。

〔七〕《法華經》曰一段，《妙法蓮華經》卷七〈妙音菩薩品第二十四〉云：「爾時一切淨光莊嚴國中，有一菩薩，名曰妙音，久已植眾德本，供養親近無量百千萬億諸佛，而悉成就甚深智慧，得妙幢相三昧、法華三昧、淨德三昧、宿王戲三昧、無緣三昧、智印三昧、解一切眾生語言三昧……。」

〔八〕陀羅尼，梵語 dharani 之音譯，又作陀憐尼。意譯總持、能持、能遮，即能總攝憶持無量佛法，而不忘失之念慧力。《大智度論》卷五〈初品中菩薩功德釋論第十〉云：「問曰：『已知次第義，何以故名陀羅尼？云何陀羅尼？』答曰：『陀羅尼，秦言能持，或言能遮。能持者，集種種善法，能持令不散不失，譬如完器盛水，水不漏散；能遮者，惡不善根心生，能遮令不生，若欲作惡罪，持令不作，是名陀羅尼。』」陀羅尼以能持各種善法，能遮除各種惡法，而菩薩以利他為主，為教化他人，故須得陀羅尼，使不忘失無量之佛法，於眾中無所畏。及至後世，因陀羅尼形式類同誦咒，後人遂將其與咒混同，統名咒曰陀羅尼。然一般仍以字句長短別之，長句者為陀羅尼，短句者為真言，一字二字者則名為種子。

〔九〕《大智論》曰一句，《大智度論》卷二十八〈欲住六神通釋論第四十三〉云：「復次，菩薩聞一切音聲語言，分別本末，觀其實相。知音聲語言，念念生滅。音聲已滅，而眾生憶念取相，念是已滅之語，作是念言：『是人罵我。』而生瞋恚；稱讚亦如是。是菩薩能如是觀眾生，雖復百千劫罵詈，不生瞋心。若百千劫稱讚，亦不歡喜。知音聲生滅如響相，又如鼓聲，無有作者；若無作者，是無住處，畢竟空故，但誑愚夫之耳，是名入音聲陀羅尼。」

88. 顧鑒咦

〈抽顧頌〉曰：「顧鑒咦。」〔一〕

傳曰：雲門〔二〕經行，逢僧必特顧之曰：「鑒！」僧欲詶〔三〕之，則曰：「咦！」率以為常，故門弟子錄曰「顧鑒咦」。圓明密禪師〔四〕刪去「顧」字，但以「鑒咦」二字為頌，謂之〈抽顧頌〉。今其兒孫失其旨，接人以怒目直視，名為「提撕」〔五〕，名為「不認聲色」，名為「舉處便薦」，相傳以為道眼。北塔祚禪師獨笑之，作偈曰：「雲門抽顧笑嬉嬉，擬議遭渠顧鑒咦。任是張良多智巧，到頭於此也難施。」〔六〕

【注文】

〔一〕〈抽顧頌〉，《雲門匡真禪師廣錄》卷一〈偈頌〉有〈抽顧頌〉一首，頌文止「鑒咦」二字。

〔二〕雲門，見第六十八條注三。

〔三〕詶，音酬，答也。

〔四〕圓明密禪師，即德山緣密，參閱第三十條注二。

〔五〕提撕，提挈之意，即導引後進之人。《大唐西域記》卷七云：「佛去世後繼大迦葉，任持正法，導進學人。在摩揭陀國，於林中經行。見一沙彌諷誦佛經，章句錯謬，文字紛亂。阿難聞已，感慕增懷，徐詣其所，提撕指授。」

〔六〕　北塔祚頌禪師一偈，見《人天眼目》卷二〈北塔祚頌〉。又案：本則闕漏「傳曰」二字。

89. 王種臣種、內紹外紹

道吾〔一〕、石霜〔二〕子父，有王種臣種，內紹外紹。〔三〕

傳曰：唐．郭中令、李西平皆稱王〔四〕，然非有種也，以勳勞而至焉。高祖之秦王〔五〕，明皇之肅宗〔六〕，則以生帝王之家皆有種，非以勳勞而至焉者也。謂之內紹者，無功之功也，先聖貴之；謂之外紹者，借功業而然，故又名曰借句。曹山章禪師〔七〕曰：「妙明體盡知傷觸，力在逢緣不借中。」〔八〕雲居弘覺禪師〔九〕曰：「頭頭上了，物物上通，只喚作了事人，終不喚作尊貴。」〔十〕將知尊貴一路自別。〔十一〕

【注文】

〔一〕　道吾，籍貫生卒不詳。號悟真，住於潭州（湖南長沙）道吾山興化寺，著有《潭州道吾真禪師語要》一卷，附於《楊岐方會和尚語錄》中，見《古尊宿語錄》卷十九、《大正藏》四十七冊。參閱《建中靖國續燈錄》卷七、《五燈會元》卷十二、《續傳燈錄》卷七。道吾為石霜楚圓高弟，惠洪《林間錄》卷下推尊之曰：「道吾真禪師孤硬，具大知見。與楊岐會禪師俱有重名於禪林，當時慈明會中，先數會、真二大士為龍象。」

〔二〕　石霜，見第一條注十六。

〔三〕　王種臣種，內紹外紹，乃曹洞宗「五位正偏」之喻，《人天眼目》卷三云曹洞宗風，「示以偏正五位、四賓主、功勳五位、君臣五位、王子五位、內外紹等事。……王子五位者，明內紹本自圓成，外紹有終有始也。」又錄〈石霜答五位王子〉：「如何是誕生王子？霜云：『貴裔非常種，天生位至尊。』如何是朝生王子？霜云：『白衣為足輔，直指禁庭中。』如何是末生王子？霜云：『修途方覺貴，漸進不知尊。』如何是化生王子？霜云：『政威無比況，神用莫能儔。』如何是內生王子？霜云：『重幃休勝負，金殿臥清風。』」石霜示眾有云：「未嘗忘照，猶為外紹，為臣種，亦曰借；若誕生，絲毫不隔，如王子生下，則能紹大位，謂之內紹，名王種，名句不借也。」

〔四〕郭中令（六九七—七八一），即郭子儀。唐代華州（陝西）人，以武舉異等累遷朔方節度使，後平安史之亂。肅宗即位，任關內河東副元帥，領回紇兵收復長安、洛陽，肅宗嘗曰：「國家再造，卿力也。」封汾陽郡王。代宗時，僕固懷恩叛，說吐蕃、回紇入，子儀馳數十騎至回紇軍內，結歡舊好，遂合軍大破吐蕃，進太尉中書令。德宗時賜號尚父，以身繫天下安危者二十年。子儀事上誠，御下恕，賞罰必信，與李光弼齊名，而寬厚得人過之。世稱郭汾陽，亦稱郭令公。參閱《新唐書》卷一三七〈郭子儀列傳〉。李西平（七〇八—七六四），即李光弼。唐代柳城人，嚴毅果敢有大略，起家左衛親府左郎將。肅宗時拜節度使，與郭子儀平安史之亂，世稱李、郭。光弼用兵，謀定後戰，能以少擊眾，中興戰功，推為第一。後代子儀鎮朔方，士卒麾幟，無所變更，而光弼一聲令下，氣色乃益精明。未幾為天下兵馬都元帥。代宗朝封臨淮郡王，卒諡武穆。參閱《新唐書》卷一三六〈李光弼列傳〉。

〔五〕秦王（五九九—六四九），即唐太宗李世民。唐高祖李淵次子。隋．大業十三年（六一七），策動其父反隋。任尚書令，封秦王，屢為主將，統兵討竇建德、劉黑闥、王世充等，卒定天下。武德九年（六二六），發動玄武門之變，得為太子，並受高祖傳位為帝，次年改元貞觀。參閱《新唐書》卷二〈太宗皇帝本紀〉。

〔六〕肅宗（七一一—七六二），即唐肅宗李亨。玄宗（明皇）第三子，為皇太子時，安祿山反，玄宗奔蜀，至馬嵬坡，父老遮道請留太子討賊，乃還靈武，即皇帝位。尊玄宗為上皇天帝，命郭子儀收復兩京，在位七年崩，廟號肅宗。參閱《新唐書》卷六〈肅宗皇帝本紀〉。

〔七〕曹山章禪師，見第二十六條注一。

〔八〕曹山章禪師一偈，《撫州曹山元證禪師語錄》卷一云：「師又曰：『以君臣偏正言者，不欲犯中，故臣稱君，不敢斥言是也，此吾法宗要。』乃作偈曰：『學者先須識自宗，莫將真際雜頑空。妙明體盡知傷觸，力在逢緣不借中……。』」

〔九〕雲居弘覺禪師，見第三十五條注一。

〔十〕雲居弘覺禪師曰一段，《景德傳燈錄》卷十七〈洪州雲居道膺禪師〉云：「若將有限心識，作無限中用，如將方木逗圓孔，多少差訛？設使攢花簇錦，事事及得，及盡一切事，亦只喚作了事人、無過人，終不喚作尊貴。」

〔十一〕案：此條可與第一〇三條「尊貴旨訣」互參。

90. 明取綱宗，本無實法

德山鑑禪師〔一〕曰：「有言時，騎虎頭，收虎尾，第一句下明宗旨。無言時，覿露機鋒，如同電拂。」〔二〕

傳曰：巖頭奯禪師〔三〕曰：「但明取綱宗，本無實法。不見道無實無虛，若向上事覰即疾，若向意根下尋，卒摸索不著。」又曰：「此是向上人活計，只露目前些子，如同電拂，如擊石火，截斷兩頭，靈然自在。若道向上有法有事，賺汝真碗鳴聲，茶糊汝，繫罩汝，古人喚作繫驢橛〔四〕。若將實法與人，土亦消不得。」夫言截斷兩頭者，飲光〔五〕微笑，不是有言，亦非默然。〔六〕故汾陽〔七〕偈曰：「飲光尊者同明證，瞬目欽恭行正令。」〔八〕同電拂、擊石火之譬也。予嘗作偈曰：「與人實法土難消，道火何曾口被燒。拋出秦時𨍏轢鑽〔九〕，突巒如斗兩頭搖。」

【注文】

〔一〕德山鑑禪師，見第八十五條注五。

〔二〕案：德山鑑禪師曰一段，據《續傳燈錄》卷二十八〈眉州中巖華嚴祖覺禪師〉云：「（祖覺禪師）……依圓悟於鍾阜，一日入室，悟舉羅山道：『有言時，踞虎頭，收虎尾，第一句下明宗旨。無言時，覿露機鋒，如同電拂。作麼生會？』師莫能對，夙夜參究，忽然有省。」《明高僧傳》卷六與《續傳燈錄》同。又曉瑩《羅湖野錄》卷下〈潭州智度覺禪師〉條亦言祖覺得張商英薦，抵蔣山，聞圓悟舉羅山道閑語而有證，於是作偈。故當是惠洪記誦誤。

〔三〕巖頭奯禪師，見第一條注七。

〔四〕繫驢橛，即路邊繫驢之木棒。禪門轉喻學人雖領得一句一棒之玄機，然若執著於一語一句，則反受其拘束繫縛，而失活用之機法。《鎮州臨濟慧照禪師語錄》卷一云：「羅漢辟支，猶如廁穢；菩提涅槃，如繫驢橛。」又喻不貴重而無益之物，《碧巖錄》第一則云：「梁武帝問達磨大師：『如何是聖諦第一義？』（是甚繫驢橛？）」。

〔五〕飲光，即大迦葉尊者。見第四條注九。

〔六〕「飲光微笑，不是有言，亦非默然」者，《釋氏稽古略》卷一云：「世尊拈華，迦葉微笑，出《大梵王問佛決疑經》云：『佛在靈鷲山中，大梵天王以金色波羅華持以獻佛。世尊拈華示眾，人天百萬悉皆罔措。獨有迦葉破顏微笑。世尊曰：吾有正法眼藏，涅槃妙心，分付迦葉。』」

〔七〕汾陽，見第四條注七。
〔八〕汾陽偈曰，見第四條注八。
〔九〕轆轢鑽，見第六十八條注五。

91. 孰謂詩僧亦識字義乎

經首所題yㄟ字。

傳曰：昔予至臨川，與朱顯謨世英游相好也，俄南昌上藍長老至，上藍雅自標致，謂世英曰：「覺範聞工詩耳，禪則其師猶錯，矧弟子耶。」世英笑曰：「師能勘驗之乎？」上藍曰：「諾。」居一日，同游疏山，飯於逆旅。上藍謂余曰：「經軸之上，必題此yㄟ字是底義？」予以指畫圓相橫貫一畫，曰：「是此義也。」上藍愕然，余乃為說偈曰：「以字不成八不是，法身睡著無遮閉。衲僧對面不知名，百眾人前呼不起。」於是上藍不懌，歸舉似世英，世英為拊手曰：「孰謂詩僧亦識字義乎？」今兩人皆成千古矣！追繹之可為憮然。余聞汾陽〔一〕嘗作〈黃犢偈〉曰：「有頭無角實堪嗟，百劫難逃這作家。凡聖不能明得盡，現前相貌有些些。」〔二〕予以謂此偈，又余字義之訓詁也。九原可作，世英當有一捧腹也。

【注文】

〔一〕汾陽，見第四條注七。
〔二〕汾陽一偈，見《汾陽無德禪師語錄》卷下〈因人施無角牛二首〉。

92. 三玄三要

臨濟〔一〕曰：「大凡演唱宗乘，須一句中具三玄，一玄中具三要，有玄有要。」〔二〕

傳曰：余昔菴於高安九峰之下，有僧問余曰：「臨濟會中，兩僧一日相見，同時下喝。臨濟聞之，陞座曰：『大眾！要會臨濟賓主句〔三〕，問取堂中二禪客。』僧便問：『那箇是賓？那箇是主？』臨濟曰：『賓主歷然。』」〔四〕余方欲訓之，頓見三玄三要之旨，於是再拜曰：「大哉！無為寂滅之幢〔五〕也，雖百千世，有聞之者，偷心〔六〕死盡，況余去大師餘二百年哉。」作偈曰：「一句中具三玄門，一玄中具三要路。細看即是陷虎機〔七〕，忽轟一聲塗毒鼓〔八〕。偷心死盡眼麻迷，石女〔九〕夢中毛卓豎。」

【注文】

〔一〕臨濟，見第一條注九。

〔二〕臨濟曰一段，見第一條注十一。

〔三〕賓主句，見第一條注十三。

〔四〕臨濟會中，兩僧相喝一事，見《鎮州臨濟慧照禪師語錄》卷一〈上堂有僧出禮拜〉云：「上堂，有僧出禮拜，師便喝。僧云：『老和尚莫探頭好。』師云：『爾道落在什麼處？』僧便喝。又有僧問：『如何是佛法大意？』師便喝，僧禮拜。師云：『爾道好喝也無？』僧云：『草賊大敗。』師云：『過在什麼處？』僧云：『再犯不容。』師便喝。是日兩堂首座相見，同時下喝，僧問師：『還有賓主也無？』師云：『賓主歷然。』師云：『大眾要會臨濟賓主句，問取堂中二首座。』便下座。」

〔五〕幢，即法幢，其義有二：一者喻佛法如幢。幢與旌旗同義，猛將建幢旗以表戰勝之相；故以法幢喻佛菩薩之說法，能降伏眾生煩惱之魔軍。後凡於佛法立一家之見，即名建立法幢。二者為說法道場之標幟。宣揚大法之際，將幢幡立於道場前，名為法幢、法旆。禪宗又轉其意，將演法開暢，名為建法幢。

〔六〕偷心，禪林用語，原指偷盜之心；禪林轉指向外分別之心，係對動念之貶責。《虛堂錄》卷三云：「僧云：『學人今夜借大眾威光，別置一問得麼？』答云：『偷心鬼子得人憎。』」

〔七〕陷虎機，《續傳燈錄》卷三十四〈成都府昭覺紹淵禪師〉云：「又上堂舉：僧問雲門：『樹凋葉落時如何？』云：『體露金風。』師曰：『要明陷虎之機，須是本色衲子始得。』」

〔八〕塗毒鼓，見第一條注十二。

〔九〕石女，梵語 vandhya 或 bandhya，巴利語 vabjha。舊譯石女，新譯虛女，即女之無子，不能為淫者。北本《大般涅槃經》卷二十五云：「譬如石女，本無子相，雖加功力，無量因緣，子不可得。心亦如是，本無貪相，雖造眾緣，貪無由生。」禪門機語中，每以石女與木人相稱，喻指遠離情識，天真無作之妙用。《嘉泰普燈錄》卷五云：「石女舞成長壽曲，木人唱起太平歌。」又「石女兒」者，即喻非有之物，如言龜毛兔角。《維摩詰所說經》卷中〈觀眾生品〉：「如空中鳥跡，如石女兒。」

【寂音尊者智證傳卷之九】

93. 明招謙偈

明招謙禪師〔一〕偈曰：「師子〔二〕教兒迷子法，進前跳躑忽翻身。羅文結角交加處，鶻眼龍睛失卻真。」〔三〕

傳曰：德山〔四〕四世而有謙，謙眇而機穎，叢林號獨眼龍。游方時齒尚少，耆年皆畏讋〔五〕之。嘗與僧擁爐，僧問曰：「古人道：『目前無法，意在目前。不是目前法，非耳目所到。』〔六〕只如此四句中，那句是賓？那句是主？」謙指火曰：「與我向此中拈出一莖眉毛得麼？」僧曰：「非但學人，盡大地人喪身失命。」謙曰：「汝因什麼自把髻投衙乎？」〔七〕謙將化，陞座曰：「一百年中，祇看今日，今日事作麼生？吾住此山四十年，唯用一劍活人眼目〔八〕。」乃拈巾曰：「如今有純陀〔九〕麼？」提向諸方展看，作擲勢，僧問：「純陀獻供末後，殷勤時如何？」謙曰：「莫相辜負好。」又問：「和尚遷化，向什麼處去？」舉足曰：「足下看。」又問：「百年後以何為極則？」謙提巾便擲。僧再拜，退就列，於是謙說偈曰：「鷰刀肚裏逞全威，汝等諸人善護持。火裏鐵牛生犢子，臨岐誰解湊吾機。」言卒而化。〔十〕

【注文】

〔一〕明招謙禪師，即明招德謙。生卒年不詳，得法於福州（福建）羅山道閑。初於智者任首座，後開法婺州（浙江）明招院，激揚玄旨，諸耆宿皆畏其敏捷，後學鮮敢當其鋒者。參閱《景德傳燈錄》卷二十三、《指月錄》卷二十一、《教外別傳》卷七、《五燈統嚴》卷八。

〔二〕師子，即獅子，梵語 simha，巴利語 siha。

〔三〕明招謙禪師一偈，《密菴和尚語錄》卷一則云：「（師）入方丈據座云：『獅子教兒迷子訣，擬前跳擲早翻身。羅紋結角交鋒處，鶻眼臨時失卻蹤。古人與麼道，也是徐六擔片板。』」

〔四〕德山，見第八十五條注五。

〔五〕讋，音折，懼也，忌也。

〔六〕古人道「目前無法」一段，此夾山語。《景德傳燈錄》卷十五〈澧州夾山善會禪師〉云：「一夕道吾策杖而至，遇師上堂。僧問：『如何是法身？』師曰：『法身無相。』曰：『如何是法眼？』師曰：『法眼無瑕。』師又曰：『目前無法，意在目前。不是目前法，非耳目所到。』道吾乃笑。師乃生疑，問吾何笑？吾曰：『和尚一等出世未有師，可往淛中華亭縣參船子和尚去。』」

〔七〕招謙禪師嘗與僧擁爐一事，參閱《大慧普覺禪師語錄》卷七〈示眾舉明招向火次〉。

〔八〕用一劍活人眼目者，禪林多用此語喻活殺自在之機用，與「殺人刀」相對稱。劍、刀皆喻智慧，凡能喚醒本具之靈性者，名為活人劍；反之，能置人於死地者，名為殺人刀。《景德傳燈錄》卷十六〈巖頭全豁〉云：「石霜雖有殺人刀，且無活人劍。」又《碧巖錄》第十二則云：「殺人刀、活人劍，乃上古之風規，亦今時之樞要。」

〔九〕純陀，梵名Cunda，巴利名同。又作准陀、淳陀、周那，為佛世時中印度波婆城（梵 Pava，巴利語同）之鐵匠，乃最後供養佛陀者。據《長阿含經》卷三〈遊行經〉載，彼以旃檀樹耳供養佛陀。其所供養食物之旃檀樹耳（巴利語 sukaramaddava），概為一種菌類，疑即木耳。

〔十〕「謙將化陞座曰」一段，見《景德傳燈錄》卷二十三〈婺州明招德謙禪師〉。

94. 棄命必死難

《四十二章經》曰：「捹（棄）命必死難。」〔一〕

傳曰：韓信為淮陰侯，稱疾不朝，而陳豨為代相，過辭信，信挈其手，與步於庭數匝，仰天而嘆曰：「子可與言乎？吾欲與子有言。」豨因曰：「唯將軍命。」信曰：「公之所居，天下精兵處也。而公，陛下之信幸臣也，人言公反，陛下不信，再至乃疑，三至必怒而自將。吾為公從中起，天下可定也。」豨曰：「謹奉教。」漢十年，豨果反，高帝自將而往，信病不從，陰使人之豨所，而與其家臣謀。夜詐赦諸官徒奴，欲襲高后、太子。部署已定，待豨報，俄有人告呂后，后斬之鍾室〔二〕。〔三〕信料事無遺策，方是時，信無兵，乃曰「為公從中起」，可疑也。故信雖就誅，其心果死乎？馬謖街亭之敗〔四〕，諸葛孔明誅之。臨終與孔明書曰：「明公視謖猶子，謖視明公猶父，願深惟殛鯀興禹之義，使平生之交，不虧於此。謖雖死，無恨於黃壤也。」于時十萬之眾為之垂涕。〔五〕予以是觀之，信之死，非真死者也；謖可謂捹（棄）命非真死，可乎！

【注文】

〔一〕案：「棄命必死難」一句版本眾多，《四十二章經解》、《四十二章經註》及《四十二章經疏鈔》皆作「棄命」，《卍續藏》所收宋真宗御注《四十二章經》作「判命」，《大正藏》則作「制命」。制命者，必死之意，無論他人如何救助，皆不能改變之。或指罹犯死罪，不得不死。《四十二章經》第十章云：「佛言：

『天下有五難：貧窮布施難、豪貴學道難、制命不死難、得睹佛經難、生值佛世難。』」

〔二〕鍾（鐘）室，即長樂宮懸鐘之室。

〔三〕韓信一事，參閱《史記》卷九十二〈淮陰侯列傳第二十三〉。

〔四〕馬謖街亭之敗。馬謖，馬良弟，字幼常，才器過人，好論軍計，丞相諸葛亮深加器異。劉備臨薨謂亮曰：「馬謖言過其實，不可大用，君其察之。」亮不聽。建興三年，亮出軍祈山，以謖為先鋒，統大眾在前，與魏將張郃戰於街亭，為郃所破，士卒離散。亮進無所據，乃還軍漢中，以軍法治謖，亮為之流涕，謖死時年三十九。

〔五〕謖臨終與孔明書一段，見《三國志》卷三十九〈馬謖傳〉裴松之注。

95. 在獄證菩薩游戲三昧

《易．噬嗑》卦曰：「利用獄，亨。」〔一〕

傳曰：黃龍南禪師〔二〕昔住廬山歸宗寺，火一夕而燼，下獄不食六十日。既釋放，菴於石門之南塔。嘗謂門弟子曰：「我在獄，證《法華經》菩薩游戲三昧。《經》曰：『菩薩游戲神通，淨佛國土，心不好樂。』〔三〕呵小乘也，以其不能成就眾生耳。」弟子請聞其說，黃龍曰：「凡獄吏之治有罪者，察見其情偽，必痛加捶楚，欺詐之實盡則自釋，雖有酷刑，不能申也。罪至於死，亦所甘心者，智迄情枯故也。今禪學者，馳求之狂，欺詐之病，不以知見之慧鍛之，何由而釋？」故其平生止以三種語〔四〕驗天下衲子。予少年聞老宿夜語及之，今二十年也，其說有補叢林，故錄焉。

【注文】

〔一〕《周易・噬嗑》云：「噬嗑，亨。利用獄。」噬者，嚙也，以齒牙決物；嗑者，合也。人有犯法者，決之使合於法，故名「噬嗑」。《彖》曰：「頤中有物，曰噬嗑，噬嗑而亨。剛柔分，動而明，雷電合而章，柔得中而上行，雖不當位，利用獄也。」

〔二〕黃龍南禪師，見第六十九條注二。

〔三〕《經》曰「菩薩遊戲神通」一段，《妙法蓮華經》卷二〈信解品〉云：「世尊授舍利弗阿耨多羅三藐三菩提記，發希有心，歡喜踴躍，即從座起，整衣服，偏袒右肩，右膝著地，一心合掌，曲躬恭敬，瞻仰尊顏，而白佛言：『我等居僧之首，年並朽邁，自謂已得涅槃，無所堪任，不復進求阿耨多羅三藐三菩提。世尊往昔說法既久，我時在座，身體疲懈，但念空無相無作，於菩薩法遊戲神通，淨佛國土，成就眾生，心不喜樂，所以者何？世尊！令我等出於三界，得涅槃證。又今我等年已朽邁，於佛教化菩薩阿耨多羅三藐三菩提，不生一念好樂之心；我等今於佛前，聞授聲聞阿耨多羅三藐三菩提記，心甚歡喜，得未曾有……。』」

〔四〕三種語，黃龍慧南每設「生緣」、「佛手」、「驢腳」三問，以接化學人，《頌古聯珠通集》卷三十八〈隆興府黃龍慧南禪師〉云：「室中常問僧曰：『人人盡有生緣，上座生緣在何處？』正當問答交鋒，卻復伸手曰：『我手何似佛手？』又問諸方參請宗師所得，卻復垂腳問：『我腳何似驢腳？』」黃龍平生發此三問，以試學人，三十餘年無人能契合其要旨，叢林名之為「黃龍三關」。

96. 殷勤抱得旃檀樹

香嚴閑禪師〔一〕偈曰：「有一語，全規矩。擬思量，帶伴侶。踏不著，省來處。一生參學事無成，殷勤抱得旃檀樹〔二〕。」〔三〕

傳曰：棗柏〔四〕《論》曰：「烏洛迦旃檀香者，烏洛迦，蛇名；旃檀者，香樹也。明此蛇最毒，常患熱毒，以身繞此香樹，其毒氣便息。表若有眾生聞說心境俱空，本無體相，無有處所，無一法可得之香，信而悟入，一切煩惱毒氣自然清淨。」〔五〕予以是知「殷勤抱得旃檀樹」之語，非茍然發也。

【注文】

〔一〕香嚴閑禪師，見第三十四條注八。

〔二〕旃檀樹，玄應《音義》卷二十三謂有赤、白、紫諸種。慧琳《音義》卷二十一引慧苑《音義》卷上載，謂白檀可療治熱病，赤檀可祛除風腫，皆能除疾安身，故又譯為「與樂」。又有牛頭旃檀（梵 gocirsa-candana）、蛇心檀（梵 uragasara-candana），前者呈灰黃色，香氣濃郁，古人用以彫刻佛像，如優填王以此香木所刻之佛像，舉世聞名；後者又稱烏洛迦旃檀，以其特具消除蛇毒之效，故稱之。

〔三〕香嚴閑禪師，《景德傳燈錄》卷二十九〈香嚴智閑頌〉作：「有一語，全規矩。休思惟，不自許。路逢達道人，揚眉省來處。卻思看，待伴侶。一生參學事無成，殷勤抱得旃檀樹。」

〔四〕棗柏，見第十七條注一。

〔五〕棗柏論曰一段，見《新華嚴經論》卷三十六〈第一正入當位法門中〉。

97. 愚夫觀指，不得實義

《楞伽經》曰：「不應攝受，隨說計著，真實者，離名字故。大慧！如為愚夫，以指指物，愚夫觀指，不得實義。如是愚夫，隨言說指，攝受計著，至竟不捨，終不能得離言說指第一實義。」〔一〕

傳曰：僧問九峰禪師〔二〕曰：「深山中還有佛法也無？」答曰：「有。」僧曰：「如何是深山中佛法？」答曰：「石頭大者大、小者小。」〔三〕今學者聞舉，便欣然以為解了，有詰之者，則曰：「觸目全真，頭頭顯現。」嗟乎！此所謂「觀指不得實義者也」。予嘗與僧自逍遙山，經亂石澗入五峰，休於樹陰，舉此因緣，作偈曰：「石頭若是佛法，法身應不靈聖。佛法若有大小，法身應分少剩。枯骨頭上沒汁，衲僧眼見不信。八萬四千法門，一句為汝說盡。」

【注文】

〔一〕《楞伽經》曰一段，見《楞伽阿跋多羅寶經》卷四〈一切佛語心品之四〉。

〔二〕九峰禪師（？—九二三），即九峰道虔。五代僧，俗姓劉，侯官（福建）人。遍歷法會，後受石霜慶諸印記，慶諸寂，虔繼其席。尋移筠州（江西）九峰，後住石門，寂謚大覺禪師。參閱《景德傳燈錄》卷十六、《五燈會元》卷六、《佛祖綱目》卷二十三、《指月錄》卷十七、《教外別傳》卷十四、《五燈嚴統》卷六。

〔三〕僧問九峰禪師一段，參閱《續傳燈錄》卷十五〈洪州泐潭洪英禪師〉引此公案。

98. 四大性自復，如子得其母

石頭〔一〕〈參同契〉曰：「四大性自復，如子得其母。」〔二〕

傳曰：此語之妙，學者罕能識之。蓋子之得其母，則不假取於人而自信者也。圭峰密禪師〔三〕初讀《圓覺經》至「恆作是念：我今此身，四大和合。所謂髮毛、爪齒、皮肉、筋骨、髓腦、垢色，皆歸於地；唾涕、膿血、津液、涎沫、痰淚、精氣、大小便利，皆歸於水；煖氣歸火；動轉歸風。四大各離，今者妄身，當在何處？」〔四〕恍然而悟，如子得母也。〔五〕

【注文】

〔一〕石頭，見第二十一條注四。

〔二〕〈參同契〉一偈，見《景德傳燈錄》卷三十〈南嶽石頭和尚參同契〉。

〔三〕圭峰密禪師，見第三條注一。

〔四〕《圓覺經》一段，見一卷本《大方廣圓覺修多羅了義經》。

〔五〕圭峰密禪師讀《圓覺經》一段，參閱《景德傳燈錄》卷十三〈終南山圭峰宗密禪師〉。

99. 衛世師執著神我

《破色心論》曰：「『彼一非可見，多亦不可見。和合不可見，是故無塵法。』此偈明何義？汝向說言色等諸入，皆是實有，何以故？以識能取外境界者。此義不然，何以故？有三義故無色等入，何等為三？一者為實有一微塵，如彼外道衛世師〔一〕等，虛妄分別，離於頭目身分等外，實有神我〔二〕，微塵亦爾，離色、香等實有否耶；二者為實有多微塵差別可見否耶；三者為多微塵和合可見否耶。此明何義？若實有彼一微塵者，則不可見。如彼外道衛世師等，虛妄分別，離於頭目身分等外，有一神我不可得見。微塵亦爾，離色、香等不可得見，是故無一實塵可見，是故偈言『彼一非可見』故。若實有多微塵差別者，應一一微塵歷然可見，而不可見，以是義故，多塵差別，亦不可見，是故偈言『多亦不可見』故。多微塵和合不可見者，此亦不然，何以故？以一微塵實無有物，云何和合？是故不成，是故偈言『和合不可見，是故無塵法』故。問曰：『云何不成？』答曰：『偈言：『六塵〔三〕同時合，塵則有六相。若六唯一處，諸大是一塵。』此偈明何義？若諸微塵從六方來，六塵和合，若如是者，塵有六方；若有六方，則有六相。又若微塵有處所者，不容餘塵，是故偈曰『六塵同時合，塵則有六相』故。若六微塵唯一處者，一微塵處有六微塵。若如是相者，六塵一處，若一處者，則六塵不可得見。何以故？彼此微塵無差別故，若如是者，一切麤物山河等事，亦不可見，是故言『若六唯一處，諸大是一塵』故。一塵者無物如向前答，一多和合不可得見故。』』〔四〕

傳曰：衛世師等，起一種執，執離頭目身分之外有一神我者，此神我有而不可見。故《論》稱一微塵，若離色、聲、香、味等外，而有此一微塵，應如神我有而不可見也耶。塵如果有六方之相，則曉然可識不可雜，故曰「不容餘塵」。又若六塵和合而不可見，則山河大地亦不可見，以皆是和合，於塵和合，則不可見，於山河大地亦以和合，獨可見乎？無是理也，但諸佛境綿密難見，非世喻可況，四量〔五〕之中，有聖斷量，謂凡法不入現量、比、似之量者，則以聖斷量定之，如世尊言三界唯心。

【注文】

〔一〕衛世師，見第六十二條注三。

〔二〕神我，梵語 purusa，意即「人」，指個人之精神本體，又作神我諦、我知者，或單稱「神」、「我」。印度數論學派所立二十五諦之第二十五，執「我」為「常住獨存，受用諸法之實我」。蓋數論於自性等立二十五諦，而以其中最初之「自性諦」（梵 prakrti）為本性，中間二十三諦為變異，第二十五「神我諦」則非本性，亦非變異，其體乃實有常住、清淨獨存，常為其餘之二十四諦所圍繞。為根本質料因之根本原質（即自性），若與神我結合，則由根本原質展開現象世界。而於根本原質與神我結合時，神我即受物質之繫縛；然於解脫時，神我則脫離根本原質，單獨存在，復為本來純粹清淨者。

〔三〕六塵，係指色塵、聲塵、香塵、味塵、觸塵、法塵等六境，又作外塵、六賊。眾生以六識緣六境而遍污六根，能昏昧真性，故稱為塵。此六塵在心之外，故名外塵。此六塵猶如盜賊，能劫奪一切之善法，故名六賊。

〔四〕《破色心論》曰一段，見一卷本《唯識論》。

〔五〕四量，即現量、比量、聖教量、譬喻量。惠洪此處作現、比、似、聖斷。「量」為尺度之意，乃知識來源、認識形式，及判斷知識真偽之標準。現量者，係指尚未加入概念活動，毫無分別思惟、籌度推求等作用，僅以直覺量知色等外境諸法之自相。如五根之眼見色、耳聞聲等是；比量者，即用已知之因（理由）比證未知之宗（命題），以生決定之正智；聖教量者，意指以本派尊奉之聖書或聖人之教導，為知識之來源、標準；譬喻量者，即以譬喻方式顯示教法，如謂「人生之無常，猶如水泡之無常」，即屬此類。

100. 是聞聲事，從多因緣和合，故得聞聲

《大智度論》曰：「問曰：『聞者云何？聞用耳根聞耶？用耳識聞耶？用意識聞耶？若耳根聞，耳根無覺識知故，不應聞。若耳識聞，耳識一念故，不能分別，不應聞。若意識聞，意識亦不能聞，何以故？先五識識五塵[一]，然後意識識。意識不能識現在五塵，唯識過去、未來五塵。若意識能識現在五塵者，盲聾人亦應識聲色。何以故？意識不破故。』答曰：『非耳根能聞聲，非耳識、亦非意識。是聞聲事，從多因緣和合，故得聞聲，不得言一法能聞聲。何以故？耳根無覺故，不應聞聲。識無色、無對[二]、無處故，亦不聞聲。聲無覺、無根，故不知聲。爾時耳根不破，聲至可聞處。意欲聞情，塵意和合，故耳識隨生。耳識即生意識，能分別種種因緣得聞聲。以是故不應作難雖聞聲[三]，佛法中亦無有法能作、能見、能知。如偈說：『有業亦有果，無作業果者。此第一甚深，是佛法能見。雖空亦不斷，相續亦不常。罪福亦不失，如是佛法說。』』」[四]

傳曰：有僧嘗問荷澤會禪師[五]：「見聞照聲色時，唯復抗行[六]耶？唯有先後。」答曰：「抗行先後即且止，汝畢竟將什麼作聲色。」僧曰：「如師所論，則無聲色可得也。」於是再拜，即日發去，後隱於蒙山。[七]

【注文】

〔一〕五識、五塵者，見第十七條注四。

〔二〕無對，梵語 apratigha。「對」為礙之意，無對係指非極微所成之無障礙法。十二處中，眼、耳、鼻、舌、身等五根及色、聲、香、味、觸五境等十處有障礙，故為「有對」；意處、法處無障礙，故為「無對」。又「有對」有「障礙有對」、「境界有對」、「所緣有對」三種。今十色處為「有對」，意處、法處為「無對」，乃就「障礙有對」而論。

〔三〕案：「雖聞聲」當作「誰聞聲」，《智證傳》引文多有一二處不與原文同者，此處特別改正，蓋此係誤字，非刊正不能知原義。

〔四〕《大智度論》曰一段，見《大智度論》卷一〈初序品中釋論第二〉。

〔五〕荷澤會禪師，見第七十八條注四。

〔六〕抗行，相埒，相頡頏之意。

〔七〕僧問荷澤會禪師者，即光寶禪師所問，見《景德傳燈錄》卷十三〈沂水蒙山光寶禪師〉。

101. 新婦騎驢阿家牽

首山念禪師〔一〕。有僧問：「如何是佛？」答曰：「新婦騎驢阿家牽〔二〕。」僧曰：「未審意旨如何。」答曰：「百歲翁翁失卻父。」僧曰：「百歲翁翁豈有父耶？」首山曰：「汝會也。」又曰：「此是獨坐無尊卑，從上無一法與人。」〔三〕

傳曰：首山高弟，有神鼎諲禪師〔四〕，嘗問僧舉似此語，作偈曰：「新婦騎驢阿家牽，誰後復誰先？有問又須向渠道，新婦騎驢阿家牽。」〔五〕是老以無師智〔六〕、自然智〔七〕，吐稱性語，能形容不可傳之妙。耆年住山，學者從之，有問而默，則疑以為不肯為我說。有問有答，則是以言遣言，世諦〔八〕有為，此意所從來遠矣。阿難〔九〕嘗問迦葉〔十〕：「世尊付金襴〔十一〕之外，更傳何法？」迦葉呼曰：「阿難！」阿難應諾，迦葉曰：「倒卻門前剎竿著〔十二〕。」〔十三〕

【注文】

〔一〕首山念禪師，見第四條注三。

〔二〕新婦騎驢，此省念禪師以新婦騎驢之事，喻佛地之本然風光。《古尊宿語錄》卷八云：「問：『如何是佛？』師云：『新婦騎驢阿家牽。』僧云：『未審此語什麼句中收？』師云：『三玄收不得，四句豈能該？』僧云：『此意如何？』師云：『天長地久，日月齊明。』」新婦即新嫁娘，阿家指其婆婆。謂新婦騎驢，阿家牽之者，本為顛倒倫次之事，然首山以此喻眾生與佛原本一如，不當執於尊卑上下，新婦與阿家為一如，以道破新婦騎驢之當相，即是自性天真之境地。

〔三〕有僧問「如何是佛」一段，見《古尊宿語錄》卷八〈次住寶應語錄〉。

〔四〕神鼎諲禪師，見第九條注四。

〔五〕案：「新婦騎驢阿家牽，誰後復誰先？有問又須向渠道，新婦騎驢阿家牽。」一偈，《古尊宿語錄》卷二十四〈應機揀辨〉云：「因僧請益，師乃有頌：『新婦騎驢阿家牽，誰後復誰先？張三與李四，拱手賀堯年。』又頌：『從前諸聖總皆然，起坐忪諸沒兩般。有問又須向伊道，新婦騎驢阿家牽。』」故知惠洪併此二偈為一。

〔六〕無師智，梵語 anupadista-jbana，即非藉他力，不待他人教而自然成就之智慧。

〔七〕自然智，梵語 svayambhu-jbana，指諸佛不藉功用，自然而生之一切種智。

〔八〕世諦，梵語 samvrti-satyatva, samvrti-satya，係指世間一般所見之真理，為勝義諦（真諦）之對稱。因第一義諦，不易為常人理解，故先曉以世俗之理，次第導向最高境地，如指月之指、渡河之船。

〔九〕阿難，梵名 Ananda，巴利名同。佛陀十大弟子之一，全稱阿難陀，意譯為歡喜、慶喜、無染。阿難乃佛陀堂弟，出家後二十餘年間，為佛陀常隨弟子，善記憶，於佛所說法多能記誦，十大弟子中譽為「多聞第一」。因於佛陀生前未能開悟，故於佛陀入滅時悲而慟哭。後受摩訶迦葉教誡，發憤用功，終得阿羅漢果，為首次佛典結集之誦出者，於傳持經法，功績極大。《付法藏因緣傳》卷二載佛陀傳法予摩訶迦葉，迦葉又傳法予阿難，故為西天第二祖。阿難於佛陀入滅後二十年至二十五年間，於殑伽河中游示寂，付法予商那和修。參閱《中阿含經》卷三十三〈侍者經〉、《增一阿含經》卷四〈弟子品〉、《阿難同學經》、《佛本行集經》卷十一、《大唐西域記》卷六、卷七。

〔十〕迦葉，見第四條注九。

〔十一〕金襴，即金襴衣。係以金縷織成之袈裟，印度早已行之。據《大唐西域記》卷九及《景德傳燈錄》卷一載，佛陀以姨母所獻之金色袈裟傳於迦葉。

〔十二〕倒卻門前剎竿，禪宗公案名。門前之剎竿，係標示寺塔所在之物，亦弘法之所，故迦葉謂「倒卻門前剎竿著」，意指停止弘法，蓋默傳密付之教，須親省而非言詮，阿難一生隨侍釋尊聽聞說法，絲毫不漏，然猶未悟無一物可得之理。故阿難詢以「別傳何物」時，迦葉即以「倒卻門前剎竿著」一語令其省悟。《法演禪師語錄》卷二：「迦葉云：『倒卻門前剎竿著。』又永嘉道：『建法幢立宗旨，明明佛敕曹溪是。』師云：『迦葉教倒卻剎竿，永嘉又教立宗旨。且道倒底是，立底是？』」《碧巖錄》卷二云：「迦葉云：『倒卻門前剎竿著。』阿難遂悟，已後祖祖相傳。」

〔十三〕阿難嘗問迦葉一段，見《五燈會元》卷一〈二祖阿難〉。

102. 若欲將心求佛道，問取虛空始出塵

寶公〔一〕〈十二時偈〉曰：「食時辰。無明本是釋迦身。坐臥不知元是道，只麼忙忙受苦辛。認聲色，覓疏親，只是從前染汙人。若欲將心求佛道，問取虛空始出塵。」〔二〕

傳曰：僧問雲菴〔三〕：「如何是道？」雲菴曰：「寶公云：『若欲將心求佛道，問取虛空始出塵。』汝今求佛道，虛空向汝道什麼？」某僧於是大悟於言下。昔亮座主〔四〕參馬祖〔五〕，祖問：「汝稱講經，將何物講？」對曰：「將心講。」祖曰：「心如工伎兒，意如和伎者，〔六〕如何講得經？」亮厲語曰：「心若講不得，莫是虛空講得麼？」祖曰：「卻是虛空講得。」亮亦契悟，歸謂其學徒曰：「我自謂平生講業，天下無能過者。今日見開元老宿〔七〕，一唾淨盡。我從前見解，皆欺誑汝。」遂渡漳水，隱於西山。〔八〕予嘗作〈漁父詞〉，歌其標韻曰：「講處天花隨玉麈。波心月在那能取。旁舍老師偷指注。回頭覷。虛空特地能言語。歸對學徒重自訴。從前見解都欺汝。隔岸有山橫莫雨。翻然去。千巖萬壑無尋處。」〔九〕

【注文】

〔一〕寶公（四一八—五一四），南朝僧，又作寶志、保志、保誌，世稱寶公、誌公和尚。金城人，俗姓朱。年少出家，師事道林寺僧儉，修習禪業。劉宋．泰始年間（四六六—四七一），往來於都邑，居無定所，

時或賦詩，其言每似讖記，四民遂爭就問福禍。齊武帝以其惑眾，投之於獄。然日日見其遊行於市里，若往獄中檢視，卻見猶在獄中。帝聞之，乃迎入華林園供養，禁其出入。而誌不為所拘，仍常遊訪龍光、罽賓、興皇、淨名等寺。至梁武帝建國，始解其禁。每與帝長談，所言皆經論義。天監十三年十二月示寂，世壽九十六，諡號廣濟大師。參閱《梁高僧傳》卷十、《佛祖統紀》卷三十六、卷三十七、《佛祖歷代通載》卷十、《寶華山志》卷七〈誌公法師墓誌銘〉、《神僧傳》卷四。

〔二〕寶公曰一段，見《景德傳燈錄》卷二十九〈寶誌和尚十二時頌〉。此指覓心了不可得，若欲以心求覓佛道，則猶如詢問虛空始得超乎塵外也。

〔三〕雲菴（庵）（一〇二五—一一〇二），即真淨克文。北宋僧，陝府閿鄉（河南陝縣）人，俗姓鄭，號雲庵。隨北塔廣公出家，居隆興府泐潭。初參黃龍慧南而不契機，復往香城（陝西朝邑）見順和尚，順和尚反問黃龍之言句，聞而當下大悟，方知黃龍用意，遂仍歸黃龍，並嗣其法，從此開堂說法，大為精進，提攜天下衲子。崇寧元年十月十六日，為眾遺誡宗門大略而示寂，享年七十八。賜號真淨，建塔於泐潭新豐。參閱《五燈會元》卷十七。

〔四〕亮座主，生平不詳，參閱《五燈會元》卷三、《宗鏡錄》卷九十二、《續傳燈錄》卷十五。

〔五〕馬祖，見第四十三條注三。

〔六〕工伎兒、和伎者。工伎兒指演藝者，即隨樂器節拍表演動作之人；和伎者，指調弄樂器，以配合演藝者之伴奏人。蓋於演藝之中，和伎者與工伎兒必兩相應和，方能完成劇作。佛家以此二者之緊密應和，喻凡夫心執外境，所生顛倒之狀況。《大乘入楞伽經》卷五〈剎那品第六〉云：「計著文字者，不見我真實。心如工伎兒，意如和伎者。五識為伴侶，妄想觀伎眾。」

〔七〕開元老宿，馬祖道一嘗駐錫於鍾陵開元寺，故云然。

〔八〕亮座主參馬祖一事，亦見《五燈會元》卷三〈亮座主〉。

〔九〕惠洪〈漁父詞〉，見《石門文字禪》卷十七〈亮公〉。標韻，即風標遺韻。

【寂音尊者智證傳卷之十】

103. 尊貴旨訣須自悟

洞山〔一〕尊貴旨訣。〔二〕

傳曰：雲居膺禪師〔三〕曰：「僧家發言吐氣，須有來由，莫將作等閑。這裏是什麼處所，爭受容易？凡問個事，也須識些子好惡，若不識尊卑良賤，不知觸犯，信口亂道，也無利益。並馳行腳，到處覓相似語，所以尋常向兄弟道，莫怪不相似，恐同學太多去，第一莫將來，將來不相似。言語也須看首尾，八十翁翁出場屋，不是小兒戲，不是因循底事。一言參差，即千里萬里，難為收攝，蓋為學處容易。」〔四〕又曰：「汝等諸人，直饒學得佛邊事，蚤是錯用心了也。不見古人講得天花落〔五〕、石點頭〔六〕，尚不干自己事，自餘是什麼閑。如今擬將有限身心，向無限中用，有什麼交涉？如將方木逗於圓孔，多少誵訛？若無恁麼事，饒汝說得簇花簇錦，亦無用處。未離識情在，一切事須向這裏及盡，始得無過，方得出身。若一毫髮去不盡，即被塵累，豈況更多！差之毫釐，過犯山嶽，不見古人道：『學處不玄，盡是流俗，閨閣中物捨不得，俱為滲漏〔七〕』〔八〕，直須向這裏及取及去及來，併盡一切事，始得無過。如人頭頭上了，物物上通，只喚作了事人，終不喚作尊貴。將知尊貴一路自別，便是世間極重極貴物，不得將來向尊貴邊。須知不可思議，不當好心，所以古人道：『猶如雙鏡，光光相對。光明相照，更無虧盈。』豈不是一般，猶喚作影像邊事，如日出照於世間，明朗是一半，那一半喚作什麼？如今人未識得光影門頭，戶底麤淺底事，將作屋裏事又爭得？」〔九〕又曰：「升天底事，須對眾揚卻；十成底事，對眾丟卻。擲地作金聲，不得回頭顧著，自餘有什麼用處？不見二祖〔十〕當時詩書博覽，三藏聖教，如觀掌中，因什麼更求達磨安心？將知此門中事，不是等閑。」〔十一〕予味雲居之語，知尊貴之旨須自悟。噫！垂衣裳而天下治者，堯舜也。

【注文】

〔一〕洞山，見第三十五條注七。

〔二〕尊貴旨訣，參見第八十九條。《筠州洞山悟本禪師語錄》卷一云：「師與密師伯到柏巖哲禪師處，巖問：『甚處來？』師曰：『湖南來。』巖曰：『觀察使姓甚麼？』師曰：『不得姓。』巖曰：『名甚麼？』師曰：『不得名。』巖曰：『還理事也無？』師曰：『自有郎幕在。』巖曰：『還出入否？』師曰：『不出入。』巖曰：『豈不出入。』師便拂袖出去。巖來日侵早入堂召師，師近前，巖曰：『昨日祇對上座話，不愜老僧意，一夜不安。今請上座別下一轉語，若愜老僧意，便開粥相伴過夏。』師曰：『卻請和尚問。』巖曰：『不出入是如何。』師曰：『太尊貴生。』巖乃開粥同過夏。」

〔三〕雲居膺禪師，見第三十五條注一。

〔四〕雲居膺禪師曰一段，參閱《五燈會元》卷十三〈洪州雲居道膺禪師〉。

〔五〕天花落，佛陀說法，時有他方天子、天女，以花供佛，莊嚴道場，《大方等大集經》卷一〈瓔珞品〉云：「爾時帝釋與忉利天人，於其界次階上見佛，以天香華、微妙伎樂而供養之。」又《維摩經》卷二〈觀眾生品〉云：「時維摩詰室有一天女，見諸大人聞所說法，便現其身，即以天華，散諸菩薩大弟子上。」此處則指雲光法師講經感得天花落。《佛祖統紀》卷三十七云：「（梁武帝）普通二年。詔雲光法師於內殿講《法華經》，天雨寶華。」

〔六〕石點頭，《姑蘇志》卷五十八〈人物二十三〉云：「竺道生，鉅鹿人。姓魏氏。初入廬山，幽栖七年，後遊長安，從什公受業關中……。後來止虎丘，聚石為徒，講《涅槃經》至闡提有佛性處，曰：『如我所說，契佛心否？』群石皆首肯之。今石猶存。」

〔七〕滲漏，洞山良价分修行者易陷之弊害有三，名為三種滲漏：一者見滲漏，猶有我見之意，執著於知之對象，而不見真實；二者情滲漏，猶存情識之意，取此捨彼；三者語滲漏，滯礙於語句，不知文字為了悟真理之工具，徒然用心於文字、語言之解明。

〔八〕古人道「學處不玄」一段，係藥山惟儼禪師開示李翺之語，見《景德傳燈錄》卷十四〈藥山惟儼禪師〉。

〔九〕又曰「汝等諸人」一段，同注四。

〔十〕二祖，見第十三條注一。

〔十一〕又曰「升天底事」一段，見《禪林僧寶傳》卷六〈雲居宏覺膺禪師〉。

104. 一念不生，則前後際斷

《圓覺經》曰：「金剛藏菩薩問世尊曰：『若諸眾生本來成佛，何故復有一切無明？若諸無明眾生本有，何因緣故，如來復說本來成佛？十方異生，本成佛道，後起無明，一切如來何時復生一切煩惱？』而世尊答曰：『善男子！一切世界，始終生滅，前後有無，聚散起止。念念相續，循環往復，種種取捨，皆是輪迴。未出輪迴，而辨圓覺，彼圓覺性，即同流轉。若免輪迴，無有是處。』」〔一〕

傳曰：圭峰〔二〕曰：「此段義窮盡甚深疑念，故菩薩難意云：『眾生本佛，今既無明，十方如來後應煩惱。』佛答意云：『即此分別，便是無明，故見圓覺，亦同流轉。如雲駛月運等，但一念不生，則前後際斷，如翳差華亡。』眾生即佛，人罕能知，知而寡信，信而鮮解，解亦難臻此境。」〔三〕翠嵓真點胸〔四〕好問僧：「文殊是七佛之師，因甚出女子定〔五〕不得？罔明從下方來，因甚卻出得女子定？」莫有能對者，獨英邵武〔六〕方其問時，以手搯其膝而去，真笑曰：「賣匙箸客未在。」〔七〕予以謂英邵武可謂一念不生，前後際斷者耶。

【注文】

〔一〕《圓覺經》曰一段，見一卷本《大方廣圓覺修多羅了義經》。

〔二〕圭峰，見第三條注一。

〔三〕圭峰曰一段，見《大方廣圓覺經大疏》上卷之一。

〔四〕翠嵓真點胸（？—一〇六四），即可真。宋代臨濟宗僧，福州（福建）長谿人。為石霜楚圓之法嗣。曾住隆興府（江西）翠巖（嵓）山，故又稱翠巖（嵓）可真。後遷潭州（湖南長沙）道吾山，以其辯才無礙，名聞遐邇。治平元年示寂。遺有《翠巖真禪師語要》一卷，收於《續古尊宿語要》。參閱《建中靖國續燈錄》卷七、《聯燈會要》卷十四、《嘉泰普燈錄》卷三、《五燈會元》卷十二、《續傳燈錄》卷七、《禪宗正脈》卷十二、《佛祖綱目》卷三十六。

〔五〕出女子定，見第十七條注十三。

〔六〕英邵武（一〇二二—一〇七〇），即洪英。宋代臨濟宗黃龍派僧，福建邵武人，俗姓陳，世稱英邵武。後閱《華嚴十明論》悟入宗要，聞黃龍慧南於黃檗山積翠寺宣說法要，遂前往依止，其後並入室嗣法。後遊西山，住於雙嶺。熙寧二年（一〇六九），慧南示寂，乃於泐潭寺（江西）開法，世稱泐潭洪英。熙寧三年六月入寂，世壽五十九，法臘四十三，撰有《泐潭英禪師語要》一卷傳世。參閱《續傳燈錄》卷十五、《聯燈會要》卷十四。

〔七〕 英紹武答翠嵓一段，《林間錄》第七十二則記兩人機鋒問答女子出定因由極詳盡：「英邵武，開豁明濟之姿，蓋從上宗門爪牙也。嘗客雲居，掩室不與人交，下視四海，莫有可其意者。曰：『吾將老死於此山。』偶夜讀李長者《十明論》，因大悟。久之，夜經行，聞二僧舉老黃龍佛手、驢腳因緣，異之，就問：『南公今何所寓？』對曰：『在黃檗。』黎明徑造南公，一見與語，自以謂不及。又往見翠嵓真點胸，方入室，真問曰：『女子出定，意旨如何？』英引手掐其膝而去。真笑曰：「賣匙箸客未在。」真自是知其機辯脫略窠臼，大稱賞之，於是一時學者宗向……。」出女子定公案甚常見，如《續傳燈錄》卷三十二〈泉州教忠晦菴彌光禪師〉載：「僧問：『文殊為甚麼出女子定不得？』師曰：『山僧今日困。』曰：『罔明為甚麼卻出得？』師曰：『令人疑著。』」故《林間錄》第一二八條曰：「教中有女子出定因緣，叢林商略甚眾，自非道眼明白，親見作家，莫能明也。」

105. 般若無知

永明禪師〔一〕，有僧問：「以心為宗，禪門正脈。且心是名，以何為體？」答曰：「近代以來，今時學者，多執文背旨，昧體認名。認名忘體之人，豈窮實地？徇文迷旨之者，何契道源？則心是名，以知為體，此是靈知，性自神解，不同妄識。仗緣託境，作意而知，又不同太虛空廓，斷滅無知。」〔二〕

傳曰：《肇論》曰「般若無知」者〔三〕，無有取相之知也。常人皆謂般若是智，智則有知也。若有知，則有取著；若有取著，則不契無生。今明般若真智，無相無緣，雖鑑真諦，而不取相，故云「無知也」。故《經》云：「聖心無知，無所不知矣！」〔四〕又《經》云：「真般若者，清淨如虛空。無知無見，無作無緣。斯則知自無知矣！不待忘也。」〔五〕以此知真知不落有無之境，是以諸佛有祕密。祕密之教，祖師有默傳；密付之宗，唯親省而相應，非言詮之表示。若明宗者，了然不昧，寂爾常知也。〔六〕魏府元禪師曰：「佛法在日用處、行住坐臥處、喫茶喫飯處、語言相問處。所作所為，舉心動念，又卻不是也。」〔七〕

【注文】

〔一〕永明禪師，見第十一條注二。

〔二〕有僧問「以心為宗」一段，見《宗鏡錄》卷六〈問以心為宗〉。

〔三〕《肇論》曰「般若無知」者，《肇論》一書乃集後秦．僧肇（三八四—四一四）文章而成，全書共〈宗本義〉、〈物不遷論〉、〈不真空論〉、〈般若無知論〉、〈涅槃無名論〉五篇，末附〈劉遺民書問〉及〈答劉遺民書〉。

〔四〕故《經》云「聖心無知」一段，見《肇論》卷三〈般若無知論〉引《思益梵天所問經》卷一云：「如來坐道場時，惟得虛妄顛倒所起煩惱，畢竟性空。以無所得，故得；以無所知，故知。」

〔五〕又《經》云「般若者清淨如虛空」一段，見《肇論》卷三〈般若無知論〉引《摩訶般若波羅蜜經》卷六〈等空品〉云：「須菩提！如虛空非善、非不善、非記、非無記；摩訶衍亦如是，非善、非不善、非記、非無記，以是故，說摩訶衍與空等。如虛空無見無聞，無覺無識；摩訶衍亦如是，無見無聞，無覺無識。」

〔六〕案：以上傳文，皆出《宗鏡錄》卷六〈問以心為宗〉。

〔七〕魏府元禪師曰一段，見《景德傳燈錄》卷三十〈魏府華嚴長老示眾〉。

106. 臨濟四喝

臨濟四喝。〔一〕

傳曰：「金剛王劍，覰露堂堂。纔涉唇吻，即犯鋒鋩。」「距地師子，本無窠臼。顧佇停機，即成滲漏。」「探竿影草，不入陰界。一點不來，賊身自敗。」「有時一喝，不作一喝用。佛法大有，只是牙痛。」此四偈，予年三十五時作，今五十二，偶閱舊書見之，於是喟然而嘆！〔二〕昔李北海〔三〕以能書名世，而世爭師其筆法，北海笑曰：「學我者拙，似我者死。」〔四〕四偈有旨，的如學北海書而似者耳！首山〔五〕上堂曰：「昔興化和尚〔六〕示眾云：『大眾！興化放你諸人不得，不得如何若何？須是單刀直入，興化為你證據。』時有旻德長老，出眾禮拜，起便喝，興化亦喝，旻德又喝，興化又喝，旻德便休，興化乃曰：『適來若是別人，三十棒，一棒也較不得。何故？他旻德會一喝不作一喝用。』〔七〕首山曰：『看他興化與麼用，為什麼放得他過？諸上座，且道什麼處是一喝不作一喝用？前一喝，後一喝，且道那箇是賓，那箇是主〔八〕？雖然如是，亦須子細。』便下座。又曰：『二俱有過，二俱無過。』」〔九〕

予觀首山，可謂臨濟、興化的骨孫也。〔十〕

【注文】

〔一〕臨濟四喝，為唐代臨濟義玄禪師以「喝」接引徒眾之四種方法。《臨濟錄》云：「師問僧：『有時一喝如金剛王寶劍，有時一喝如踞地金毛師子，有時一喝如探竿影草，有時一喝不作一喝用。汝作麼生會？』僧擬議，師便喝。」蓋喝有四用，第一喝為發大機之喝，於學人繫著知解情量，拘於名相言句時下之，其時有若寶劍截物一般；第二喝為大機大用之一喝，於修行者為測度師家，來呈小機小見時，震威一喝，如獅子哮吼，野干腦裂；第三喝為師家勘驗學人之修行，或學人測試師家時所用，為勘驗之喝；第四喝即向上之一喝，雖不入前三喝之中，卻能收攝前三喝於其中。

〔二〕惠洪所作四偈，見《林間錄》卷上〈臨濟大師建立四賓主〉。

〔三〕李北海（六七八—七四七），即李邕。唐代揚州江都人，字泰和，李善之子。生於唐高宗儀鳳三年，卒於玄宗天寶六年。少知名，拜左拾遺，後遷汲郡北海太守。李林甫素忌邕，以事誣搆之，邕因被杖殺於郡中。邕雖詘不進，然文名天下，時稱李北海，尤長碑頌，時人多奉金以求其文。杜甫聞邕死，作〈八哀詩〉，讀者傷之，有文集七十卷傳於世。參閱《新唐書》卷二〇二〈文藝中．李邕傳〉。

〔四〕「李北海以能書名世」一段，見《李北海集》附錄〈遺事〉一條。

〔五〕首山，見第四條注三。

〔六〕興化和尚（八三〇—九二五），唐末禪僧，河北薊縣人，俗姓孔。依盤山之有院曉方出家，大中五年於盤山受具足戒，後歸投鎮州（河北）臨濟院義玄之門，隨侍其側。足跡遍歷南方叢林，亦曾至鍾陵參謁仰山慧寂。後隨臨濟義玄移至河北魏府，居觀音寺江西禪院，承義玄法嗣。乾符二年（八七五），應幽州（河北）節度使董廓等之請，欲歸盤山，然以魏府韓公之叔之勸，遂住於魏府興化寺，發揚臨濟禪風，世稱興化存獎。同光三年示寂，世壽九十六，敕謚廣濟大師，有《興化禪師語錄》行世。參閱《祖堂集》

卷二十、《景德傳燈錄》卷十二、《天聖廣燈錄》卷十二、《聯燈會要》卷十五、〈魏州故禪大德奬公塔碑〉。

〔七〕興化和尚示眾一段，見《五燈會元》卷十一〈澄心旻德禪師〉。

〔八〕賓主，見第一條注十三。

〔九〕首山上堂曰一段，見《古尊宿語錄》卷八〈次住廣教語錄〉。

〔十〕「予觀首山，可謂臨濟、興化的骨孫」者，臨濟義玄傳法興化存奬；存奬傳法南院慧顒；慧顒再傳於風穴延沼；而首山省念為延沼法嗣，惠洪故有此說。

107. 洞山五位

洞山五位。〔一〕

傳曰：天下後世學者，多疑達磨〔二〕所傳之意，使可祖〔三〕自求其心且不可得，矧所謂洞上五位者耶？是不達先聖之遠略，所以防閑異道邪說之摩拂正法也，故特建法幢〔四〕，意若曰有能通達其旨趣，受用其法門，臨機無疑，遇緣不退者，即吾法流。不然，非其眷屬，故有五偈，皆精妙祕奧，非上智大根莫能到其境。今叢林聞其偈，如人聞其父之名，可聞而不敢道，嗟乎異哉！其偈曰：「正中偏，三更初夜月明前。莫怪相逢不相識，隱隱猶懷昔日嫌。」既曰「不相識」而懷昔嫌，豈真然耶？「偏中正，失曉老婆逢古鏡。分明覿面更無真，休更迷頭猶認影。」方認影耳，何謂覿面無真乎！「正中來，無中有路出塵埃。但能莫觸當今諱，也勝前朝斷舌才。偏中至，兩刃交鋒莫迴避。好手還同火裏蓮，宛然自有沖天氣。」正中來，則獨倡而未和；偏中至，則賓主協和也。「兼中到，不落有無誰敢和。人人盡欲出常流，折合終歸炭裏坐。」獨此一位，沒偏正之名，此其難和。蓋所謂：「出凡聖路學，離心意識參。」〔五〕及盡無功虛玄妙道者也。然其要，擬心動念，即迷宗失旨，故汾陽〔六〕偈曰：「五位參尋切要知，纖毫纔動即差違。金剛透匣誰能會？唯有那吒第一機。舉目便令三界淨，振鈴還許九天歸。正中妙挾通回互，擬議鋒芒失卻威。」〔七〕

【注文】

〔一〕洞山五位，見第三十五條注五、注六。

〔二〕達磨，見第十三條注二。

〔三〕可祖，見第十三條注一。

〔四〕法幢，見第九十二條注五。

〔五〕「出凡聖路學」一段，《萬松老人評唱天童覺和尚頌古從容庵錄》卷四〈筠州洞山第三世師虔禪師〉云：「嘗曰：『汝等諸人，直須離心意識參，出凡聖路學，方可保任。若不如是，非吾子息。』」

〔六〕汾陽，見第四條注七。

〔七〕汾陽一偈，見《汾陽無德禪師語錄》卷上〈師因觀洞山价和尚五位語〉。

108. 菩薩行處，住忍辱地

《法華經．安樂行品》曰：「菩薩行處，住忍辱地。柔和善順，而不卒暴，心亦不驚。」〔一〕

傳曰：龍勝〔二〕曰：「忍為最妙，行者當作是念：我若以瞋報彼，則為自害。又我先自有是罪，不得如意，要必當償。若於此人不受，餘亦害我，俱不得免，云何起瞋？」〔三〕又「忍為礫磔〔四〕，能瑩諸功德。若人加惡，如豬揩金山，益發其明，求佛道利眾生之利器也。」〔五〕永嘉〔六〕作〈證道歌〉，敘六度〔七〕而以忍為首，曰：「從他謗，任他非，把火燒天徒自疲。我聞恰似飲甘露，消融頓入不思議。」〔八〕揚州建隆慶禪師〔九〕有卓行，黃龍南公〔十〕高弟也，為東坡、少游、孫莘老、鄒志完諸公所禮敬。有門弟子懷奸，少叢林，為慶呵辱，不勝其忿，走白莘老、少游，曰：「諸公以建隆為有道者，然無奈其好欲，嘗私一尼童，知之否？」諸公大驚，知其謗，因造其廬問之，慶笑曰：「實如所傳。」竟不復辨，人以為難。慶後歿，火化得五色舍利〔十一〕不勝數，其平生踐履之明驗如此。〔十二〕

【注文】

〔一〕《法華經》曰一段，見《妙法蓮華經》卷四〈安行樂品第十四〉。

〔二〕龍勝，即龍樹菩薩，見第七十一條注五。

〔三〕龍勝曰一段，見《大智度論》卷三十〈初序品中　善根供養義第四十六〉。

〔四〕礫磔，當作磁礭，即細礪也。玄應《一切經音義》卷九云：「磁礭，治金。」

〔五〕又「忍為礫磔」一段，同注四。

〔六〕永嘉，見第五條注一。

〔七〕六度，梵語 sad-paramita，sat-paramita，全稱六波羅蜜多，譯作六度、六度無極、六到彼岸。波羅蜜譯為度，到彼岸之意，乃菩薩欲成佛道所應實踐之六種德目，即：一、布施波羅蜜（梵 dana-paramita），又作施波羅蜜、檀那波羅蜜、布施度無極。有財施、法施（教以真理）、無畏施（除去眾生恐怖，使其安心）三種，能對治慳貪，消除貧窮；二、持戒波羅蜜（梵 cila-paramita），又作戒波羅蜜、尸羅波羅蜜、戒度無極。持守戒律，並常自省，能對治惡業，使身心清涼；三、忍辱波羅蜜（梵 ksanti-paramita），又作忍波羅蜜、羼提波羅蜜、忍辱度無極。忍耐迫害，能對治瞋恚，使心安住；四、精進波羅蜜（梵 virya-paramita），又作進波羅蜜、毘梨耶波羅蜜、精進度無極。上進不懈，不屈不撓，能對治懈怠，生長善法；五、禪定波羅蜜（梵 dhyana-paramita），又作禪波羅蜜、禪那波羅蜜、禪度無極。能對治亂意，使心安定；六、智慧波羅蜜（梵 prajba-paramita），又作慧波羅蜜、般若波羅蜜、明度無極。能對治愚癡，開實相智慧。

〔八〕永嘉曰一段，見《景德傳燈錄》卷三十〈永嘉證道歌〉。

〔九〕揚州建隆慶禪師（一〇二七—一〇八九），即昭慶禪師。宋代僧，字顯之，晉江（福建）人，俗姓林。於漳州（福建）開元寺出家，依黃龍慧南得法。善說法要，出入內外，不守古人言句，而守臨濟之道。寂於高郵禮泉寺，秦少游嘗為〈塔銘〉。參閱《建中靖國續燈錄》卷十三、《五燈會元》卷十七、《續傳燈錄》卷十六、《五燈嚴統》卷十七。

〔十〕黃龍南公，見第六十九條注二。

〔十一〕舍利，梵語 carira，巴利語 sarira，即死屍、遺骨之意。又作實利、設利羅、室利羅，意譯體、身、身骨、遺身。《金光明經》卷四〈捨身品〉云：「此舍利者，是戒定慧之所熏修，甚難可得，最上福田。」

〔十二〕案：昭慶禪師係真淨克文禪師之師弟，即惠洪師叔，故惠洪當知之甚詳，此事雖不載諸《燈錄》、〈塔銘〉，亦必有據。

109. 忍波羅蜜中，具十波羅蜜

《華嚴經》曰：「具足優婆夷，以忍波羅蜜中，具十波羅蜜〔一〕。以常能大捨，具檀波羅蜜。素服清潔，名為持戒；被髮毀容，名之為忍；心常不與世心和合，名為精進；智悲利俗，不與識俱，名之禪定；已踐佛果，出世妙慧，名為智慧；常處生死，接引眾生，又無女業，示受女身，明大悲行，是名方便；常隨大願，六道濟生，名之大願；不畏生死，常轉法輪，名之為力；隨智幻生，一切剎海，常施佛事，名之為智，具足如是十波羅蜜。」〔二〕

傳曰：予於是十波羅蜜中，自觀皆莫能行，獨於心常不與世心和合，敬奉教矣。以情觀之，則予為沙門，乃不遵佛語，與王公貴人游，竟坐極刑，遠竄海外。〔三〕既幸生還，冠巾說法，若可憫笑；然予之志，蓋求出情法者。法既出情，則成敗讚毀，道俗像服，皆吾精進之光也。

【注文】

〔一〕十波羅蜜，梵語 daca-paramita，係菩薩至大涅槃所修之十種勝行，全稱十波羅蜜多，又作十勝行、十度、十到彼岸，即：一、施波羅蜜（梵 dana-paramita），有財施、法施、無畏施三種；二、戒波羅蜜（梵 cila-paramita），持戒而常自省；三、忍波羅蜜（梵 ksanti-paramita），忍耐迫害；四、精進波羅蜜（梵 virya-paramita），精勵進修而不懈怠；五、禪波羅蜜（梵 dhyana-paramita），攝持內意，使心安定；六、般若波羅蜜（梵 prajba-paramita），開真實之智慧，曉了諸法實相；七、方便波羅蜜（梵 upaya-paramita），以種種間接方法，啟發智慧；八、願波羅蜜（梵 pranidhana-paramita），常持願心，付諸實現；九、力波羅蜜（梵 bala-paramita），培養實踐善行，判別真偽之能力；十、智波羅蜜（梵 jbana-paramita），能了知一切法之智慧。

〔二〕案：此處所引《華嚴經》曰一段，係出棗柏大士《新華嚴經論》卷三十六，而非《華嚴》經文。推此處應非梓行疏誤，因《智證傳》凡引及《新華嚴經論》，皆稱「棗柏曰」或「棗柏論曰」，未有標舉全書之名者，故知惠洪引書誤。

〔三〕惠洪「竟坐極刑，遠竄海外」一事，參閱本書〈重刻智證傳引〉注四。

《智證傳》後序

昔人有言「切忌說破」，而此書挑刮示人，無復遺意。吁！可怪也。罷參〔一〕禪伯，以此書為文字教禪而見詆；新學後進，以此書漏泄己解而見憎。孔子作《春秋》曰：「知我者其唯《春秋》乎！罪我者其唯《春秋》乎！」嗟哉！猶未若此書有罪之者，而無知之者也。

頃辛丑歲，余在長沙，與覺範相從彌年。其人品問學，道業知識，皆超妙卓絕，過人遠甚。喜與賢士大夫文人游，橫口所言，橫心所念，風馳雲騰，泉涌河決，不足喻其快也。以此屢縈禍譴，略不介意，視一死不足以驚懼之者，守此以歿，不少變節。大抵高者忌其異己，下者恥其不逮，阽於死亡，不足以償人意；謗讟百出，而覺範無纖毫之失，奉戒清淨，世無知者。

今此書復出於歿後，竊度此意，蓋慈心仁勇，憫後生之無知，邪說之害道，犯昔人之所切忌，而詳言之者也。寧使我得罪於先達，獲謗於後來，而必欲使汝曹聞之。於佛法中，與救鴿飼虎〔二〕等；於世法中，程嬰、公孫杵臼、貫高〔三〕、田光〔四〕之用心也。烏乎！賢哉！

紹興四年九月晦日　闡提居士許顗彥周後序

【注文】

〔一〕罷參，即罷休參禪之意。指禪林之中，參學者開悟，大事了畢之際，不再修道參禪者。《碧巖錄》第九十六則云：「爾若透得此三頌，便許爾罷參。」《景德傳燈錄》卷八云：「自罷參大寂，遊至海昌。」

〔二〕救鴿飼虎，皆釋迦牟尼佛於因地修菩薩行時，所行大慈大勇之事。《菩薩本生鬘論》卷一〈尸毘王救鴿命緣起第二〉云：「是時三十三天帝釋天主，五衰相貌，慮將退墮。彼有近臣毘首天子，見是事已，白天主言：『何故尊儀，忽有愁色？』帝釋謂言：『吾將逝矣，思念世間，佛法已滅，諸大菩薩不復出現，我心不知何所歸趣。』時毘首天復白天主：『今閻浮提有尸毘王，志固精進，樂求佛道。當往歸投，必脫是難。』天帝聞已，審為實不。若是菩薩，今當試之。乃遣毘首，變為一鴿，我化作鷹，逐至王所，求彼救護，可驗其誠。毘首白言：『今於菩薩，正應供養，不宜加苦。無以難事，而逼惱也。』時天帝釋而說偈曰：『我本非惡意，如火試真金。以此驗菩薩，知為真實不。』說是偈已，毘首天子，化為一鴿，帝釋作鷹，急逐於後。將為搏取，鴿甚惶怖，飛王腋下，求藏避處。鷹立王前，乃作人語：『今此鴿者，是我之食。我甚饑急，願王見還。』王曰：『吾本誓願，當度一切。鴿來依投，終不與汝。』鷹言：『大王今者，愛念一切。若斷我食，命亦不濟。』王曰：『若與餘肉，汝能食不。』鷹言：『唯新血肉，我乃食之。』王自念言：『害一救一，於理不然。唯以我身，可能代彼。其餘有命，皆自保存。』

即取利刀，自割股肉，持肉與鷹，貿此鴿命。鷹言：『王為施主，今以身肉，代於鴿者，可稱令足。』王敕取稱，兩頭施盤，挂鉤中央，使其均等。鴿之與肉，各置一處，股肉割盡，鴿身尚低，以至臂脅，身肉都無，比其鴿形，輕猶未等……，（乃）自強起立，置身盤上。心生喜足，得未曾有。」又《菩薩本生鬘論》卷一〈投身飼虎緣起第一〉云：「乃往過去無量世時，有一國王，名曰大車。王有三子，摩訶波羅、摩訶提婆、摩訶薩埵。是時大王縱賞山谷，三子皆從。至大竹林，於中憩息。次復前行，見有一虎。產生七子，已經七日。第一王子，作如是言：『七子圍繞，無暇尋食。飢渴所逼，必噉其子。』第二王子，聞是說已：『哀哉此虎，將死不久。我有何能，而濟彼命？』第三王子，作是思念：『我今此身，於百千生，虛棄敗壞，曾無少益。云何今日，而不能捨。』時諸王子，作是議已，徘徊久之，俱捨而去。薩埵王子，便作是念：『當使我身，成大善業。於生死海，作大舟航。若捨此者，則棄無量癰疽惡疾、百千怖畏。是身唯有便利不淨，筋骨連持，甚可厭患。是故我今，應當棄捨……。』」

〔三〕程嬰、公孫杵臼、貫高、三人事見本書〈智證傳引〉注三。

〔四〕田光，戰國燕處士，為人智深而沈勇。太子丹聞其賢，與謀刺秦王事。光自辭衰老，因薦荊軻於太子丹，丹曰：「願先生勿洩也。」光曰：「諾。」出而嘆曰：「夫為行而使人疑，非節俠也。」且欲自殺，以激荊軻，遂自刎而死。參閱《史記》卷八十六〈刺客列傳〉。

標點、注釋《智證傳》參考文獻

一劃

《一切經音義》　唐・玄應撰　台灣商務印書館
《一切經音義》　唐・慧琳撰　世樺印刷公司《大正藏》五十四冊

二劃

《人天眼目》　南宋・智昭編　《大正藏》四十八冊
《入大乘論》　堅意菩薩造；北涼・道泰等譯　《大正藏》三十二冊
《入楞伽經》　元魏・菩提留支譯　《大正藏》十六冊

三劃

《大方等大集經》　北涼・曇無讖等譯　《大正藏》十三冊
《大方廣佛華嚴經》　唐・實叉難陀譯　《大正藏》第十冊
《大方廣圓覺經大疏》　唐・宗密述　新文豐出版公司《卍續藏》十四冊
《大方廣圓覺修多羅了義經》　唐・佛陀多羅譯　《大正藏》十七冊

《大佛頂首楞嚴經》 唐·般剌蜜帝譯 《大正藏》十九冊
《大法炬陀羅尼經》 隋·闍那崛多等譯 《大正藏》第二十一冊
《大毘婆沙論》 唐·玄奘譯 《大正藏》二十七冊
《大唐西域記》 唐·玄奘述 《大正藏》五十一冊
《大般若波羅蜜多經》 唐·玄奘譯 《大正藏》五~七冊
北本《大般涅槃經》 北涼·曇無讖譯 《大正藏》十二冊
南本《大般涅槃經》 劉宋·慧嚴、慧觀等訂 《大正藏》十二冊
《大乘起信論》 馬鳴菩薩造；陳·真諦譯 《大正藏》三十二冊
《大乘起信論義記》 唐·法藏撰 《大正藏》四十四冊
《大乘集菩薩學論》 法稱菩薩造；北宋·法護等譯 《大正藏》三十二冊
《大乘義章》 隋·慧遠撰 《大正藏》四十四冊
《大梵天王問佛決疑經》 佚名譯 《卍續藏》八十七冊
《大智度論》 龍樹菩薩造；後秦·鳩摩羅什譯 《大正藏》二十五冊
《大慧普覺禪師語錄》 南宋·蘊聞編 《大正藏》四十七冊
《大藏經補編》 藍吉富主編 華宇出版社
《大寶積經》 唐·菩提流志等譯 《大正藏》十一冊

《山西通志》 清・覺羅石麟修 台灣商務印書館
《三國志》 西晉・陳壽撰 鼎文書局

四劃

《仁王護國般若波羅蜜多經》 後秦・鳩摩羅什譯 《大正藏》第八冊
《天中記》 明・陳耀文撰 台灣商務印書館
《太平廣記》 北宋・李昉等撰 文史哲出版社
《文字禪與宋代詩學》 周裕鍇撰 北京高等教育出版社
《五家宗旨纂要》 清・三山燈來撰 《卍續藏》一一四冊
《五燈會元》 南宋・普濟編 《卍續藏》一三八冊
《五燈嚴統》 明・通容、行元撰 《卍續藏》一三九冊
《六祖壇經》 元・宗寶編 《大正藏》四十八冊
《中國佛寺志・吳都法乘》 明・周永年撰 丹青圖書公司
《中國歷代禪師傳記資料匯編》 徐自強主編 北京全國圖書館文獻縮微中心
《中國禪學思想史》 日・忽滑古快天撰；朱謙之譯 上海古籍出版社

五劃

《中論》 龍樹菩薩造；後秦・鳩摩羅什譯 《大正藏》三十冊

《四十二章經》　後漢・迦葉摩騰、竺法蘭譯　《大正藏》十七冊

《四十二章經解》　明・智旭撰　《卍續藏》五十九冊

《四十二章經註》　北宋・守遂註　《卍續藏》五十九冊

《四十二章經疏鈔》　清・續法述　《卍續藏》五十九冊

《四分律》　後秦・佛陀耶舍、竺佛念譯　《大正藏》二十二冊

《出三藏記集》　蕭梁・僧祐撰　《大正藏》五十五冊

《玄沙師備禪師廣錄》　唐・師備說　《卍續藏》一二六冊

《付法藏因緣傳》　元魏・吉迦夜、曇曜譯　《大正藏》五十冊

《石門文字禪》　北宋・惠洪撰　新文豐出版公司

《史記》　西漢・司馬遷撰　鼎文書局

《本草綱目》　明・李時珍撰　鼎文書局

《古尊宿語錄》　南宋・賾藏主集　《卍續藏》一一八冊

《永嘉大師證道歌》　唐・永嘉玄覺撰　《大正藏》四十八冊

六劃

《匡真禪師廣錄》　北宋・守堅編　《大正藏》四十七冊

《成唯識論》　唐・玄奘譯　《大正藏》三十一冊

《百丈懷海禪師廣錄》 唐・懷海說 《卍續藏》一一九冊

七劃

《李北海集》 唐・李邕撰 台灣商務印書館
《佛本行集經》 隋・闍那崛多譯 《大正藏》第三冊
《佛祖統紀》 南宋・志磐撰 《大正藏》四十九冊
《佛祖歷代通載》 元・念常集 《大正藏》四十九冊
《佛說長者女菴提遮師子吼了義經》 佚名譯 《大正藏》十四冊
《佛說淨業障經》 佚名譯 《大正藏》二十四冊
《佛說廣博嚴淨不退轉輪經》 劉宋・智嚴譯 《大正藏》第九冊
《妙法蓮華經》 後秦・鳩摩羅什譯 《大正藏》第九冊
《宋高僧傳》 北宋・贊寧撰 《大正藏》五十冊
《宋史》 元・脫脫等撰 鼎文書局
《汾陽無德禪師語錄》 北宋・楚圓編 《大正藏》四十七冊
《冷齋夜話》 北宋・惠洪撰 台灣商務印書館

八劃

《抱朴子》 東晉·葛洪撰 世界書局
《念佛三昧寶王論》 唐·飛錫撰 《大正藏》四十七冊
《東坡全集》 北宋·蘇軾撰 台灣商務印書館
《東坡志林》 北宋·蘇軾撰 台灣商務印書館
《東坡易傳》 北宋·蘇軾撰 台灣商務印書館
《東坡禪喜集》 明·徐長孺輯 彌勒出版社
《林間錄》 北宋·惠洪撰 《卍續藏》一四八冊
《周易》 藝文印書館十三經注疏本
《法苑珠林》 唐·道世撰 《大正藏》五十三冊
《金剛般若波羅蜜經》 後秦·鳩摩羅什譯 《大正藏》第八冊
《金剛三昧經》 佚名譯 《大正藏》十五冊
《金陵清涼院文益禪師語錄》 明·圓信、郭凝之編 《大正藏》四十七冊
《宗鏡錄》 唐·永明延壽撰 《大正藏》四十八冊
《姑蘇志》 明·王鏊撰 台灣商務印書館

九劃

《明史》 清·張廷玉等撰 鼎文書局

《洞山五位顯訣》 北宋・慧霞編 《大正藏》四十七冊

《洞山良价禪師語錄》 唐・洞山良价撰 《大正藏》四十七冊

《信心銘》 隋・僧璨撰 《大正藏》四十八冊

《南史》 唐・李延壽撰 鼎文書局

《南雷文定》 清・黃宗羲撰 上海商務印書館

《南雷文案》 清・黃宗羲撰 上海涵芬樓影印四部叢刊本

《後漢書》 劉宋・范曄撰 鼎文書局

十劃

《俱舍論》 世親菩薩造；唐・玄奘譯 《大正藏》二十九冊

《晉書》 唐・房玄齡等撰 鼎文書局

《祖堂集》 南唐・靜、筠二師編 佛光出版社

《馬鳴菩薩傳》 後秦・鳩摩羅什譯 《大正藏》五十冊

《高僧傳》 蕭梁・慧皎著 《大正藏》五十冊

十一劃

《曹山本寂禪師語錄》 明・郭凝之、圓信編 《大正藏》四十七冊

《淮南子》 西漢・劉安撰 台灣商務印書館
《淮海集箋注》 北宋・秦觀撰；徐培均箋注 上海古籍出版社
《梁書》 唐・姚思廉撰 鼎文書局
《敕修百丈清規》 元・德煇編 《大正藏》四十八冊
《紺珠集》 不著編者 台灣商務印書館
《密菴和尚語錄》 南宋・咸傑撰 《大正藏》四十七冊
《唯識論》 元魏・菩提流支譯 《大正藏》三十一冊

十二劃

《溈山警策註》 唐・靈祐撰；北宋・守遂註 《卍續藏》一一一冊
《紫柏大師生平及其思想研究》 范佳玲撰 東吳大學中研所碩士論文
《紫柏尊者全集》 明・真可撰 《卍續藏》一二六冊
《搜神記》 東晉・干寶撰 藝文印書館
《集異門足論》 唐・玄奘譯 《大正藏》二十六冊
《虛堂和尚語錄》 南宋・妙源等集 《大正藏》四十七冊
《提婆菩薩傳》 後秦・鳩摩羅什譯 《大正藏》五十冊
《善慧大師語錄》 蕭梁・傅翕述 《卍續藏》一二〇冊

《景德傳燈錄》　北宋·道原撰　《大正藏》五十一冊
《黃檗山斷際禪師傳心法要》　唐·裴休編　《大正藏》四十八冊
《黃檗斷際禪師宛陵錄》　唐·裴休編　《大正藏》四十八
《普勸坐禪儀》　日·道元撰　《大正藏》八十二冊
《華嚴經義海百門》　唐·法藏述　《大正藏》四十五冊

十三劃

《新五代史》　北宋·歐陽脩撰　鼎文書局
《頌古聯珠通集》　南宋·法應集　《卍續藏》一一五冊
《楞伽阿跋多羅寶經》　劉宋·求那跋陀羅譯　《大正藏》十六冊
《楞伽師資記》　唐·淨覺集　《大正藏》八十五冊
《瑜伽師地論》　彌勒菩薩述；唐·玄奘譯　《大正藏》三十冊
《傳法正宗記》　北宋·契嵩撰　《大正藏》五十一冊
《傳法寶記》　唐·杜朏撰　《大正藏》八十五冊
《萬松老人評唱天童和尚頌古從容庵錄》　宋·正覺頌古；元·行秀評唱　《大正藏》四十八冊
《資治通鑑》　北宋·司馬光撰　台灣商務印書館
《新唐書》　北宋·歐陽脩、宋祁等撰　鼎文書局

《解深密經》 唐・玄奘譯 《大正藏》十六冊
《解捲論》 陳那菩薩造；陳・真諦譯 《大正藏》三十一冊
《新華嚴經論》 唐・李通玄撰 《大正藏》三十六冊

十四劃

《漢月法藏之禪法研究》 見一撰 法鼓文化公司
《漢書》 後漢・班固撰 鼎文書局
《說郛》 明・陶宗儀編 台灣商務印書館
《肇論》 後秦・僧肇撰 《大正藏》四十五冊
《維摩詰所說經》 後秦・鳩摩羅什譯 《大正藏》十四冊
《僧寶正續傳》 南宋・祖琇撰 佛光出版社
《碧巖集的語言風格研究》 歐陽宜璋撰 圓明出版社
《碧巖錄》 北宋・克勤撰 《大正藏》四十八冊

十五劃

《增一阿含經》 東晉・瞿曇僧伽提婆譯 《大正藏》第二冊
《撫州曹山元證禪師語錄》 唐・本寂撰 《大正藏》四十七冊

《潭州溈山靈祐禪師語錄》　唐・靈祐撰　《大正藏》四十七冊
《廣百論本》　提婆菩薩造；唐・玄奘譯　《大正藏》三十冊
《諸佛要集經》　西晉・竺法護譯　《大正藏》十七冊
《摩訶止觀》　隋・智顗述　《大正藏》四十六冊
《摩訶般若波羅蜜經》　後秦・鳩摩羅什譯　《大正藏》第八冊

十六劃

《歷代詩話》　清・何文煥編　藝文印書館

十七劃

《禪宗永嘉集》　唐・魏靜集　《大正藏》四十八冊
《禪宗典籍研究》　張曼濤主編　大乘文化出版社
《禪林僧寶傳》　北宋・惠洪撰　《卍續藏》一三七冊
《禪林類聚》　元・道泰、智境編　《卍續藏》一一七冊
《禪林寶訓》　南宋・淨善重編　《大正藏》四十八冊
《禪苑蒙求》　金・志明撰　《卍續藏》一四八冊
《禪源諸詮集都序》　唐・宗密撰　《大正藏》四十八冊

《禪學研究》第三輯　江蘇古籍出版社
《聯燈會要》　南宋・悟明撰　《卍續藏》一三六冊

十八劃

《鎮州臨濟慧照禪師語錄》　唐・慧然編　《大正藏》四十七冊
《叢林公論》　南宋・惠彬編　《卍續藏》一一三冊
《雜阿含經》　劉宋・求那跋陀羅譯　《大正藏》第二冊
《雜寶藏經》　元魏・吉迦夜、曇曜譯　《大正藏》第四冊
《舊唐書》　五代・劉昫撰　鼎文書局

十九劃

《韻府群玉》　元・陰時夫撰　台灣商務印書館
《羅湖野錄》　南宋・曉瑩撰　《卍續藏》一四二冊

二十劃

《釋氏六帖》　五代・義楚編　彌勒出版社
《釋氏要覽》　北宋・道誠編　《大正藏》五十四冊
《釋氏疑年錄》　陳垣撰　北京中華書局

《釋氏稽古略》　元．覺岸撰　《大正藏》四十九冊

《寶林傳》　唐．智炬撰　新文豐出版公司

《寶覺祖心禪師語錄》　北宋．子和錄；仲介重編　《卍續藏》一二〇冊

二十一劃

《攝大乘論釋》　唐．玄奘譯　《大正藏》三十一冊

《續高僧傳》　唐．道宣撰　《大正藏》五十冊

《續傳燈錄》　明．居頂編　《大正藏》五十一冊

國家圖書館出版品預行編目

標點注釋智證傳／林伯謙, 陳弘學編著. -- 一版
臺北市：秀威資訊科技, 2004[民 93]
面； 公分. -- 參考書目：面
ISBN 978-986-7614-64-3（平裝）
1. 禪宗 - 宗典及其釋

226.62 93020366

哲學宗教類 AA0002

標點注釋智證傳

作　　者 / 林伯謙、陳弘學
發 行 人 / 宋政坤
執行編輯 / 魏良珍
圖文排版 / 張慧雯
封面設計 / 莊芯媚
數位轉譯 / 徐真玉　沈裕閔
圖書銷售 / 林怡君
網路服務 / 徐國晉
出版印製 / 秀威資訊科技股份有限公司
台北市內湖區瑞光路 583 巷 25 號 1 樓
電話：02-2657-9211　　傳真：02-2657-9106
E-mail：service@showwe.com.tw
經 銷 商 / 紅螞蟻圖書有限公司
台北市內湖區舊宗路二段 121 巷 28、32 號 4 樓
電話：02-2795-3656　　傳真：02-2795-4100
http://www.e-redant.com

2006 年 7 月 BOD 再刷
定價：380 元

讀者回函卡

感謝您購買本書，為提升服務品質，請填妥以下資料，將讀者回函卡直接寄回或傳真本公司，收到您的寶貴意見後，我們會收藏記錄及檢討，謝謝！如您需要了解本公司最新出版書目、購書優惠或企劃活動，歡迎您上網查詢或下載相關資料：http:// www.showwe.com.tw

您購買的書名：________________________________

出生日期：________年________月________日

學歷：□高中（含）以下　□大專　□研究所（含）以上

職業：□製造業　□金融業　□資訊業　□軍警　□傳播業　□自由業

　　　□服務業　□公務員　□教職　□學生　□家管　□其它_____

購書地點：□網路書店　□實體書店　□書展　□郵購　□贈閱　□其他

您從何得知本書的消息？

□網路書店　□實體書店　□網路搜尋　□電子報　□書訊　□雜誌

□傳播媒體　□親友推薦　□網站推薦　□部落格　□其他__________

您對本書的評價：（請填代號　1.非常滿意　2.滿意　3.尚可　4.再改進）

封面設計____　版面編排____　內容____　文／譯筆____　價格____

讀完書後您覺得：

□很有收穫　□有收穫　□收穫不多　□沒收穫

對我們的建議：________________________________

____

____

____

請貼
郵票

11466
台北市內湖區瑞光路 76 巷 65 號 1 樓
秀威資訊科技股份有限公司 收
BOD 數位出版事業部

....

（請沿線對折寄回，謝謝！）

姓　　名：＿＿＿＿＿＿＿＿＿＿＿＿　年齡：＿＿＿＿　性別：□女　□男

郵遞區號：□□□□□

地　　址：＿＿＿＿＿＿＿＿＿＿＿＿＿＿＿＿＿＿＿＿＿＿＿＿＿＿＿＿

聯絡電話：(日)＿＿＿＿＿＿＿＿＿＿＿＿＿(夜)＿＿＿＿＿＿＿＿＿＿＿＿＿＿

E-mail：＿＿＿＿＿＿＿＿＿＿＿＿＿＿＿＿＿＿＿＿＿＿＿＿＿＿＿＿＿